JN199716

社会科歴史教育論

鈴木哲雄 著

岩田書院

目　次

Ⅲ　多文化教育としてのアイヌ文化学習

序章　社会科歴史教育論の系譜

1　社会科歴史の学習

日本と韓国の歴史教育交流に永く尽力してきた加藤章が、二〇一三年一〇月に上梓した『戦後歴史教育史論―日本から韓国へ[1]』は、一九七八年以降に加藤が執筆した論考を、第Ⅰ部「社会科歴史教育論の成立と展開―戦後歴史教育の原型と変容」、第Ⅱ部「社会科歴史教育の視点―歴史教育と歴史研究」、第Ⅲ部「アジアの中の社会科歴史教育―日韓歴史教育交流の展開と展望」という三部構成に編んだものである。

第Ⅰ部「社会科歴史教育論の成立と展開」の要点は、歴史教育は「社会科歴史教育」であるべきだということにある。「社会科歴史教育」は、歴史学に従属する(「歴史学の成果をわかりやすく教授する」あるいは「歴史の主体としての生徒が(研究者と同様に)歴史の原動力とは何か、歴史の発展法則とは何かを学ぶ」)ものではなく、歴史学の研究成果を前提としつつも社会科教育の方法による必要がある。社会科教育とは、経験主義を重視し問題解決学習によって、学習主体としての生徒が現代社会を理解し、より民主的な社会を築いていく主人公、つまり市民として生活するための資質を育てることを目指すものであり、社会科歴史教育は、こうした社会科教育の枠組みのなかで歴史的な事象を学び、歴史的な思考力を身につけさせるものである。

加藤は、戦前の「国体論的歴史教育」の誤りを指摘したうえで、戦前の国史教育には生徒が学習の主体であるとの観点がまったく欠落していたとする。そして、敗戦によって、修身・日本歴史・地理の授業が停止され、代わって生徒を学習の主体とする「新たな歴史教育」が成立するはずであったが、占領期の文部省内には、生徒を学習の主体として教科融合の「社会科(social studies)」的な枠組みを重視しようとする考え方と、社会科の枠組みから「国史(日本史)」を独立させようとするグループとの深刻な対立があったことを明らかにしている。

後者の歴史教育独立論は、朝鮮(韓国)戦争(一九五〇~五三)、日本の講和・独立(一九五一・五二)という政治動向のなかで、日本国内の保守派・革新派の双方から強く主張されたのであった。もちろん、革新派の歴史教育論では、早くに生徒を「学習の主体」ととらえたが(家永教科書裁判での成果のひとつでもあった)、生徒は「小さな研究者」とされ、「系統的な学習のつみあげ」や歴史のダイナミズム(社会発展のパターン)が強調されてきた。そして、保守派からの歴史教育独立論は、現在に至るまで繰り返し提出されている。

学習指導要領の改訂にそってみてみれば、一九八九年度のいわゆる「社会科解体」が重要な意味をもっている。一九八九年度の学習指導要領の改訂は、「戦後政治の総決算」を掲げた中曽根政権下での教育改革にしたがったものであった。小学校低学年では、社会科と理科が廃止されて生活科が成立し、高等学校の社会科は「地理歴史科」と「公民科」に分離されたのである。

こうした経緯を踏まえたうえで加藤は、いま一度、一九五一年度の文部省による「中学校・高等学校学習指導要領」社会科編Ⅲ(試案)の「まえがき(高等学校社会科における歴史教育)」を振り返り、そこに伝統的な国史教育論に対決する社会科歴史教育論の確立を認めることができるとしている。加藤が引用したのは次の部分である。

① 社会科における歴史教育は、現代社会の理解のために、常に現実の社会生活に立脚しながら、過去の社会にさかのぼり、そこに展開された人間関係・社会生活・人間性を知り、これを基礎として、正しい民主的生活のあり

方を理解し、さらに、民主的社会の進展に寄与する有能な社会人を育成しようとするものである。(中略)日本が今日置かれている世界的立場と、その日本に生活しているわたくしたちの行動が、どのようなものであり、いかに過去につながり、将来に関連するかということを、はっきりととらえるには、今日の日本の社会の姿をつくり出してきた歴史発展の姿を、じゅうぶんに知らなければならない。

② 歴史学習は、単に歴史学そのものではなく、どこまでも教科としての社会科歴史の学習であり、したがって、生徒の経験領域をもとにして、現実に立脚し、世界的視野をもって、自主的に学習させ、その結果として、現代社会の歴史的位置を発見させ、もって将来の社会建設に働きうる知識と能力と態度とを兼ね備えた、有為の民主的市民の形成を目的とした歴史教育でなければならない。

加藤によれば、ここに確立した社会科歴史教育論は、和歌森太郎が『日本史教育の理論と実際』[2]で提示した「社会科歴史の目標」にもとづくもので、和歌森の歴史教育論は戦前・戦後の柳田国男の発想(伝統的民衆の民俗的生活史を盛り込んだ歴史教育)に影響を受けたものという。こうした「社会科歴史」あるいは社会科歴史教育論について、近年の歴史学界はほとんど顧みることがなかったのではないか[3]。

2　社会史学習と多文化教育

加藤は、戦後の社会科教育の実践活動では社会科歴史教育論は、小学校ではコア・カリキュラム(core curriculum)のなかに融合されていったのにたいして、中学校・高等学校では「分化(分科化)社会科」(系統主義による「歴史的分野」「日本史」「世界史」といった科目の独立性を重視する考え方)の路線をとりつつも、その内容を社会科歴史として新たに構想することで、旧国史教育の残像を払拭する努力が続けられたとしている。加藤は、戦後の社会科歴史教育は、多様な問題点や本質的な対立を内包しつつも社会科教育の方法にこだわることで、前向きの方向で実践されてきたと評価している。

第Ⅱ部「社会科歴史教育の視点」には、加藤がそうした方向の表出と評価する一九七八年度の高等学校学習指導要領に関連する論考がおさめられている。七八年度改訂では、「日本史」の「文化の総合的学習」としての性格が強調されたこと、「日本史」の内容として「地域社会の歴史と文化」が登場したこと、そして「現代社会」が科目として新設されたことを積極的に評価し、関連する授業構想を示している。また、歴史学における「社会史」の方法について詳しく言及し、その成果が社会科歴史教育としての「日本史」の「文化の総合的学習」や「地域社会の歴史と文化」に関する教材と内容をより豊かにするものと高く評価している。(4)

その後、社会科教育の分野では、民族や国家の枠組みを超えた異文化理解教育や開発教育、国際理解教育の必要性が説かれ、地球市民の育成が必要とされてきた(グローバル教育 Global Education)。また、一国内の構成員の多様性、多文化性、多民族性を前向きに受け止めることで、真に平等で民主的な社会の構成員＝市民(民主的市民)を育成する多文化教育や市民性教育(citizenship)へと社会科教育は深化してきたのであった。

他方、議論はあるが歴史学界では、「想像の共同体」としての近代国民国家そのものの本質的な不合理性が明らかにされ、国民国家のための「歴史学」という学問のあり方そのものの問い返しもなされている。歴史教育を歴史学に「従属」するものとした場合は、歴史教育そのものも問い返される必要があることは、言を俟たない。社会科教育分野での社会科教育の方法的深化にたいして、「歴史教育」は系統主義に煩わされて、学習主体としての生徒のために深化することが、やはりおろそかにされてきたのではないかと考える。

多文化教育の主な目標は、生徒が文化的、国民的、グローバルなアイデンティティの間に、微妙なバランスをうまくとれるように生徒を助けることである。[5]

これはアメリカの社会科教育の研究者ジェームズ・A・バンクス（James A. Banks）によるものであるが、ここでの「多文化教育」は「社会科教育」におきかえてよいものである。加藤にしたがって、「歴史教育」が「社会科歴史教育」であることによって、生徒が文化的（民族的あるいは地域的）・国民的・グローバルなアイデンティティ（identity）を重層的に獲得し、さらに自らのものとして再構築し、それらの間に、「微妙なバランスをうまくとれるように生徒を助けること」に如何に寄与できるかを真摯に考えることが、社会科歴史教育に携わる研究者・実践者にとって重要な課題となっている。

こうしたなかで加藤は、社会科歴史教育の展開として「日韓歴史教育交流」へと向かったのであった。加藤が日韓の歴史教育に関する研究交流を本格化させたのは、一九八七年のことであり、社会科歴史教育の実践の場として「日韓歴史教育交流」を立ち上げたのである。著書の第Ⅲ部「アジアの中の社会科歴史教育」におさめられた論考は、韓国側で「日韓歴史教育交流」を主導してきた李元淳《イウォンス》の著書『韓国からみた日本の歴史教育』[6]への応答といえよう。第Ⅲ部で加藤が論じた「日韓歴史教育交流」は、社会科歴史教育の方法を深化させたものであり、社会科歴史教育の実践以外の何ものでもなかった。加藤章や李元淳らの真摯な努力によって構築された「新たな地平」――今後の日韓歴史共通教材の作成は、この地平での成果として編まれるはずである。[7]

3　主体的に生きる

さて、現行の高等学校学習指導要領（二〇〇八年度改訂）を確認しておきたい。現行の学習指導要領は、第一次安倍内閣による教育基本法などの改正にもとづいて改訂されているが、地理歴史科の目標には、

> 我が国及び世界の形成の歴史的過程と生活・文化の地域的特色についての理解と認識を深め、国際社会に主体的に生き平和で民主的な国家・社会を形成する日本国民として必要な自覚と資質を養う。

とあり、旧学習指導要領には「民主的、平和的な国家・社会の一員」とあったものが、「平和で民主的な国家・社会を形成する日本国民」となり、「日本国民」が確かに強調されている。しかし、全体を読めば偏狭なナショナリストの育成を目指すとは書いていないわけで、文化的（民族的あるいは地域的）・国民的・グローバルなアイデンティティを重層的に獲得させることを妨げるものではなく、先述した一九五一年の社会科編Ⅲ（試案）の「まえがき」の①②の社会科歴史教育論の趣旨は失われていないと考えたい。

また、『日本史A』の目標では、

> 我が国の近現代の歴史の展開を諸資料に基づき地理的条件や世界の歴史と関連付け、現代の諸課題に着目して考察させることによって、歴史的思考力を培い、国際社会に主体的に生きる日本人としての自覚と資質を養う。

とあり、『日本史B』の目標では、

> 我が国の歴史の展開を諸資料に基づき地理的条件や世界の歴史と関連付けて総合的に考察させ、我が国の伝統と文化の特色についての認識を深めさせることによって、歴史的思考力を培い、国際社会に主体的に生きる日本国民としての自覚と資質を養う。

とある。もちろん、こうした文言から保守的な意図を読み取ることは可能だし、それが資料解釈としては正しいと思うが、ここでは傍点部に社会科歴史教育の方法が示されていることに注目しておきたい。

他にも、『日本史A』の内容(1)には「私たちの時代と歴史」がおかれ、

> 現代の社会やその諸課題が歴史的に形成されたものであるという観点から、近現代の歴史的事象と現在との結び

付きを考える活動を通して、歴史への関心を高め、歴史を学ぶ意義に気付かせる。

とある。『日本史B』では、「歴史の論述」の項目がおかれ、

社会と個人、世界の中の日本、地域社会の歴史と文化などについて、適切な主題を設定させ、資料を活用して探究し、考えを論述する活動を通して、歴史的な見方や考え方を身に付けさせる。

とある。これらも社会科歴史教育の方法としての探究的活動とみてよかろう。

加藤は、「社会科解体」後の高等学校の地理歴史科にも、社会科歴史教育の枠組みは継承されたと述べたが、そのことは現行の学習指導要領においても確認できるのである。

4「歴史総合」と社会科歴史教育

次に指摘しておくべきは、日本学術会議の「高校地理歴史科教育に関する分科会」の提言「新しい高校地理・歴史教育の創造―グローバル化に対応した時空間認識の育成―」である[8]。日本学術会議は、日本の人文・社会科学、自然科学全分野の科学者の意見をまとめ、国内外にたいして発信する日本の代表機関である。

同分科会による世界史・日本史に関連する提言は、二一世紀のグローバル化に対応するための短期的改革案として、「知識詰め込み型」から「思考力育成型」への教授法の転換と地歴融合単元の設定や相互の関連を重視した教科書作りなどの促進を提案し、長期的改革案としては、現行の世界史必修に代わり『世界史A』と『日本史A』を統合した『歴史基礎』（二単位）と『地理A』を改変した『地理基礎』（二単位）という科目を新設して、ともに必修とするというものである。『歴史基礎』では、日本史を世界史の一部に組み込んだ真にグローバルな歴史を教えるとし、ヨーロッパ中心的な傾向を改めるとともに、歴史的思考力の育成を図るために、主題学習、調べ学習、グループ研究・発表・討

論、資料・年表の収集・解読などの機会を大幅に増加したものとすべきだとしている。そして、『歴史基礎』の教育内容のタイプとして、(A)時系列に主題学習を加味したタイプ、(B)近現代に集中したタイプ、(C)主題中心のタイプ、の三案を検討のたたき台として提示している。社会科歴史教育論の立場からすれば、日本学術会議によるこの提言は、歴史学界の歴史教育論が全体として社会科歴史教育論に近づいたとみえ、願わしいことであったと実感する。

そうしたなかで、二〇一五年八月の中央教育審議会教育課程企画特別部会の「論点整理」によれば、次の学習指導要領の改訂において、高等学校の地理歴史科では「歴史総合」・「地理総合」(ともに仮称)の設置が検討されており、歴史教育の方法を社会科教育との関係から改めて検討することが求められているのである。[9] ただし、日本学術会議の『歴史基礎』や『地理基礎』にしても、中教審教育課程企画特別部会が提示した「歴史総合」・「地理総合」にしても、本来は戦後の「一般社会科」や一九七八年改訂による「現代社会」と融合した科目であることがより望ましいと私は考える。さらにいえば、社会科(地理歴史科・公民科)内の科目の枠組み自体を、学びの主体である生徒の観点から融合し、再編・再構築する必要があるのである。

すでに坂井俊樹は「歴史教育と歴史学の協働をめぐる課題」[10] を問うなかで、通史を離れた領域(課題)別カリキュラムの必要性を提起している。また、君島和彦編『歴史教育から「社会科」へ』[11] が、あらたな「公共性」を問題とし、「戦争を語り継ぐ」あるいは戦争・平和学習での「当事者性」の獲得という課題を指摘するのも、社会科歴史教育の観点と重なるものである。

今後の歴史教育は、はやり「社会科歴史教育」の方法によることが必要不可欠であるというのが私の考えである。近隣諸国との関係では、相互の歴史認識の違いを認めつつ、共有できる部分を増やしていくための方策として、そして「我が国及び世界の形成の歴史的過程と生活・文化の地域的特色についての理解と認識を深め、国際社会に主体的に生き平和で民主的な国家・社会を形成する日本国民」を育成するという観点からも、いま一度、社会科歴史教育論の再構築が求められているのである。

注

（1）加藤章『戦後歴史教育史論―日本から韓国へ』（東京書籍、二〇一三年）。

（2）和歌森太郎『日本史教育の理論と実際』（小石川書房、一九四九年）。

（3）社会科教育の観点からの貴重な研究成果としては、梅野正信『社会科歴史教科書成立史』（日本図書センター、二〇〇四年）がある。

（4）社会史にかかわる実践的な成果として、鈴木哲雄『社会史と歴史教育』（岩田書院、一九九八年）があり、理論的な枠組みを踏まえた研究には、原田智仁『世界史教育内容開発研究』（風間書房、二〇〇〇年）や梅津正美『歴史教育内容改革研究』（風間書房、二〇〇六年）などがある。

（5）J・Aバンクス他（平沢安政訳）『民主主義と多文化教育』（明石書店、二〇〇六年）。

（6）李元淳『韓国からみた日本の歴史教育』（青木書店、一九九四年）。

（7）私が研究分担者である科学研究費助成事業のみ紹介しておけば、基盤研究(B)・研究代表者田中暁龍「自国史を越えた歴史認識の共有をめざす日韓共通歴史教材の基礎的研究」（二〇一三年度～一五年度）、基盤研究(B)・研究代表者田中暁龍「自国史を越えた歴史認識の共有をめざす日韓共通歴史教材の発展的研究」（二〇一六年度～一九年度）がある。

（8）日本学術会議の「高校地理歴史科教育に関する分科会」の提言「新しい高校地理・歴史教育の創造―グローバル化に対応した時空間認識の育成―」（二〇一一年）。

（9）二〇一五年八月の中央教育審議会教育課程企画特別部会の「論点整理」（文部科学省ホームページ）。
（10）坂井俊樹「歴史教育と歴史学の協働をめぐる課題」（坂井俊樹・浪川健治編『ゆれる境界・国家・地域にどう向きあうか』梨の木舎、二〇〇九年）。
（11）君島和彦編『歴史教育から「社会科」へ』（東京堂出版、二〇一一年）。

Ⅰ　社会科歴史教育の方向性

第一章　高校日本史教科書の新たな試み

はじめに

一九九九年三月に告示された高等学校学習指導要領（一九九八年度改訂）にもとづく新しい日本史教科書（二〇〇二年四月検定済、日本史Aは四社四冊、日本史Bは二社二冊）が、二〇〇三年四月から使用されることになっている。本章は『高校日本史A』（実教出版、以下『実教日本史A』と表記）(1)の執筆・編修にもかかわっている加藤公明の教育実践の意義や今後の歴史教育のあり方について、数社の新教科書の特徴を検討したうえで、ふれようとするものである。

一　一九九八年度改訂高等学校学習指導要領のコンセプト

ここで検討しようとする一九九八年度改訂学習指導要領にもとづく日本史教科書は、これまでの通史にもとづく日本史教科書とはコンセプト（概念・考え方）を異にする面をもっている。なぜこうした教科書を刊行しえたのか。それは九八年度改訂の学習指導要領が教育方法上の新たな観点を強く打ち出したからにほかならない。

新たな観点とは、日本史Aでは内容の⑴として「歴史と生活」が、「⑵近代日本の形成と一九世紀の世界」以降の近代の通史的記述の前におかれ、目標に謳われた「歴史的思考力を培」うことが「身近な生活文化や地域社会の変化などにかかわる主題を設定し追求する学習を通して、歴史への関心を高めるとともに、歴史的な見方や考え方を身に付けさせる」(傍点は筆者による。以下同じ)と具体化されていることである。そして、「歴史と生活」に関する次の五項目が掲げられたのであった。

ア　衣食住の変化
イ　交通・通信の変化
ウ　現代に残る風習と民間信仰
エ　産業技術の変化と生活
オ　地域社会の変化

学習指導要領は内容(1)の取扱いにあたって、「アからオまでの中から、生徒の実態等に応じ、二つ又は三つを選択して主題を設定し、作業的、体験的な学習を重視して実施すること」、「選択した項目の一つは、この科目の導入として実施し、現在の生活環境が歴史の産物であることに気付かせることによって日本史学習への関心を高めるようにすること」に配慮するよう求めているのである。

また、日本史Bでも内容の(1)として「歴史の考察」が、「(2)原始・古代の社会・文化と東アジア」以降の通史的記述の前におかれ、やはり目標に謳われた「歴史的思考力を培」うことが「歴史を考察する基本的な方法を理解させるとともに、主題を設定して追求する学習、地域社会にかかわる学習を通して、歴史への関心を高め、歴史的な見方や考え方を身に付けさせる」と具体化されているのであった。そして、「歴史の考察」の具体的な項目としては、

ア　歴史と資料(資料を読む/資料にふれる)

イ　歴史の探究（日本人の生活と信仰／日本列島の地域的差異／技術や情報の発達と教育の普及／世界の中の日本／法制の変化と社会）

ウ　地域社会の歴史と文化

が掲げられているのである。そして、内容(1)の取扱いにあたっては、「ア　歴史と資料」では「日本史学習に対する関心を高めるとともに、歴史の学習の基礎的な認識を深めることをねらいとして、作業的、体験的な学習を重視すること」に配慮するとし、そのなかの「資料を読む」は「この科目の導入として実施すること」、「資料にふれる」は「適切な時期に実施すること」としている。「イ　歴史の探究」については、「歴史的思考力を深めさせるため」五項目のなかから、「生徒の実態等に応じ、二つ程度を選択して主題を設定し、適切な時期に実施すること」としている。「ウ　地域社会の歴史と文化」については、地域の範囲、まとまった時間を設定すること、調査・見学などを取り入れることなどに配慮をもとめているのである。

つまり、九八年度改訂学習指導要領において日本史教科書（なかでも「日本史A」において）は、これまでの系統的・通史的学習を基本とした体系に問題解決的学習を加味したものから、系統的・通史的学習と問題解決的学習を併行させるという理念的な転換が図られているのである。

こうした教育理念の転換は、文部省・文部科学省側の論理からは教育課程審議会の答申にもとづくものということになる。たしかに、この学習指導要領が打ち出した日本史Aでの「歴史と生活」や同様に日本史Bでの「歴史の考察」が、教育課程審議会の答申のなかで社会科全体及び高等学校地理歴史科・公民科の「改善の基本方針」にある「社会の変化に自ら対応する能力や態度を育成する観点から、基礎的・基本的な内容に厳選し、学び方や調べ方の学習、作業的、体験的な学習や問題解決的な学習など児童生徒の主体的な学習を一層重視する」こと、さらに高等学校・地理歴史の「改善の具体的事項」として、「現行の基本的な科目構成を維持しつつ、各科目の特質を生かして内容を厳選するとともに、各科目で主題学習による内容を工夫し、また科目内で内容を選択して学習する仕組みを一層拡充して重点を置いて学習できるよう工夫する」ことにもとづくもので、「知識・理解の学習に偏り知識の教え込みになりがちな学習を改め、学び方を学ぶ学習や課題解決的な学習を一層充実して問題解決的な能力の育成を図る」としたことにかかわっている(2)。

しかし、こうした教育理念の転換には、これまでの社会科教育や歴史・地理教育関係の学会や民間団体による教育実践の積み重ねと教科教育の理論的発展、そして新しい学力観があったのであり、そのことが重要である。児童生徒が主体的に学習すること、児童生徒が主人公の学校づくり、児童生徒の学習権を前提とした教育活動等の一連の民主的な教育運動の成果が反映したものなのである。学習指導要領そのものの性格はもちろんのこと、九八年度改訂学習指導要領の内容についても多くの問題点が存在することも確かであるが、私は九八年度改訂の学習指導要領のコンセプトを上述の点で評価するものである。

二　日本史Ａ「歴史と生活」―主題学習のための記述

こうした学習指導要領の改訂にもとづいて執筆・編修された日本史Ａ・Ｂの教科書のいくつかについて、検討してみたい。

1『実教日本史A』の場合

『実教日本史A』の教科書は、九八年度改訂学習指導要領の趣旨をよく反映したものということができる。『実教日本史A』の章立ては、

第1章　歴史と生活
第2章　大日本帝国の誕生
第3章　大日本帝国の展開
第4章　日本国憲法と現代の世界

であり、本文約一七七頁のうち、「第1章　歴史と生活」には四六頁が割かれている。さらに、この教科書には見開き二頁を使った「ピックアップ」というテーマ学習的な内容が一六項目、三二頁分あるのである。後述するように、他社の教科書が「歴史と生活」にこれほど多くの頁を割いていないのにたいして、『実教日本史A』の場合は、ピックアップ三二頁分も除けば、通史的記述の部分は九九頁にすぎないのである。明らかにこの教科書は、これまでの系統的・通史的構成を転換して、問題解決的記述を先行させつつ、系統的・通史的構成と問題解決的構成とを併行させたものとなっているのである。

さらに『実教日本史A』では、旧版以前から二〜三頁を一節とし、各節ごとに「…はなぜおこったのか」などという疑問形のテーマを示すとともに、導入的内容の「歴史のまど」をおくことなどによる節ごとのテーマ学習化の工夫がなされていたが、これらも踏襲されているのであった。つまり、この教科書の場合、通史的部分もじつはテーマ学習的に構成されているのであり、極論すれば、この教科書は通史を「放棄」した「日本史」教科書ということができるのである。

次に『実教日本史A』の「第1章　歴史と生活」で扱われている項目を確認しておきたい。カッコ内は内容の要点

を示す。

1　交通・通信の変化…（新京成のカーブから）
2　衣食住の変化…（学校の制服から）
3　地域社会の変化…（身近な歴史から）
4　産業技術の変化と生活…（ああ野麦峠から）
5　現代に残る風習と民間信仰…（盆踊りから）

たとえば、「1　交通・通信の変化」では、「この電車に乗るといつも不思議だった。「なぜこんなにカーブしているんだろう」とのテーマを掲げる。このテーマは千葉県西部の新京成電鉄を利用して通学している小林君が、日頃疑問に思っていたことを調べてレポートしたものになっており、後半では鉄道の発達に関連する三つほどの研究テーマとその概要が載せられている。

この教科書の「歴史と生活」の部分には、九八年度改訂学習指導要領の求める「主題を設定し追求する学習」のための「作業的、体験的な」学習方法や学習内容の事例が丁寧に記述されているのである。しかし、『実教日本史A』の「歴史と生活」の充実した記述内容は、この学習指導要領の趣旨に忠実にしたがったためにできたわけではない。この教科書は、加藤をはじめとする執筆・編修者によるこれまでの教科書づくりや教育実践の積み重ねのうえに編まれたものとみるべきであり、九八年度改訂学習指導要領自体が、加藤らの教育実践を踏まえて教育理念の転換を図ったとみるのが正しいのである。

2『東書日本史A』の場合

他の教科書をみてみたい。『日本史A　現代からの歴史』（東京書籍、以下『東書日本史A』と表記[3]）の章立ては、

歴史と生活
序章　私たちの時代
第1章　国際環境の変化と明治維新
第2章　近代国家の成立と国際関係の推移
第3章　両世界大戦をめぐる国際情勢と日本
第4章　現代世界と日本

というものである。この教科書では、「歴史と生活」の部分は目次の手前におかれている。『東書日本史A』は通史を基本とした教科書構成を崩すことなく、「歴史と生活」には「扉的」な役割が与えられているのである。頁割りからみても、序章以下の本文一八〇頁にたいして、「歴史と生活」は一二頁にすぎない。

ではこの教科書が、九八年度改訂学習指導要領の観点をまったく否定しての旧態依然とした教科書なのかといえば、そうではない。じつはこの教科書のポイントは序章（一三頁分）にあった。「序章　私たちの時代」は、次の三節六項目から構成されている。

1　歴史としてのいま（コンビニから現代をみると／情報がつなぐ社会）
2　グローバル化の時代（経済のグローバル化／国境・民族・宗教の壁を越えて）
3　現在の日本（制度の改革とさまざまな課題／二一世紀をどう生きるか）

序章では、歴史を学ぶための前提として「歴史としてのいま」を上手に取り上げており、高校生が主体的に歴史を学ぶための前提が、いま現在の問題として提示されているのである。この点で、『東書日本史A』は通史的記述を基

本としながらも、歴史としてのいま現在についてを巧みに記述した教科書として評価することができるように思われる。

そうだとすれば、なおさらこの教科書の冒頭におかれた「歴史と生活」は、この教科書の構成からは「付けたり」に見えてしまう。「歴史と生活」として記述された項目は、

地域社会の変化：（日本海から）
衣食住の変化：（食事風景の移り変わり）
交通・通信の変化：（水運と鉄道）
現代に残る風習と民間信仰：（絵馬から）
産業技術の変化と生活：（製塩法）

であり、興味深い内容が記述されているのであるが、「作業的、体験的な学習」の方法が枠外で提示される方式となっているために、付加的に見えてしまうのである。

しかし、この教科書には、「世界からのまなざし―対話の広場」として「国境を越える歴史認識の可能性／アンドリュー・ゴードン」など、六項目にわたる「日本史（国史）」をいう枠組みを超えるための議論が示されているのであり、他にも「地域の窓」と「時代の窓」というテーマ学習的な内容が二項目ずつ配置されている。つまり、この教科書はこれまでどおりの通史的な記述を基本としながらも、「日本史（国史）」の枠組みをいかに超えるかに苦心したものということができよう。

三　日本史Ｂ「歴史の考察」

最後に検討する教科書は、日本史Ｂ用の『詳説 日本史』(山川出版社)[4]である。周知のように、この教科書は大学受験生に圧倒的な人気をほこり、また全国の多くの高等学校で使用されてきたものの新課程用である。

この教科書は通史的記述を基本としており、九八年度改訂学習指導要領の指示する「歴史の考察」のうち「ア　歴史と資料」にあたる「資料をよむ」と「資料にふれる」は口絵の前におかれ、前者が「長屋王の変を探る」、後者が「長屋王の変の舞台をたずねる」として各々二頁の記述をしている。また、「歴史の追究」の五項目についても各々二頁でテーマ学習的な内容が記述されている。あわせて一四頁分である。また、「地域社会の歴史と文化」については、「地域からのアプローチ」として七項目が半頁未満の分量で記述されている。

『詳説 日本史』の本文は、新たな研究動向も積極的に組み入れたうえでの充実した記述内容となっているが、この学習指導要領がもとめる新たな観点は最低限度取り入れているものといえそうである。

ちなみに、新課程用の『詳説 日本史』においても、ついに中世のはじめの節に「院政と平氏の台頭」がおかれ、中世は「延久の荘園整理令と荘園公領制」の項目から記述されるものに改訂されている。

なお、二〇〇四年四月から使用される残りの三冊の日本史教科書における「歴史と生活」と「歴史の考察」の位置づけについて概括しておく。日本史Ａでは、『高等学校 日本史Ａ』(清水書院)[5]が、「序編　歴史と生活」で二項目、本文内の「コラム　歴史と生活」で三項目のあわせて一八頁分を「歴史と生活」に充てている。また、『現代の日本史』(山川出版社)[6]では、本文の序章の前に「歴史と生活」として「歴史的な見方と考え方を学ぼう」と主題四項目がおかれ、五項目めは本文中に割り込ませ、併せて二二頁分となっている。なお、「歴史的な見方と考え方を学ぼう」では、二頁にわたり主題学習の方法や進め方が示されている。

日本史Bでは、『高等学校　最新日本史』（明成社）[7]が本文の前に「歴史の考察」のうちの「資料をよむ」が二項目で三頁、「資料にふれる」が一項目で一頁、「歴史の探究」が六項目で六頁の併せて一〇頁となっている。また、「地域学習」と名づけられたコラムが八項目記述されている。

おわりに―「国史」を超えるためには

加藤公明実践をどのように評価するかについては、以前に検討したことがあるが、[8]加藤実践の最大の功績はなんといっても、高校生が主体的に歴史を考え、それを発表したり、討論させる授業を展開したことである。加藤はこうした実践を積み重ねることで、通史の内容を順につないでいくという形態の授業を脱し、テーマ学習の積み上げとしての「日本史」授業を創り上げていったわけである。[9]加藤の実践は、高等学校の歴史の授業に本格的な教科教育論を導入したものとして評価されるべきであり、『実教日本史A』には加藤実践の成果が色濃く反映されていると見ることができる。そして、加藤実践は「通史」の相対化あるいは「通史」否定の可能性を示唆するものであり、先述のように、『実教日本史A』は「通史」を放棄した教科書ということもできるのである。

この点は、じつは国民国家論の射程にもかかわる問題である。「日本史」の国史としての枠組みの否定と併行して、通史的枠組みが否定されていくことは、歴史学のあり方にかかわる論点であるとともに、歴史教育の側からの提起でもあった。歴史教育の方法も、そして日本史教科書の内容も転換期にあることは確実であり、一面的な「国民の歴史」に取り込まれることのない建設的な議論が求められているのである。

注

（1）『高校日本史A』（実教出版、宮原武夫ほか一五名）。
（2）『高等学校学習指導要領解説（地理歴史編）』（一九九九年）。
（3）『日本史A　現代からの歴史』（東京書籍、田中彰ほか九名）。
（4）『詳説　日本史』（山川出版社、石井進ほか一一名）。
（5）『高等学校　日本史A』（清水書院、佐々木寛司ほか七名）。
（6）『現代の日本史』（山川出版社、鳥海靖ほか三名）。
（7）『高等学校　最新日本史』（明成社、村尾次郎ほか三〇名）。
（8）鈴木哲雄「「備前福岡市」の教材化をめぐって」（同『社会史と歴史教育』岩田書院、一九九八年）。
（9）この点、加藤公明『日本史討論授業のすすめ方』（日本書籍、二〇〇〇年）の第四章に年間授業計画として示されている。

第二章　変化する日本の歴史教科書

はじめに

本報告は、「変化する日本の歴史教科書」というテーマにしたがって、おもに高校・日本史の場合を検討するものである。直接的には、日本歴史学協会の二〇〇二年度歴史教育シンポジウムにおける君島和彦報告「日本の『社会科』学習指導要領から見る歴史教育[1]」と、同年の東京歴史科学究会の六月講座での私のコメント「高校日本史教科書の新たな試み[2]」を前提としている。

この二報告が検討したように、高校の場合、二〇〇二年から新課程用の教科書が公表されはじめており、新課程用の日本史教科書の内容は大なり小なり「変化」している。その直接的な契機は、もちろん一九九九年三月告示の学習指導要領（一九九八年度改訂）にある。表1と表2は、會田康範が整理した高校日本史の主要な改訂部分を示したものである[3]。表1は、九八年度の改訂において日本史の内容(1)として新たに加えられたものである。日本史Aでは、通史的記述の前後に「歴史と生活」をおくことが、日本史Bでは、「歴史の考察」をおくことが求められている。

しかし、表2によって、會田や君島が指摘したように、「歴史と生活」や「歴史の考察」的な内容は九八年度改訂で突如盛り込まれたわけではない。旧学習指導要領（一九八九年度改訂）の日本史Aの「内容の取扱い」の部分にあっ

表1　1998年度改訂学習指導要領における日本史の「内容(1)」について

日本史A	日本史B
(1)「歴史と生活」	(1)「歴史の考察」
ア　衣食住の変化 イ　交通・通信の変化 ウ　現代に残る風習と民間信仰 エ　産業技術の発達と生活 オ　地域社会の変化	ア　歴史と資料 （ア）資料をよむ （イ）資料にふれる イ　歴史の追究 （ア）日本人の生活と信仰 （イ）日本列島の地域的差異 （ウ）技術や情報の発達と教育の普及 （エ）世界の中の日本 （オ）法制の変化と社会 ウ　地域社会の歴史と文化

表2　1998年度改訂学習指導要領における日本史の「内容(1)」と1989年度改訂学習指導要領との関係

〈89年度改訂学習指導要領〉	〈98年度改訂学習指導要領〉	
日本史A「内容の取扱い」(3)	日本史A内容の(1) 「歴史と生活」	日本史B内容の(1) 「歴史の考察」―イ「歴史の追究」
・教育の普及と文化の進展 →	・現代に残る風習と民間信仰 →	・日本人の生活と信仰
・日本人の生活と信仰 →	・衣食住の変化	・日本列島の地域的差異
・産業・生活技術と交通の発達 →	・交通・通信の変化 →	・技術や情報の発達と教育の普及
	・産業技術の発達と生活	・世界の中の日本
・法制の変化と社会 →		・法制の変化と社会
・地域社会の形成と発展 →	・地域社会の変化 →	・「地域社会の歴史と文化」

表1・2とも、會田論考より引用。一部改変。

た五つほどの項目が、九八年度改訂において、日本史Aでは「歴史と生活」という内容として位置づけられたのであり、日本史Bでは、「歴史の考察」という内容として、教科書に直接書き込むことが求められたのであった。ただし、日本史Bの「歴史の考察」の「ア　歴史と資料」の項目が、学習指導要領上で明確に位置づけられたのは九八年度改訂が初めてのことである。

　君島は先の二〇〇二年度の報告で、九八年度改訂学習指導要領を詳しく分析したうえで、

　ここに「追究する学習」の一つの姿があり、知識の前の調査、つまり「内容知」ではなく「方法知」を重視する方法、いくつ

かの中から選択させる方法、選択数や地域の設定など、歴史教育から地理教育にまで一貫した方法が提起されている。これらが（中略）歴史教育の実態に沿ったものになっているかどうかが最大の問題点であろう。

とし、[4] 九八年度改訂の学習指導要領が全面的に展開した「追究する学習」「方法知」を重視することにたいして、歴史教育の実態にそったものとなっているかと、疑問を呈したのであった。

これにたいして、私は前掲報告（コメント）において、

こうした教育理念の転換の前提には、これまでの社会科教育や歴史・地理教育関係の学会や民間団体による教育実践の積み重ねと教科教育の理論的発展、そして新しい学力観があったのであり、そのことが重要である。児童生徒が主体的に学習すること、児童生徒が主人公の学校づくり、児童生徒の学習権を前提とした教育活動等の一連の民主的な教育運動の成果が反映したものなのである。

とした。[5] 文部科学省によって作成された学習指導要領であるとはいっても、九八年度改訂の主旨（教育理念の転換）の前提には、児童生徒を主体とする学習論や実践の積み重ねがあったのであり、その点を評価すべきであるというのが、私の考えである。以上のことを前提に、新課程用教科書の具体的な検討を行うことにする。

なお、二〇〇四年度使用の新課程用の歴史教科書は、日本史Aが七点、日本史Bが一一点、世界史Aが一一点、世界史Bが一一点であり、二〇〇五年度より全学年が新課程に移行する。

一　高校教科書の新たな試み―日本史A

表3の上段は、日本史Aの教科書（六社七点）についての一覧である。各教科書の①総頁数、②本文の頁数（口絵・目

表3　新課程用日本史教科書一覧

【日本史A】教科書一覧

発行者	教科書名	総頁数	本文	比率	「歴史と生活」	テーマ学習等
東書	日本史A　現代からの歴史(B5判)	207	156	75%	12 (+13)	11
実教	高校日本史A(B5判)	191	98	52%	45	32
三省堂	日本史A(B5判)	186	156	84%	21	(12)含、前項
清水	高等学校　日本史A(B5判)	184	158	86%	17	本文にコラム43ヶ所を含む。
山川	日本史A(A5判)	272	222	82%	32	0
山川	現代の日本史(B5判)	176	138	78%	22	0
第一	高等学校　日本史A　人・くらし・未来	192	138	72%	12	34

・本文には、口絵・目次・年表・索引・扉などを含まない。1頁未満のコラムは本文とみなした。
・東書の「歴史と生活」の欄の(+13)は、「序章　私たちの時代」の頁数である。
・頁数には、若干の誤差が考えられる。

【日本史B】教科書一覧

発行者	教科書名	総頁数	本文	比率	資料・歴史追究(テーマ学習等)
東書	新選日本史B(A5とB5の間)	312	245	79%	49
東書	日本史B(A5判)	426	384	90%	18
実教	高校日本史B(B5判)	255	217	85%	23
実教	日本史B(A5判)	399	352	88%	22
三省堂	日本史B(A5判)	394	370	94%	16
清水	高等学校　日本史B(B5判)	264	201	76%	35
山川	高校日本史(A5判)	319	269	84%	22
山川	新日本史(A5判)	416	365	88%	27
山川	詳説日本史(A5判)	408	374	92%	18
桐原	新日本史B(A5判)	447	354	79%	51
明成社	高等学校　最新日本史(B5判)	279	250	90%	11

・本文には、口絵・目次・年表・索引・扉などを含まない。1頁未満のコラムは本文とみなした。
・頁数には、若干の誤差が考えられる。

次・年表・索引・扉などは含まないが、一頁未満のコラムは本文とみなした)、③総頁数に占める本文の比率、④「歴史と生活」部分の頁数、⑤その他のテーマ学習等の頁数、を示したものである。なかでも、ここで注目したい点は③と④であり、これによって変化する日本史Aの教科書の概要をつかむことができるのである。

ここでは、すべての教科書を検討する余裕はないので、③総頁数に占める本文の比率と、④「歴史と生活」部分の頁数、さらに「歴史と生活」についての記述内容などに特徴があると私が判断した、実教出版『高校日

表4 【日本史A】「歴史と生活」の内容比較

発行者	教科書名	ア 衣食住の変化	イ 交通・通信の変化	ウ 現代に残る風習と民間信仰	エ 産業技術の発達と生活	オ 地域社会の変化
東書	日本史A（12頁）	②食事風景の移り変わり	③水運と鉄道にみる交通の変化	④絵馬にみる人々の願い	⑤製塩法の革命	①日本海から地域の変容を考える
実教	高校日本史A（45頁）	②学校の制服から	①新京成線のカーブから	⑤盆踊りから	④あゝ野麦峠から	③地域の調べ方
三省堂	日本史A（21頁）	①日本人とやきもの	④鉄道網の拡大	②稲荷信仰	⑤産業の近代化	③地域の歴史にも目をむけよう――横浜
清水	高等学校日本史（17頁）	①食卓から歴史を読みとろう	③小林一三と五島慶太の経営戦略	②都市化と生活習俗の変化	④自動車にみる近代日本	⑤港湾都市横須賀の成立
山川	日本史A（32頁）	①日本人と洋服	②東京の近郊を例に	③神々と年中行事から	④世界経済の中の日本の工業化	⑤千葉県における軍事施設を例に
山川	現代の日本史（22頁）	①衣服の変遷	②旅の変化から	③石造物のあれこれ	⑤エネルギーと技術の変化から	④城下町の変化から
第一	高等学校日本史A（12頁）	①日本人の食生活について	②電話の普及について	④日本人と旅について	③あかりが生活に与えた影響	⑤地域の商店の変遷

本史A』と東京書籍『日本史A』の二点の教科書について主に検討してみたい。

実教『高校日本史A』の教科書は、判型がB5判でありながらも「歴史と生活」に四五頁、テーマ学習等に三二頁を割き、本文の分量が五二％しかないという、特異な構成をとった教科書である。

表4は、日本史Aの各教科書の「歴史と生活」の内容を比較したものである。実教『高校日本史A』は、この部分に総頁数一九一頁中の四五頁（二四％）を充てている。「歴史と生活」については、学習指導要領にもとづいて、「ア　衣食住の変化」、「イ　交通・通信の変化」、「ウ　現代に残る風習と民間信仰」、「エ　産業技術の発達と生活」、「オ　地域社会の変化」の五項目を記述しているが、この教科書が冒頭においたものは、「交通・通信の変化」にあたる「この電車に乗るといつも不思議だった。「なぜこんなにカーブしているんだろう」」のテーマ学習である。この部分だけで一〇頁が割かれている。このテーマ学習は、千葉県西部の新京成電鉄を利用して通学してる小林君が、日頃疑問に思っていることを調

べてレポートにしたものとなっており、後半には、鉄道の発達に関連する三つほどの研究テーマとその概要が載せられているのである。

以下、この教科書には、「衣食住の変化」として「「学校には　なぜ制服があるんだろう」」（八頁）、「地域社会の変化」として「「昨日も　いつか　歴史の中の一日になる」こう考えられたら　おもしろい」（八頁）、「産業技術の発達と生活」として「「日本アルプスの中に　野麦峠とよぶ　古い峠道がある」」（八頁）、「現代に残る風習と民間信仰」として「あれは夏祭りの太鼓の音だ。「ところで盆踊りって何の踊りなんだろう」」（一一頁）、が充てられており、たいへんに充実した記述内容となっている。

実教『高校日本史A』に記載された「歴史と生活」の内容について、君島は、「調べ学習を徹底して追究しており、丁寧な記述で、高校生が調べる具体的手順やアンケート用紙まで示している。各項目は読むだけでも興味深く、近年の大学生の卒論を超すような高いレベルの調査と内容を提示している」と高く評価しつつも、「しかし、これを使う高校の先生はどう指導するのか。先生の力量が問われるものといえよう。身近にこのレベルの内容を探して指導するのは困難といえよう」と書いている。(6) 君島は、実教『高校日本史A』による「歴史と生活」の記述内容自体は評価しつつも、現実的にはこうした指導は無理だというのである。

これにたいして私は、実教『高校日本史A』の「歴史と生活」の充実した記述内容は、九八年度改訂学習指導要領の趣旨に忠実にしたがったために実現したのではなく、加藤公明をはじめとする執筆・編修者によるこれまでの教科書づくりや教育実践の積み重ねのうえに編まれたものであり、九八年度改訂の学習指導要領自体が、加藤らの教育実践を踏まえて教育理念の転換を図ったと見るべきだとした。そのうえで、この教科書は、総頁数一九一頁のうち、四五頁を「歴史と生活」に割き、さらに見開き二頁を使った「ピックアップ」というテーマ学習的な内容一六項目に三二頁を充てた結果、いわゆる通史的な記述の本文は一〇〇頁に満たないものとなっている。つまりこの教科書は、これまでの系統的・通史的構成を転換して、問題解決的記述を先行させつつ系統的・通史的構成と問題解決的構成とを併行させたものなのである。じつは実教『高校日本史A』では、以前から本文そのもののテーマ学習化（二頁〜三頁を一節とするなど）の工夫が行われていたのであり、極論すれば、この教科書は「通史」を放棄した「日本史」教科書ということができると考えたのであった。(7)

私のこうした評価は、本報告においても変わらないのであり、このシンポジウムの論点のひとつが、実教『高校日本史A』が試みた教科書の構成をどう評価するか、にあることは明らかである。

東書『日本史A』も本文の比率が七五％であり、通史的な記述以外の部分が多い教科書である。「歴史と生活」そのものとしては、「日本海から地域の変容を考える」、「食事風景の移り変わり」、「水運と鉄道にみる交通の変化」、「絵馬にみる人々の願い」、「製塩法の革命」が記述されている（一二頁分）。しかし、なんといってもこの教科書の特徴は「歴史と生活」の部分ではなく、〝歴史としてのいま〟を取り上げた序章（一三頁分）にある。

「序章　私たちの時代」は、次の三節六項目からなっている。「1、歴史としてのいま（コンビニから現代をみると／情報がつなぐ社会）」、「2、グローバル化の時代（経済のグローバル化／国境・民族・宗教の壁を越えて）」、「3、現在の日本（制度の改革とさまざまな課題／二一世紀をどう生きるのか）」である。

東書『日本史A』について、君島は、「歴史と生活」の記述内容は従来の「主題学習」を若干詳しくしたレベルのものであり、高校の先生も比較的楽に調べられるものであると、高く評価している。これにたいして私は、通史的記述を基本としながらも、歴史としてのいま現在の問題を序章におくことで、高校生が主体的に歴史を学ぶための前提を有効に提示したうえで、「日本史（国史）」の枠組みをいかに超えるかに苦心し、工夫した教科書と評価したのである。[8]

東書『日本史A』の構成からわかることは、九八年度改訂学習指導要領が取り上げた「歴史と生活」の五項目が、決して「追究する学習」あるいは「歴史の学び方」としての事例として絶対的なものではなく、教科書や教育現場においては多様な事例が考えられることを示している。そうした点では、九八年度改訂の学習指導要領が示した五項目には問題がある。学習指導要領が意図する「歴史と生活」の事例は、教科書や教育現場によってもっと多様であっていいのであり、執筆者や教師に任されるべきものなのである。この点で、学習指導要領は、教育「内容」に深く入り込みすぎているのである。

なお、第一学習社『高等学校　日本史A』も本文の比率が低い教科書として注目される。この教科書の場合、「歴史と生活」（一二頁）以外のテーマ学習的な項目が充実している。具体的には、「特集」として「文明開化とくらし」をはじめとする七項目（一四頁）、「歴史の目」として「夢は世界ぜよ　坂本竜馬」など近・現代の人物に焦点をあてたもの七項目（七頁）、「ファイル」として「『自由』の流行と演説ブーム」をはじめとする一三項目（一三頁）、の併せて三四頁である。また、テーマ学習の充実という点では、清水書院『高等学校　日本史A』も注目できる。この教科書の本文中に配置された四三か所にわたるコラムは、各箇所で本文数行分を除いた大型のコラムで構成されているのである。

二　歴史資料は扱えるか―日本史B

表3の下段は、日本史Bの新課程用教科書の一覧である。本文の比率を見ると、実教『高校日本史A』のような、

特異な構成をもった教科書は見あたらないが、東書『新選日本史B』（七九％）や清水『高等学校　日本史B』（七六％）、桐原書店『新日本史B』（七九％）が比較的本文以外の記述内容に比重の高いことがわかる。実教『高校日本史B』は、実教『高校日本史A』と同じ執筆者・編修者によるものであるが、旧課程の教科書とそうかわらない構成である。日本史Bの場合には、どの教科書も通史を基本とした構成をとっているのである。

また、実教『高校日本史B』の場合、九八年度改訂学習指導要領の目玉である「歴史の考察」のうち、「歴史と資料」以外の「歴史の追究」と「地域社会の歴史と文化」は、ほとんどが旧課程用の教科書で扱っていたテーマ学習やコラムを充てたものとなっている。ただし、実教『高校日本史B』は、本文におけるテーマ学習形式を引き続き踏襲しており、この点では特徴的な教科書である。

では、「歴史の考察」のうちの「歴史と資料」の扱いはどうだろうか。ここでは、日本史Aとの比較をするために実教『高校日本史B』と、「歴史と資料」の事例として注目される山川出版社『詳説日本史』、それに本文以外の記述の多い清水『高等学校　日本史B』を検討してみたい。

表5は、日本史Bの各教科書の「歴史と資料」の内容を比較したものである。実教『高校日本史B』は、「歴史と資料」に九頁を充てている。「資料を読む」にあたる「縄文時代の犬はなぜ埋葬されたのか」に六頁を、「資料にふれる」にあたる「狛犬の歴史」が三頁となっている。「縄文時代の犬…」の方は、加藤の著名な教育実践にもとづくものであり(9)、「縄文犬の謎を解く」という高校生三人の会話によって構成されている。なかなか工夫された内容である。しかし、「狛犬の歴史」の方は、そう工夫されたものとはいえない。

山川『詳説日本史』の場合は、「歴史と資料」に八頁を充てている。「資料を読む：長屋王の変を探る」に四頁、「資料にふれる：長屋王の変の舞台をたずねる」に四頁を割いている。「…を探る」も「…をたずねる」も、なかなか

表5　【日本史B】「歴史と資料」の内容比較

発行者	教科書名	資料をよむ	資料にふれる
東書	新選日本史B	江戸図屏風→江戸の町づくり(6頁)	飛鳥—遺跡／「洛中洛外図屏風」—絵画資料／棚田—景観／八王子車人形—無形文化財／原爆ドーム—世界遺産(5頁)
東書	日本史B	絵画資料から／民間に広まった資料から(4頁)	伊丹の酒造業の歴史(2頁)
実教	高校日本史B	縄文時代の犬(6頁)	狛犬の歴史(3頁)
実教	日本史B	歴史資料／柳生の徳政碑文／絵巻物(5頁)	原爆ドームと保存運動(2頁)
三省堂	日本史B	文学史料を読む(2頁)	縄文集落／古民家(2頁)
清水	高等学校　日本史B	資料を読む(6頁)	資料にふれる(3頁)
山川	高校日本史	洛中洛外図屏風(4頁)	国分寺跡にいく／復元模型をみる／文化財を調べる／近代化遺跡にふれる(4頁)
山川	新日本史	木簡を読む／さまざまな資料(4頁)	正倉院展／土地に刻まれた歴史／米／手紙を読む(6頁)
山川	詳説日本史	長屋王の変を探る(4頁)	長屋王の変の舞台をたずねる(4頁)
桐原	新日本史B	歴史の学び方と資料の読み方(4頁)	資料にふれる(2頁)
明成社	高等学校　最新日本史	多面的な視点で／出土品が語る(3頁)	絵画資料から(2頁)

＊コラム扱いのものは除いた。

充実した内容であり、資料を読み、そしてふれることの事例としてすぐれていると考える。しかし、高校の日本史担当の教師のなかで、歴史学の方法を専門的に学んだ者はそう多くない。文献史料の扱い方についてある程度学んだ教師でなければ、山川『詳説日本史』が取り上げた「長屋王の変…」レベルの教材を他に作成することはもちろん、「長屋王の変…」をそのまま授業で扱うことさえ困難がともなうであろう。

清水『高等学校　日本史B』の場合は、「歴史と資料」に九頁を割いており、調べ学習の方法が丁寧に説明されている。この教科書の特徴は、「歴史と資料」よりも「歴史の追究」や「地域社会の歴史と文化」さらに「女性の社会史」というテーマ学習が充実している点にある。なかでも「女性の社会史」としては、「古代の女性／所領の相続と女性／町人の結婚／異国に眠る女性たち」が取り上げられている。他にも、こうしたテーマ学習的な教材の充実は、東書『新選日本史B』⑩や桐原『新日本史B』などにも見られるのであり、日本史Bの場合も、こうした面での改善はすすみつつある。

なお、清水『高等学校　日本史B』は、教科書の副題を「一〇〇のテーマによる通史と多角的視点の歴史像」と銘打っているように、本文は最後の項目を除いて、すべて見開き二頁のテーマ学習化が図られている。本文のテーマ学習化は、実教『高校日本史』のシリーズが早くから取り組んだものであり、この教科書にもそれが波及したと見ることができる。

はじめにふれたように、日本史Bの「歴史の考察」の「ア　歴史と資料」の項目が、学習指導要領上に位置づけられたのは九八年度改訂が初めてであったわけで、日本史Bの改訂のポイントはここにある。学習指導要領では、通史的記述に先立って、内容の(1)に「歴史の考察」がおかれ、その小項目として「ア　歴史と資料」と「イ　歴史の追究」が位置づけられている。「ア　歴史と資料」には、「歴史における資料の特性とその活用及び文化財保護の意義について理解させる」との説明が付されている。そして、「ア　歴史と資料」の小項目として、

(ア)資料をよむ

様々な歴史的資料の特性に着目して、資料に基づいて歴史が叙述されていることを理解させる。

(イ)資料にふれる

博物館などの施設や地域の文化遺産についての関心を高め、文化財保護の重要性について理解させる。

（傍点引用者、以下同じ）

とあるのである。

さらに、内容の取扱いにあたっては、「日本史学習に対する関心を高めるとともに、歴史の学習の基礎的な認識を深めることをねらいとして、作業的、体験的な学習を重視すること」を求めている。また、学習指導要領解説には、

このことは「資料をよむ」「資料にふれる」のいずれも具体的事柄を通じて理解を図ることが大切であるとし、「実施に当たっては生徒の実態や地域の実情に応じた様々な工夫が必要であり、今回の改訂で新たな項目として設定された趣旨を十分に踏まえた工夫が望まれる」としている。

しかし、どの教科書もこの部分の扱いは不十分であるとともに、じつは教師にとっても扱いが難しいところなのである。これまで、高等学校の社会科あるいは地理歴史科の授業では、「歴史はだれにでも教えられる」と考えられがちであった。現在でも、大学生の教育実習に際して、歴史学を専攻していない学生が、しばしば日本史や世界史を実習科目として希望する場合が見受けられる。その理由の多くは、「大学受験で取ったから」というものである。

こうした意味において、私は「歴史と資料」の部分を大事にすることが、今後の「歴史教育」には不可欠なことだと考える。歴史学が「科学的手法」にもとづく実証の学問であるならば、歴史教育とは、歴史学の成果のみを教えるのではなく、歴史的なものの見方や考え方、そして実証の手続き(方法)を教え、さらに体験させること、となるはずである。この点にこそ、「歴史教育」の教科教育としての専門性があるのであり、社会科教育の方法と矛盾するものではないのである。

三　歴史教科書はどうあるべきか——中学校社会(歴史的分野)

最後に、歴史教科書とはどうあるべきかについて、中学校社会(歴史的分野)の教科書を例に考えてみたい。

九八年度改訂中学校学習指導要領の社会(歴史的分野)の場合も、内容の(1)に「歴史の流れと地域の歴史」がおかれ、内容の(2)以降に通史的な内容として、「(2)　古代までの日本」「(3)　中世の日本」「(4)　近世の日本」「(5)　近現代の日

表6　【中学校社会〔歴史的分野〕】の比較

発行者	教科書名	総頁数	本文	比率	主題学習	地域の歴史	その他
扶桑社	新しい歴史教科書(A5判)〔市販本〕	329	278	84%	4	8	コラム14／人物コラム20
東書	新しい社会　歴史(B5判)	207	154	74%	10	32	
東書	旧版　新編新しい社会　歴史(A5判)	313	260	83%	歴史にチャレンジ14／歴史の窓16		

本と世界」がおかれている。そして、「(1)　歴史の流れと地域の歴史」については次の二点が示されている。

ア　我が国の歴史について、関心ある主題を設定しまとめる作業的な活動を通して、時代の移り変わりに気付かせるとともに、歴史を学ぶ意欲を高める。

イ　身近な地域の歴史を調べる活動を通して、地域への関心を高め、地域の具体的な事柄とのかかわりの中で我が国の歴史を理解させるとともに、歴史の学び方を身に付けさせる。

中学校社会〔歴史的分野〕の場合も、主題学習や作業や調べ活動を重視し、歴史を学ぶ意欲や歴史の理解・学び方を先行させつつ、系統的・通史的な内容を併行させるものとされている。

実際の教科書として、ここでは採択数のもっとも多いという東書『新しい社会　歴史』と、教科書としての発行によってさまざまな議論があった扶桑社『新しい歴史教科書』(市販本)を取り上げてみたい。

表6は、上述の二点の教科書と東書の旧版の教科書(『新編新しい社会』)とを、高校日本史教科書と同じ観点から比較したものである。東書『新しい社会　歴史』は、B5判の大型の判型の教科書であり、中学校のほとんどの教科書がB5判のものになってきている。そのため総頁数は二〇七頁であり、旧版のものや扶桑社『新しい歴史教科書』に比べて一〇〇頁ほど少なくなっている。本文の比率は、七四%ほどであり、旧版のものや扶桑社『新しい歴史教科書』に比べて、一〇%程度低くなっている。それは、学習指導要領にそうかたちで主題学習に一〇頁、地域の歴史に三二頁を割いているからである[11]。

ちなみに、東書『新しい社会　歴史』の場合は、一〇頁分の主題学習を教科書の第1章において、「第1章　歴史の流れ」としている。第1章の具体的な項目は、「テーマを決めよう／調べよう／調べたことをまとめよう／発表しよう」であり、調べ活動の方法を詳しく載せているのである。また、「地域の歴史」の三二頁分は各時代ごとにおかれており、その項目は、「遺跡をさぐる／風土記の丘・古墳からわかること／「東洋のベニス」堺とはどんな町だろう／宿場町と城下町を歩いてみよう／工場資料館を訪ねて／明治の建築物をさぐる／軍都から平和都市へ／地図からさぐる昔と今」というものである。この教科書は、生徒の主体性を重視した内容構成となっているのである。

これにたいして、扶桑社『新しい歴史教科書』(A5判)の場合は、新課程用の教科書であるにもかかわらず、東書の旧版(『新編新しい社会』A5判)より一六頁ほど多いこと、そして本文の比率が八四％と東書の旧版とほぼ同じであることに特徴がある。改訂学習指導要領が求めている主題学習と「地域の歴史」については、前者が四頁、後者が八頁を割いているにすぎず、その他の本文以外の記述内容は、コラムに一四頁、さらに人物コラムに二〇頁が充てられており、形式的には東書の旧版の構成に近いのである。つまり、扶桑社『新しい歴史教科書』は、形式上や構成上は九八年度改訂学習指導要領にではなく、旧学習指導要領(八九年度改訂)に準拠したものということになりそうである。

では、主題学習と「地域の歴史」はどのような内容になっているのであろうか。扶桑社『新しい歴史教科書』の場合は、主題学習を「課題学習」と言いかえて、「序章：歴史への招待」のなかに「事実の起源調べ—歴史の導入学習」(四頁)と「郷土史を調べよう」(四頁)をおいているが、「郷土史を調べよう」を「地域の歴史」に入れると、主題学習は四頁ということになる。そして「地域の歴史」については、序章の「郷土史を調べよう」(四頁)以外に、「日光街道と杉並木」(二頁)「郷土の偉人調べ」(二頁)の併せて八頁にすぎないのである。

扶桑社『新しい歴史教科書』が、主題学習や「地域の歴史」にかえて重視したものは一四頁にわたるコラムと二〇頁ほどの人物コラムであった。前者としては、「日本語の起源と神話の発生／神武天皇の東征伝承／出土品から歴史を探る／日本武尊と弟橘媛／浮世絵と印象派／日本の国旗と国歌／明治維新と教育立国／戦争と現代を考える」の八項目が、後者としては「最澄と空海／源頼朝と足利義満／信長・秀吉・家康／石田梅岩と二宮尊徳／勝海舟と西郷隆盛／大久保利通と伊藤博文／陸奥宗光と小村寿太郎／津田梅子と与謝野晶子／夏目漱石と森鷗外／昭和天皇」の一〇項目（二〇人）が取り上げられている。この教科書は、「身近な地域」から生徒が主体性をもって歴史を学ぶのではなく、この教科書の著作関係者が選択した人物を通じて、生徒に歴史を教え込もうとしているのである。

歴史教科書はどうあるべきか。そして歴史教育はどのようになされるべきなのか。議論は多岐にわたるが、私はこうした議論の原点もやはり、〝学習の主体はだれなのか〟にあるべきだと考える。こうした観点から、中学校社会（歴史的分野）の教科書である東書『新しい社会　歴史』と扶桑社『新しい歴史教科書』（市販本）とを比較するならば、その形式や構成からして、どちらが歴史教科書のあるべき姿に近いかはおのずと明らかであろう。このことは、高校の日本史教科書にも当てはまるものと、私は考えている。

おわりに

ここまで、新課程用の高校日本史Aにみられる「通史」を超えた歴史教科書の試みや可能性、日本史Bに見られる「歴史資料」の扱い方について検討しながら、今後の高校の日本史教科書のあり方を考え、さらに、中学校社会（歴史的分野）の教科書を例に、歴史教科書とはどのような形式や構成が望ましいかを考えてきた。本報告の結論は、高校の日本史教科書の場合においても、系統的・通史的な記述に重点をおく教科書ではなく、問題解決的・主題学習的な構成の教科書が望まれているというものである。

もちろん、基本的な論点としては、①方法上の問題として「内容知」を重視するのか、「方法知」か。②歴史学そして歴史教育の方法自体をどのように考えるか、その存在理由はなにか、などがある。具体的な課題としては、

①児童生徒の歴史認識の広がりと小中高における歴史教育の役割分担(「方法知」を重視するとして、それをどこでどのように組み込むか)をどうするか。

②新しい学習方法の導入にあたって、教科横断的な役割分担をどうするのか。総合学習をそのなかにどのように位置づけるのか。

③教員養成や教員研修のあり方、博物館等との連携、教師の専門性をいかに高めるか。

など新しい歴史教育の方法を実現するための課題は山積みである。

なかでも君島が危惧した〝いまの教師に方法知を重視した授業は可能なのか〟という問題、そして私が指摘した〝いまの教師に歴史資料は扱えるか〟という問題は、現実的な問題として議論される必要がある。すでに會田が日本史Bの場合に、「資料論」的なアプローチの重要性を提起しているように[12]、歴史教育において系統的・通史的構成が重要であった時代は過ぎ去った、と私は考えている。以前から唱えられてきたことではあるが、「歴史教育」にいま求められていることは、「自国史(国史)」の相対化である。そのためには、比較史やテーマ史を主要な教材とすることが重要である。国史には、よい国史もわるい国史もないのであるから。

注

(1)　改題の上、君島和彦「日本の『社会科』教育から見える歴史認識」(『日本歴史学協会年報』一八号、二〇〇三年)。

(2) 鈴木哲雄「高校日本史教科書の新たな試み」(『人民の歴史学』一五五号、二〇〇三年。本書第一章)。
(3) 會田康範「『歴史の学び方』と高校日本史―高校新学習指導要領の内容(1)をどうみるか」(歴史教育者協議会編『歴史教育・社会科教育年報　二〇〇〇年版　平和を創る社会科』三省堂、二〇〇〇年)。
(4) 君島和彦「日本の『社会科』教育から見える歴史認識」(前掲)四二頁。
(5) 鈴木哲雄「高校日本史教科書の新たな試み」(前掲)、本書第一章の二四頁。
(6) 君島和彦「日本の『社会科』教育から見える歴史認識」(前掲)四四頁。ただし、君島は実教『高校日本史A』の執筆・編修者の一人でもある。
(7) 鈴木哲雄「高校日本史教科書の新たな試み」(前掲)。
(8) 君島和彦「日本の『社会科』教育から見える歴史認識」(前掲)、鈴木哲雄「高校日本史教科書の新たな試み」(前掲)。
(9) 加藤公明「貝塚の犬はなぜ埋葬されたのか考える」(同『わくわく論争！　考える日本史授業』地歴社、一九九一年。初出一九八三年)および「加曽利の犬の謎を追え」(同『考える日本史授業2―絵画でビデオで大論争！』地歴社、一九九五年。初出一九九三年)など。
(10) 東書『新選日本史B』の場合には、表紙の見返しに続いて折り込み頁を入れ、六頁分(実質は八頁)を「資料を読む」に充てている。ここで扱われているのは、江戸時代の町のようすや人々の暮らしを『江戸図屏風』を手がかりに探っていく、というものである。「資料にふれる」は五頁にわたるが、五章立ての本文の各々の扉部分をそれに充てたものである。この教科書の場合、本文以外の記述の比重が高いのは、「歴史を探る」というテーマ学習的な項目が一六項目(二五頁)にわたって設定されている点にあった。
(11) 手元にある他社の教科書では、教育出版『中学社会　歴史　未来をみつめて』の場合は、主題学習に七頁、「地域の歴史」に一九頁を割き、日本文教出版『中学生の社会科　歴史　日本の歩みと世界』の場合は、主題学習に四頁、「地域の歴史」に二四頁を充てている。

(12)　會田康範「『歴史の学び方』と高校日本史」(前掲)。

第三章　歴史教育再構成の課題

はじめに

本章の課題は、二〇〇四年に相次いで出版された、次の三編(著)書での議論を深めることで、高等学校の歴史教育科目としての「東(北)アジア史」の可能性や歴史教育の方法などをめぐる問題に焦点をあてつつ、歴史教育再構成のための課題について考えることにある。

①加藤章編著『越境する歴史教育—国境を越えて、世代を越えて』(以下、『加藤編著』とする)[1]

②中村哲編著『東アジアの歴史教科書はどう書かれているか—日・中・韓・台の歴史教科書の比較から』(以下、『中村編著』とする)[2]

③歴史教育者協議会編『東アジア世界と日本—日本・朝鮮・中国関係史』(以下、『歴教協編』とする)[3]

一　越境する歴史教育

『中村編著』は、一九九五年に出版された同編著『歴史はどう教えられているか』[4]の続編にあたる。前編著は、欧米や新興独立国、東北アジア、日本の中学・高校の歴史教科書の構成や内容を比較したうえで、日本での歴史教育をどのように改善したらよいかを提言したものであった。前編著での提言とは、

①従来の高等学校の歴史科目の「日本史」「世界史」に新たに「東北アジア史」を加えること、

②小・中学校の歴史教育は日本史と世界史を一体化した内容としたうえで、小学校高学年から中学校三年まで、継続して原始から現在までを順次学習するという西ヨーロッパ型に変更すること、

③歴史教科書の分量をふやし、内容を豊富にするとともに、義務教育では生徒への貸与方式とすること、

④大学入学試験科目から社会科関連科目(公民科と地理歴史科)を除外するとともに、高等学校の社会関連科目は選択必修制に変更すること、

という具体的なものであった。

『中村編著』は当然、前編著での成果を踏まえつつも前編著が一九九〇年代前半段階の歴史教科書の比較であったのにたいして、比較の対象を東アジアの日本・中国・韓国・台湾の歴史教科書(主に高校)に限定したうえで、東アジアの四国・地域の第二次大戦後の歴史教科書(ほぼ二〇〇四年以前のものまで)の変遷について具体的に検討して、問題点や課題を洗い出し、それにもとづいて今後の東(北)アジアの歴史教科書のあるべき姿について、再度提言したものである。

『加藤編著』は、序論(加藤章)によれば、これまでの歴史学あるいは「戦後歴史学」は「ネーションの物語」であったという指摘や、戦後歴史学が克服しきれなかった国民国家を全体として批判の対象とする国民国家論の問いかけを真摯に受けとめたうえで、これからの歴史教育の方向性を提言したものである。具体的には、

(1)「自国史」「国民史」という枠組みを超えた東アジア・ユーラシア、そして人類史を展望しながら、自分たちの

地域と世界とのかかわりを問い返すこと、

(2)自国史のなかに、重層性、複数性といった多様性を積極的に認めること、

(3)戦争による加害者と被害者という関係を貫く人間性によせる共感を失ってはならないこと、

などが提言され、こうした提言にもとづいて、東アジア・ユーラシアに広がる新しい歴史像を目指して編まれたものである。

『歴教協編』は、あとがきによれば、この地球上には文明の多様性、価値観の多様性が存在し、それを互いに認め合うことが大切であるとの歴史の教訓と、国民国家論的な歴史観にもとづいて、

(1)できるだけ国家の枠組みにとらわれず、自分たちの足下を見据えつつ東アジアのなかの日本をとらえ直すこと、

(2)そして各国史でも交流史でもなく、東アジアを一体のものとしてとらえながら、そのなかで日本を相対化して位置づけ、東アジアという地域像・歴史像を描き出すこと、

を目指したものである。具体的には、「Ⅰ東アジア世界の形成」「Ⅱ各地域の自立と交流の発展」「Ⅲ東アジアの繁栄と動揺」「Ⅳ近代化と帝国主義」「Ⅴファシズムと東アジア」「Ⅵ冷戦と東アジア」「Ⅶ現代の東アジア」の七編にわたり、五六項目のテーマについて記述されている。

以上のように、この三編(著)書は、ともに歴史教育の視点から東(北)アジア史の可能性を検討したものであり、互いに共鳴し合うものとなっている。

二　東（北）アジアの歴史教科書の課題

1　自国史教科書の変化

『中村編著』の第一部には、「東北アジア四国・地域の自国史教科書の戦後の変化」が分析され、改善点が示されている。「日本」を担当した島貫学は、戦後直後の日本の教科書には明確な「問いかけ」があり、これに答えるべく積極的に歴史的評価を記述する姿勢があったとし、今後の教科書にも二一世紀の課題と問いかけが必要だとする。「中国」を担当した張紹哲・康賢淑・黄孝春は、中国の歴史教科書の課題として、前近代では、多民族国家の形成過程の光と影のいずれをも直視し、現状を洗い直すことが必要であり、近代では、戦争の残酷さを教えると同時に、戦争を引き起こす仕組みへの認識、伝える方法、異国間の相互交流を通じて、戦争を避け、平和を守るための議論・論争を通じた相互認識の拡大を促すことが不可欠であるとしている。

「韓国」を担当した朴《パク》ソプは、これまでの歴史教科書が強化してきた外国勢力の侵略と自己成長の並行という書き方は韓国の高度成長を支えるものであった。しかし、それが終焉した九〇年代後半には、近現代史の深化学習のために「韓国近現代史」の教科書がつくられ、歴史教科書は国定から検定と変わり、多様な歴史像が提示されつつあるという。

「台湾」の場合（李宗川・庄司春子）では、台湾史の教科書の登場に象徴的なように、台湾アイデンティティが強調されるとともに、歴史事実に即した客観的記述が増えてきているという。

こうした分析結果をうけて、『中村編著』の序章（中村哲）は、ポスト冷戦時代になり、日本を含め東アジア諸国の歴史教科書は、「より良い国民史」を目指して改善する方向に向かいつつあるが、内容の改善としては、「東アジアの国際関係・自国以外の東アジアを重視すべきである。日本の歴史教科書はある程度この点の改善があるが、中国、韓国、台湾の歴史教科書はこの点では従来とほとんど変わっていない」とし、終章（中村）において、現在の歴史教育、歴史教科書の問題点は制度的枠組みを改善することにあると再論している。前編著の提言の①②（第一節参照）にかかわって、歴史教育科目としての「東（北）アジア史」では、それぞれの国・地域・民族を個別に取り上げるのではなく、東（北）アジアを一体として扱う東（北）アジア地域史とし、東（北）アジア史の諸国・諸地域・諸民族の交流・相互作用とその共通性・補完性を重視する。日本史中心主義を避けるとともに、中国史中心主義を避け、東（北）アジア地域の歴史発展と主体性を重視した叙述に努力すべきだとしている。

そして実際の教育では、小学校高学年から中学校三年まで数年をかけて、日本史を中心にして、近隣諸国およびそれ以外の地域の歴史を教え、三本立ての歴史教育は高等学校で行ったらどうかと提言している。ただし、現実的な問題として、歴史教育・歴史的分野のカリキュラムは、社会科や地理歴史科・公民科の小中高における全体的な枠組みともかかわるわけで、歴史教育の視点のみで再編成できるわけではない。具体的な検討は別の機会にゆずるしかないが、『中村編著』のこうした提言は大変に重要なものであり、しかも実際的な提案であることは確実である。

2　歴史教科書の関連性と比較

『中村編著』の第二部では、「東北アジア四国歴史教科書の関連性と比較」が検討されている。まず四国の「相互交流」について高本享・福森玲子は、前近代では隣接する地域・国家としての歴史的結びつきの緊密性と重要性に比べて、相互関係についての記述量が少なく、教科書間で史実認識が大きく異なっていたり、正反対だったりする場合もある。やはり、よりよい教科書づくりのためには東アジア諸国間の共同研究が必要であるとする。近現代については、西洋列強へのコンプレックスや被害者意識が根底にあり、その反動として愛国主義や民族運動の重視、大陸侵略不可避論といった、やや受身的な記述になっている。また、「日本の台湾・朝鮮半島植民地化と大陸侵略の重たさの前に人的交流や相互の影響、友好といった要素はトーンダウンせざるをえな」くなっているとする。「文化や技術の伝播・受容」(井上達朗)についても、四国の教科書は、前近代における中国への関心の高さと、近代における欧米への関心の高さという共通点があるが、逆に文化や技術や制度の受容にたいするスタンスには国家によって相当の違いがあるという。

「戦争」に関する教科書記述(菊地登・島貫学)では、戦争は不幸なことではあるが、前近代においては「異なる文化集団間交流の重要な出来事でもある」との考えを表明しつつ、近代の日本による東アジア諸国にたいする侵略と植民地化に関する記述についての問題点を丁寧に指摘している。そのうえで、歴史教科書の記述について、事実のみを記述し、歴史的な評価は極力避けるべきか、それとも、事項の具体的過程の記述や、主要な人物の行動と役割を明らかにし、評価まで加えるべきかという問題があるとし、ある事件なり事項が歴史にどうかかわり、どのような意味を持つかを明らかにしなければ、歴史における選択可能性は見えてこないとする。また、「戦後」(井上達朗)については、四国の教科書は東北アジア諸国の相互関係への関心が薄く、相互関連を記述する姿勢はどの国の教科書にも見られないという。

「植民地」に関する日本の歴史教科書の記述(加藤栄一)では、おもに山川出版社『詳説　日本史』の変化が検討されている。一九五〇年代の教科書は植民地支配についての具体的な記述をしていなかったが、七〇年代になると三省堂『日本史』(七三年検定済み)などが詳しい記述をはじめ、山川出版社『詳説　日本史』においても、二〇〇二年版や、二〇〇三年新課程用からは記述量が増大している。そして、中国・朝鮮の軽視や蔑視は見られなくなり、抵抗運動を評価し、日本の戦争・植民地支配を反省する記述が増えているが、韓国併合については、いまだ併合条約は条約主義にもとづき国際的にも承認されたものだとの政府見解の記述に変化はない。また、記述内容は断片的であり、日本と植民地の相互関連や植民地支配の影響、日本の敗戦と植民地の独立が日本に与えた影響や植民地支配の評価についての記述が少ないため、依然として東北アジア像が見えてこないとしている。

「植民地期」に関する韓国・台湾の歴史教科書の記述(黄完晟)では、日本帝国主義による植民地支配について、韓国の教科書は植民地化の過程は強制的非合法的であり、国内では強い抵抗、国外では戦争状態が続き、上海に樹立された臨時政府は国内外の独立運動の本部として日本帝国主義にたいして宣戦布告まで行ったという構成内容になっており、「完全な植民地支配の一部否定論」とも見受けられる記述になっている。一方、台湾の教科書は、政治的側面や台湾人の抵抗への弾圧に関する批判を除けば、経済・社会・教育・文化などの分野について、植民地支配の発展的な側面をおもに記述しているという。

これらの議論について、終章で中村は、「東北アジアの国際交流・友好を重視するとともに、対立・侵略も軽視しすべきではないが、近現代に日本が東アジアに与えた影響は、侵略や植民地支配のような負の面に限らない。すでに中国・韓国・台湾の教科書が触れているように、経済的な資本主義化、文化や技術の伝播等でも日本は大きな影響を与えており、この点は日本の教科書でもふれる必要がある。また、中国・韓国・台湾の近代化の過程で、自国の近代化を目指して日本に留学したり亡命したりした人々について記述することなど、「近代東アジアの中で日本が果たした肯定的・積極的役割を評価することも必要である」とする。

ただし、日本の肯定的な影響を重視したり評価したりすることが、侵略・戦争・植民地支配といった負の側面を否定したり、薄めたりしないか、と危惧されることについて、中村は「歴史教育・教科書問題は極めて政治的な性格を持っているので、その危惧にはある程度根拠がある。しかし、日本の子供たちにどのような歴史教育をなすべきか、という基本的観点からすれば、この危惧は間違っている。また、東アジア諸国・諸地域・諸民族に対しても、そのような配慮は逆の効果、相互理解を妨げ、日本に対する信頼を弱めてしまう」としている。そうすることが、欧米中心主義、アジア軽視の思考から脱却することにつながるという。

ただし、中村のここでの提案については、「相互交流」のところでの「日本の台湾・朝鮮半島植民地化と大陸侵略の重たさの前に人的交流や相互の影響、友好といった要素はトーンダウンせざるをえな」くなっている、との指摘を十分に踏まえる必要があろう。この点にこそ、「自国認識」にかかわる難しい問題が横たわっているのであり、東(北)アジア諸国・諸地域の間での慎重な相互討論・共同研究が不可欠なのである。

3「東(北)アジア史」の枠組み

『加藤編著』の第二部には、「歴史教科書を分析・構成・展開する視点」から三本の論考がおかれている。「大日本帝国の東アジア史教育」(茨木智志)は、明治初年の小学校ではさかんに中国史や欧米史が授業されていたが、一八八一年以降には国史のなかの対外関係(国威発揚の対象)として外国史を取り上げることが基本とされたという。なかでも、一九四三年度からの『初等科国史』のなかの前近代のアジアの記述は、「大東亜建設」や「大東亜共栄圏」の事例を前近代にもとめるもので、奈良時代は遣唐使が往来し日本が外交的に国威を示した時期であり、八幡船による倭寇の活動は海国日本の「海外発展心」のあらわれで、豊臣秀吉の朝鮮侵略は「大東亜建設の先駆」と位置づけられている。そして、明治維新以降の日本の対外戦争も道義にもとづく「東洋平和」「東亜保全」そして「大東亜建設」を一貫して追求したものとして描かれているという。

茨木は、「東(北)アジア史」をこうした方向で教えることは今日においても不可能ではなく、東(北)アジア史教育の検討に際しては、「この戦時下の東アジア史教育の意味を、東アジア諸国の歴史教育者たちが自己を検証する共通の素材として銘記する必要がある」としている。二一世紀の「東(北)アジア史」教育のあり方を議論するに際しては、のちにふれる戦前の「東洋史学の伝統」や国史教育の枠組みについて、十分に留意しなければならない。

次の「高校日本史教科書の新しい動向と成果」(坂本昇)は、高校日本史教科書『日本史A』(東京書籍、二〇〇三年度より使用)の記述内容は、一国史的な枠組みの定番である日本史像の対象化・相対化を目指したもので、「世界からのまなざし」(複数のコラム)によって自国・自民族中心主義や帝国意識をつくってきたこれまでの歴史観・歴史像・世界観を疑うことを重視し、未来における日本・日本人のための〈自立と共生〉の認識を樹立することを志向したものであるとしている。また、「高校世界史における東アジア史学習を考える」(篠塚明彦)は、そもそも高校の歴史教育において「日本史」が「世界史」から切り離され、日本史を含まないかたちで世界史が別個に存在するがごとき構成になっていることが問題だとして、高校における歴史学習の見直しの方法を提起している。具体的には、単元名「東アジア世界の新展開」、単元計画(五時間)「鄭和の南海遠征/明帝国と東アジア世界/朝貢貿易体制/琉球王国の繁栄/清帝国と東アジア世界」という世界史の学習指導案が示されている。歴史教育科目としての「東(北)アジア史」実現のためには、こうした実践の積み重ねも必要であろう。

また、『中村編著』の補章1「日本の世界史教科書」(毛戸祐司)は、戦後、西洋史+東洋史のかたちではじまった世界史は、一九五六年度改訂版の学習指導要領では、「アジアの歴史は、西洋的な立場からのみ見るのではなく、それ自身の価値を認めて、理解させることが必要である」とし、それ以降、文部省主導でヨーロッパ中心主義の克服が図れるとともに、「世界史の発展法則」としての時代区分論への対案として、文化圏的構成が強化されていったことに注目する。しかし、文化圏論は文部省側の主導とのみいうことはできない。実教出版『高校世界史』五五年版は、学習指導要領より早くに一八世紀までの文化圏学習を主張しており(「上原世界史」)、こうした考え方は現在の新課程用の教科書のなかのネットワーク論や世界システム論を先取りしたもので、通史よりもテーマ学習に比重をおいた教科書に水脈的なつながりをもっているとする。

ただし、五六年度改訂版の文部省主導の「アジア文化圏」論は、後述する『歴史像再構成の課題』の諸論考が自省の思いをもって指摘した戦前の「東洋史学の伝統」と無縁ではないかもしれない。また、「上原世界史」と世界史学習指導要領との関係についても、慎重な検討が必要であろう。「東(北)アジア史」の歴史教科書を構想する場合には、「上原世界史」や五六年以降の世界史学習指導要領の意味を再検討することが重要である。

三　歴史教育の対象と方法

1　新たな教材開発

『加藤編著』の第一部には「新しい歴史教育の教材開発と実践」として三本の論考がおかれている。「「原爆ギャップ」の克服をめざして」(新木武志)では、イギリスでの歴史プロジェクトの事例として、「なぜ連合軍は原子爆弾を投下したのか」というテーマの歴史学習が紹介されている。教師が選択・編集した資料にもとづいて、生徒がさまざまな立場から考え、解釈するという歴史学習の方法は重要であるが、解釈の多様性を認め、生徒にたいして自由な解釈と評価とをゆだねるならば、過去から現在に引き継がれている問題についての歴史の責任を放棄することになり、結局は教師が意図した過去像に生徒を導くだけに終わる危険があるとしている。

新木の議論は、「自由主義史観」グループによる「近現代史学習論」の問題点を意識したものであろう。では、「原爆ギャップ」を埋めるためにはどうすればよいか。新木は原爆投下が多様に解釈され、認識されているあり方そのものを教材として取り上げて、対立する認識間での対話を生み出していく必要があるという。歴史教育の対象は、過去の記憶を呼び起こし、表象し、歴史化しようとするすべての行為であり、過去が誰によって何のために表象され、広められてきたのかについて考えることが重要だとする。

「戦後補償裁判に描かれたアジアの個人史」(梅野正信)は、今日、歴史を学ぶ者に求められるのは、事実そのもの、事実にかかわる人々の限られた人生から目を逸らさぬ姿勢であるとする。その点で、戦後補償裁判の判決書における事実認定の部分は、判決主文とは別に、社会的、公的に確認された「事実」として取り扱うことの許されるものであるとし、具体的に家永教科書第三次訴訟の高裁・最高裁判決や戦後補償請求訴訟において「裁判所が認定した事実」を丁寧に取り上げ、それらを教材化することの実際的で現実的な意義を主張している。ここには歴史構成主義あるいは相対主義との難しい問題が絡むのであるが、政治的な意図をもった相対主義的主張に対峙するためのひとつの方法として、「裁判所が認定した事実」ならば基本的な教材となりうるというわけである。

これにたいして、「教員養成大学における歴史教育」(土屋武志)は、和歌森太郎の分類にしたがって、多様な選択や解釈の可能性を保障するトピック主義の「現実主義歴史教育」の方法が重要であるとし、「悲惨で破壊的な出来事から少し離れて建設的で前向きな発展に重点を移すと、国家間の困難な関係や民族間の憎悪や侵略も少し和らぐのではないか」とのロバート・ストラドリングの提案を受け止め、教員養成大学における「東アジア史」の試み(学習プログラム)を示している。土屋は、正統な歴史学の成果を教えるのではなく、歴史＝「情報」という視点から歴史教育観を組み替える必要があるとする。

梅野の議論と新木や土屋の主張との間には対立するものが含まれている。新木や土屋の主張は構築主義的な立場から、多様な解釈そのものが歴史教育の対象とされるべきであるといい、情報としての歴史をどのように判断するか、そのための判断力を育てることが歴史教育であるとする。これにたいして梅野は、動かない歴史「事実」を見いだし、その事実に向き合うことが歴史教育では必要であるという。ここには「歴史教育とは何か」という深刻な問題が横たわっている。歴史学が扱う多様な歴史資料は「情報」であるが、歴史教育の対象は歴史資料（「情報」）そのものではなく、やはり歴史「解釈」ということになろうか。歴史教育は歴史学的なものの見方や歴史「解釈」の方法、手続きそのものの初歩を学ぶことであるとともに、その歴史「解釈」の過程の実証性＝科学性を見抜き、記述内容の信頼性を評価できる能力を育成することにあるとすべきなのかもしれない。歴史学が歴史「解釈」のための学問なら、歴史教育とは歴史「解釈」を対象化することというべきか[5]。

2　歴史における主体性

『中村編著』の補章2「日本の中学校の歴史教科書」（高本亨）では、『新しい社会　歴史』（東京書籍）を例に旧版と新版とが比較されている。中学校教科書は、読んで理解する教科書から、見て楽しい教科書へと変身をとげるとともに、総頁数は三〇二頁から二〇〇頁へと三分の二に激減し、さらに一九九八年度改訂学習指導要領の重視するテーマ学習・調査活動の手引きに四〇頁が割かれているため、本文は実質一六〇頁となり、本文の分量は旧版のおよそ半分になっている。その結果、旧版では六九頁分（前近代二七頁、近現代四二頁）が充てられていた世界史記述が二七頁（前近代七頁、近現代二〇頁）となり、前近代は四分の一、近現代は約半分に縮小されたという。

こうした傾向は新課程用の高校日本史Aの教科書にも見られるものである。高本は、中学校の歴史教科書には中学生が読んでわかり、時代像をイメージできるやさしい文章で物語性を兼ね備えたものが望まれるのであり、新課程では、二年生の社会科の授業が一四〇時間から一〇五時間(週あたり四時間→三時間)に減っており、教科書の内容とともに、こうした要件から遠ざかっているという。歴史教育の内容に関して、その教材の物語性を重視する考え方が多方面から提出されているが、私はテーマ学習的な枠組みのなかでの「物語性」であるべきだと考える。通史的な物語＝「国民の物語」のはらむ危険性については指摘するまでもない。

なお「歴史的評価の必要性」については、『中村編著』で中村が指摘している。歴史教科書の記述における歴史的評価は政治的・イデオロギー的立場に影響され、権力によって左右されやすいし、現実に世界の歴史教科書は程度の差は大きいが、いずれの国の歴史教科書も自国中心的、ナショナリズム的傾向をもっている。「しかし生徒の歴史観を養うことは歴史教育の重要な目的であり、そのためには歴史的評価を欠かすことは出来ない」という。そこで、アメリカの歴史教科書のように、重要と思われる事項についての対立的な見解を取り上げ、それに関する当時の人々の発言や史料を示して、生徒に考えさせるというやり方が必要だとする。

さらに中村は、これまでの教科書の客観主義的叙述や主体の曖昧化は、歴史が客観的条件のなかから、特定の選択を行い実行することで形成されてきたことを曖昧にするものであり、教科書では「歴史における主体とその選択の重要性を教える」ことが必要である。ただし、そのときには、「イデオロギーや政府の立場からの制約を出来るだけ排除する」ことが必要であり、これからの歴史教科書には、

(1)近代日本の東アジア侵略や植民地支配など東アジアに与えた負の面を隠さないこと。それは道徳的な断罪や謝罪ではなく、歴史的選択の誤りであり、その結果日本人も含め、東アジアの人々に大きな被害を与えたことを明ら

かにすること、
(2)逆に、日本が受けた不当な出来事も隠さないこと。アジア太平洋戦争での連合国側の不法・残虐行為、アメリカの原爆投下、都市の無差別爆撃、ソ連の日ソ中立条約を無視した参戦、シベリヤ抑留など、
(3)日本の降伏が天皇制を維持するために遅れ、戦争被害を大きくしたこと、
などが記述されるべきであるとしている。

こうした議論は歴史教育の方法に密接にかかわるもので、小・中・高という連続する教育体系のなかで、教育学的・教育心理学的な観点を十分に踏まえて議論する必要がある。中村は、小・中の歴史教育を小学校高学年から中学校の三年間にかけて継続的に行うものとすべきだと提言していたが、この提言の魅力はこうした議論と関係している。

3　東(北)アジアの一体性

『歴教協編』の五六項目のすべてのテーマが、『中村編著』や『加藤編著』が主張するような「東(北)アジア史」の事例となっていると面白いのであるが、そうはうまくいかない。『歴教協編』は、『中村編著』と同様に、「東アジアを一体のものとしてとらえながら、そのなかで日本を相対化して位置づけ、東アジアという地域像・歴史像を描き出そうとした」とはいうが、中村がいうような「それぞれの国・地域・民族を個別に取り上げるのではなく、東(北)アジアを一体として扱う東(北)アジア地域史とし、東(北)アジア史の諸国・諸地域・諸民族の交流・相互作用とその共通性・補完性を重視する」ものとはなりきれておらず、「日本からみた東アジア史」という枠を超えることはできていないと思う。

この問題は、「東アジアの一体性」や「東アジアアイデンティティー」と絡む問題であり、国民国家の寄せ集めで

ある「東アジア地域世界」の枠組みでは、どこの国であろうと、どのような立場から構想されようと、書き手の主体性や想定される読み手の問題があるのであり、簡単には克服しえない問題なのである。

しかし、『歴教協編』が取り上げる項目には、『中村編著』や『加藤編著』が「東(北)アジア史」のなかに取り上げた事例と重複するもの、あるいは『中村編著』や『加藤編著』、『歴教協編』の主張にピタリと合うものもある。たとえば、Ⅰ編の「東アジアの仏教伝来」「大陸の激動と遣唐使・遣新羅使」「正倉院からみた世界」「日本海交易と渤海」は、古代の東北(東)アジア像を深める内容となっている。また、Ⅱ編の「宋銭と『東京夢華録』」「契丹・遼と西夏―北方民族の自立」、Ⅲ編の「朝鮮王朝の成立」「明清交替と朝鮮・日本」「鄭成功とその世界」「南下するロシア、北を向く幕府」なども、中近世の東(北)アジア像を構築する歴史教材として注目される。

近代では、Ⅳ編の「東アジア三国の開国事情」「明治政府の対琉球政策」「中国・朝鮮からみた日露戦争」「東京で生まれたアジアのインターナショナル「亜洲和親会」」「霧社事件と日本の植民地支配」、Ⅴ編では、「幻の国「満州国」」「日本人兵士の反戦運動」「皇民化政策と民族独立運動」「祖国を捨てた愛国者」「第二次世界大戦と東アジア」「東京裁判・BC級戦犯裁判とアジア」「鬼から人間に生まれかわった戦犯」「故宮博物館の宝物の旅」などがある。なかでも、「東京で生まれたアジアのインターナショナル「亜洲和親会」」は、『中村編著』や『加藤編著』でふれられていた重要項目である。また、Ⅵ編では、「ヴェトナム戦争と東アジア」「韓国の経済成長と金大中事件」、Ⅶ編の「国境」を越えたテレサ・テン」「戦後処理と在日コリアン」「グローバリゼーションのなかの東アジア」なども同様の視点を有している。

ただし、『歴教協編』には中村が指摘した、日本が受けた不当な出来事―「アジア太平洋戦争での連合国側の不法・残虐行為」「アメリカの原爆投下」「都市の無差別爆撃」「ソ連の日ソ中立条約を無視した参戦」「シベリヤ抑留」

などや、「日本の降伏が天皇制を維持するために遅れ、戦争被害を大きくしたこと」などのテーマは取り上げられていないのである。

四　歴史教育の再構成と「東(北)アジア史」

『加藤編著』の第三部には、「アジアとヨーロッパを結ぶ歴史的思考」として、三本の論文が配置されている。「一五～一七世紀アジアとヨーロッパの中心・周辺意識」(増井三夫)は、モノを媒介とする世界の一体化の時代であった一五～一七世紀は、他方でヨーロッパ中心主義史観に限らず、イスラーム帝国像、須弥山宇宙観、中華観念、華夷観念にみられるように多中心構造をなしており、それぞれの「中心」から世界を一体的に認識する試みが企てられた時代でもあった。ということは、一五～一七世紀は歴史認識の一元性―多元性を検討する格好の場であり、ここではアジアとヨーロッパが周辺をいかに対象化していたのか、そして両者の回廊はどのように成り立っていたのか、なかでもヨーロッパでの日本の認識・記憶の構造を検討するとしている。そしてこうした構想立てによって、日本とヨーロッパの歴史認識が交錯する「現在」を看取でき、歴史教育における歴史的思考の多元性のあり方をも問うことができるとする。充実した記述内容について要約する余裕はないが、増井の議論は、「東(北)アジア史」を構想するに際しての単純な「アジア主義」(アジアアイデンティティー)への警告と読める。

「ある画学生の世界風景」(下里俊行)は、一九九六年のロシア極東のウラジオストクで売られていたチョコレートの包装デザイン「季節、八月。シーシキン、ライ麦畑」という「ロシア的」風景の作者シーシキン―一九世紀半ばのある画学生のまなざしを手がかりにして、アジアとヨーロッパとが混交するユーラシア世界の一面を描くものである。

この風景画がなにゆえ「国民的独自性」を表現する「ロシア的」風景画と評価され、受容されていったのか。下里の希有な構想力と叙述内容を要領よく紹介する能力はないが、終末部分には、シーシキンの風景画はじつは地理的にも歴史的にも「辺境」の風景であり、「ヨーロッパとアジアの曖昧な境界線上に暮らした忘れ去られた人々の記憶を呼び起こすための「世界風景」というべきものであった」としている。下里は、「東(北)アジア史」を内在的に把握すべきことを示唆しているのである。

「歴史的思考力の形成空間としての東アジア」(河西英通)は、戦後歴史学に多大な影響を及ぼした石母田正による「東アジア」認識の枠組みを批判する。一九五〇年代の石母田の東アジア認識や日本史像の前提には、エンゲルスによる「フランクフルトにおけるポーランド討論」での北フランスが南フランスを征服支配したことの「歴史の発展の無慈悲さ」についての誤解と曲解があるとしている。河西によれば、「ポーランド討論」がいう「歴史の発展の無慈悲さ」とは、石母田をはじめとする戦後歴史学が解釈したような、民主主義や民族統一のためには民族の独立や封建的孤立は否定されざるをえないということではなく、「「価値多い発展」をとげた民族と地域といえども、他民族による征服や支配を受けたならば、「反動的部分」「封建的制度の支柱」「反革命の力」に変質してしまうという「無慈悲さ」だったのである」という。

石母田をはじめとするこれまでの「歴史の発展の無慈悲さ」についての誤読と曲解は、抹消され捏造された歴史像の再検討や征服され包摂された地域(「ポーランド」や「朝鮮」)の歴史的復権への侮蔑を意味し、「人間集団間の「恥ずべき不正」を先進による後進の支配という必然性で正当化した」ものであると手厳しく批判している。しかし、そのうえで河西は、石母田が〈地域―国家―東アジア〉を串刺しにする視点を構築していたことを再評価しつつ、その視点は石母田が生きた時代に規定されたものであったという。そして、われわれは今生きている東アジアの現代史のなかで、「東アジア史を構想しなければならない」としている。

おわりに

ここまで、三編（著）書を読みすすめてくると、不勉強な私にも一九六六年に編まれた幼方直吉・遠山茂樹・田中正俊編『歴史像再構成の課題』[6]が思い浮かぶ。副題は「歴史学の方法とアジア」。私の書棚にあるものは一九七五年第一版第六刷であり、記憶にはよみがえったが、開いてみると実際に読んだ形跡は四分の一ほどにすぎず、今回改めて読み直してみた。率直な感想は、「戦後歴史学もそうわるくはないな」というものであった。もう少し説教じみた言い方をすれば、二一世紀の「東（北）アジア史」を議論するに際して、必読の書であると感じた。もちろん、所収された論考は一九五〇年代後半から六〇年代前半にかけてのものであり、当時の国内状況や国際関係に規定された政治性の強い面もあるが、二一世紀の「東（北）アジア史」が幾度となく振り返ってもよい―あるいは振り返るべき書ではないか。

『歴史像再構成の課題』には、歴史学と歴史教育の区別はないし、二一世紀の歴史学と歴史教育にも区別はないはずである。「歴史像再構成の課題」は、「歴史教育再構成の課題」でもあると思う。

注

（1）　加藤章編著『越境する歴史教育―国境を越えて、世代を越えて』（教育資料出版会、二〇〇四年）。
（2）　中村哲編著『東アジアの歴史教科書はどう書かれているか―日・中・韓・台の歴史教科書の比較から』（日本評論社、

二〇〇四年)。

(3) 歴史教育者協議会編『東アジア世界と日本―日本・朝鮮・中国関係史』(青木書店、二〇〇四年)。

(4) 中村哲編著『歴史はどう教えられているか』(日本放送出版協会、一九九五年)。

(5) この点にかかわっては、土屋武志『解釈型 歴史学習のすすめ』(梓出版社、二〇一一年)を参照。

(6) 幼方直吉・遠山茂樹・田中正俊編『歴史像再構成の課題』(御茶ノ水書房、一九六六年)。

第四章　「小中高一貫の社会科歴史教育」を考える

はじめに

歴史学のあり方についての再検討がすすむなかで、歴史教育についての問い返しも必要となっている。周知のように、西川長夫は「想像の共同体」（B・アンダーソン）としての国民国家の消滅とともに、国民国家を支え国民を創ってきた近代歴史学も役割を終えるといい、酒井直樹は「ナショナル・ヒストリーを学び捨てる」といっている(1)。近代国民国家における歴史教育は「国民の物語」を「国民」に授け、「よりよい国民」を創るものであった。小国喜弘は、日本の戦後教育においてもその本質に異なることがなかったことを明らかにしている。教育政策による「上からの」歴史の書きかえではなく、教師や市民による「下からの」書き換えも「国民」づくりを目指すものであったと。そのうえで、今後の学校（歴史）教育では、「子ども自身や子どもの周囲の大人たちが持つさまざまな歴史の輻輳性を描くとともに、「そのようななかに『国民の歴史』を位置づけ直していくことが必要」であり、「多様な文化を備えた人びとが共生する社会に生きる、『日本人』という集合的アイデンティティも含めた多重のアイデンティティを持った市民を育てる」場への転換が必要であると提言している(2)。アメリカでの多文化教育を主導するJ・A・バンクスは、「多文化教育の主な目標は、生徒が文化的、国民的、グローバルなアイデンティティの間に、微妙なバランスをうまくとれるように生徒を助けることがである」と述べていた。[3]

こうした議論に関連して、今野日出晴は「無味乾燥」な歴史教科書叙述が、「私の語り」「私たちの語り」「彼らの語り」という歴史の語りの三層構造のなかの「彼らの語り」に位置づくとし、討論授業や構築主義的な歴史授業が「私の語り」や「私たちの語り」のみを強調するものとなっていると批判しつつも、「重要なことは「私の語り」が相互に批判されるようなコミュニケーションを取り交わせる環境を学校がつくっていくこと」が必要であるという。[4]

本章の意図するところは、こうした「歴史教育の今日的問題」あるいは課題を踏まえて、学校教育、歴史教育の場を具体的にどのように組み替えていくかを小中高一貫した枠組みの問題として検討することにある。まずはその前提として、多文化教育・市民性教育の必要性についてふれることから始めたい。

一　多文化教育・市民性教育の必要性

欧米における多文化主義や多文化教育については、国民国家の枠組みを支え補強するものにすぎないとの批判があることに留意しつつも、私は一国的な枠組みがあたかも自明のものと見なされてきた日本の社会科教育、なかでも歴史教育を組み替えるために有効な方法であると考えている。また、多文化教育は市民性教育と結びついたものであり、「市民」とは社会の構成員が相互の多様性を認め合うことを前提に、所属する社会・共同体を主体的に構築していく存在のことである。市民性教育では、児童生徒も社会（教室や学校も含めて）の構成員として尊重され、社会の構築にかかわっていく存在であることが期待される。

社会科教育の分野では、池野範男が社会科を「市民社会科」と名づけることで、「子どもたち一人一人が現代社会

(の一部)を作り出している、形成しているということを授業において発見したり、確認したり、追構成したり、実施・実行したりする」ものに組み替えることの必要性を述べ、歴史教育は「市民社会科歴史教育」であるべきで、市民社会科歴史教育では、過去の事例を通して、現在の問題や課題にたいする新たな解決方法や可能な解決策を探索し、その価値づけと規準づくりを行うのであり、「すでに在ったもの、自然なものとみなされる歴史を再度形成することこそが」歴史授業の課題であると、構築主義的な歴史教育論を提起している。⑤

そのとき問題になることは、「すでに在ったもの、自然なものとみなされる歴史」をどう提示していくかであろう。一〇年ほど前に佐藤正幸が、国際歴史教育学会での「多文化社会における歴史教育」に関する議論を紹介している。そこで佐藤は、ヨーロッパでの歴史教育にかかわって、

①多民族・多文化社会であるイギリスの歴史教育では、「ひとつのヒストリー」を教えることは最初から不可能であり、そのため「史料からの過去の読みとり方」にならざるえないこと、

②ドイツのリューゼンによる多文化教育論に関する報告は、自民族中心主義を避けるため、文化的差異に関する相互承認の原則を歴史意識の深みにまで遡って極めることにあるとするものであった、

と報告している。そのうえで、佐藤は日本型歴史教育のように、「教科書をもとに、別な解釈図式を教えることは、討論中心の歴史教育と比べて、多様な歴史認識の存在、ひいては、自己の歴史認識の相対化を教える賢い方法」であるとしている。⑥今野が「彼らの語り」としての歴史教科書叙述にこだわるのもこうした議論とかかわろう。

このような議論を深めていけば、社会科教育・歴史教育において「ひとつのヒストリー」=「彼らの語り」は不可欠なのかという論点に行き当たることになる。仮に「ひとつのヒストリー」が必要だとしたとき、その物語はどのようなものとすべきなのか。そして、「ひとつのヒストリー」にたいして、それを相対化するための他のヒストリーは

どのように提示されるべきなのか。主なるヒストリーと副なるヒストリーとなるのか。それとも対等な複数のヒストリーが提示されるべきなのか。ここでは一応の見通しとして、私自身がすすめてきたこれまでの議論[7]の方向にもとづいて、

①小・中学校での歴史学習では、いわゆる通史的学習（通史を重視した）をやめて、テーマ学習的な内容をほぼ古い順に構成していくこと、

②その際に複数のヒストリーが提示されること、

を重視したい。複数のヒストリーの提示の仕方は、学年進行にしたがって順に明確化するとともに、「ひとつのヒストリー」そのものが、多文化教育・市民性教育の観点にしたがった地域学習と多様性を重視した内容となっていることが必要である。

二　小中高一貫の社会科歴史教育

周知のように中村哲は、編著『歴史はどう教えられているか[8]』・『東アジアの歴史教科書はどう書かれているか[9]』において、欧米と新興独立国、東北アジア、日本の中学校・高等学校の歴史教科書の構成や内容を比較し、問題点や課題を洗い出したうえで、日本での歴史教育や東北アジアの歴史教科書のあるべき姿について、いくつかの提言をしている。注目すべき点は、

①自国史を中心とした歴史教育を小学校六年、中学校、高等学校と繰り返すことはやめて、小学校高学年から中学校三年まで継続して順次学習する欧米型とすること、

②高等学校の歴史科目として新たに「東(北)アジア史」を加えること、

としたことである。第三章でもふれたように[10]、現実的な問題として、歴史教育・歴史的分野のカリキュラムは、社会科や地理歴史科・公民科の小中高における全体的な枠組みともかかわるわけで、「歴史教育」の視点のみで再編成できるわけではないが、中村提案①の「小学校で原始から始め、学年が上がるにつれて新しい時代に移っていき、現代は中学三年で学ぶ。内容も低学年ではやさしく、具体的な事例を取り入れ、ときには物語的な内容があってもよい。現代時代が降るにしたがって生徒の成長に合わせて内容も高度化していく。このやり方にすれば、くり返し型のムダや生徒の飽きもなくすことができるし、現代史を重視する歴史教育も実現することができるであろう」とした点は重要である。

中村提案の意義は、

(a)「生徒の成長に合わせて内容も高度化していく」という、教育としての発達段階的な視点を踏まえたものであること、

(b)「現代史を重視する歴史教育」の実現という同時代的要請にもとづいていること、

の二点にあろう。そして、もうひとつの同時代的な要請が、提案②の歴史科目「東(北)アジア史」であることはいうまでもない。ただし、中村提案をそのまま受け入れるとすると、社会科の枠組みを解体し、「歴史教育」を独自の教科とせざるをえなくなる可能性が高いが、私は序章や第三章でも述べたような意図から「社会科」の枠組みは堅持すべきであると考えている。以下、「社会科歴史教育(あるいは市民社会科歴史教育)」の枠のなかで、中村提案①の現実的な可能性について検討を加えてみたい。

まず、小学校高学年での社会科歴史教育の位置についてである。現行の小学校学習指導要領の社会科の枠組みでは

三年・四年で身近な地域から市区町村、都道府県へ、五年で「我が国」の地理へと同心円的に空間的・地理的認識を拡大させるとともに、四年で「生活の変化・地域の発展」を扱って時間軸を深めつつ、六年で「我が国」の歴史を通史的に学んだうえに、政治のあり方や国際理解を深めていくという構成になっている。こうした小学校社会科の構成のなかに、中村提案①を取り入れるとすれば、五年での「日本地理」、六年での「日本歴史」／「政治・国際理解」という枠組みの修正も必要となる。じつは小学校社会の地理的・公民的分野と中学社会での同分野の重複も多いのである。つまり、小中一貫の歴史教育を考えるためには、小中一貫の社会科の枠を考え、そのなかに「歴史的分野」を位置づける必要があるのである。

そこで批判的に検討すべきものが、教育特区による小中一貫教育や小中一貫校などで示されている「小中一貫の社会科カリキュラム」である。もちろん、新自由主義的立場からの「教育改革」にはさまざまな批判があり、改革の方向自体に問題があるが、本章ではあえて東京都品川区の「小中一貫教育〔社会科〕カリキュラム概要」を取り上げる。(11) 品川区のカリキュラムは、三年から九年(中三)までの七年間の社会科の学習内容を「私たちと生活環境」「私たちと歴史の発展」「私たちと現代の社会」の三分野に分けて示している。そのうち「私たちと歴史の発展」の分野についての内容は、次のようなものである。

四年　私たちの生活はどのように変わってきたのだろうか。(三三時間)
五年　歴史を語るものを調べるとどのようなことがわかるのだろうか。(八時間)
六年　先人たちの働きによって、我が国はどのように発展してきたのであろうか。(五〇時間)
七年　古代〜近世の我が国の歴史の流れはどうなっているのだろうか。(四〇時間)
八年　近現代の我が国と世界の歴史の流れはどうなっているのだろうか。(三八時間)

これまでの歴史学習全体を自分なりにまとめるとどうなるのだろうか。（八時間）

九年　卒業論文（〔課題テーマ〕これまでの学習を踏まえて、望ましい国・社会と自分の在り方をどのように考えるか／〔自由テーマ〕社会に対する自らの問題意識に基づき、全ての学習成果を生かすとともに、個性・能力を最大限に発揮して論文を作成し、発表する）（二五時間）

内容が問題文化されているのは、「小中一貫教育の社会科の柱を問題解決的な学習とするため」であるという。一九九八年度改訂の小学校学習指導要領では、三年・四年の学習内容のひとつに、「地域生活の変化や人々の願い、先人の働きや苦心」があり、品川区の四年の学習内容はそれにそったものである。具体的には「古くから伝わる道具、品川用水、文化財・年中行事、伝統工芸」が示されている。九八年度改訂学習指導要領では、五年はおもに日本の地理を学ぶことになるのであるが、品川区の五年では、歴史学習の導入として「地域の歴史」を八時間ほど学習し、「年表の活用」も図るとある。六年は九八年度改訂学習指導要領では、「我が国の歴史」を学ぶのであるが、品川区では「人物・文化遺産を中心にした歴史学習」を行い、「歴史学習のまとめ方」を学ぶという。

品川区プランでは七年（中学一年）から、六年の「人物・文化遺産を中心にした歴史学習」を前提に再度、通史的な歴史学習を行うことになる。九八年度改訂中学校学習指導要領の社会では、〔歴史的分野〕として「歴史の流れと地域の歴史」とともに、古代からの通史を、小学校六年につづいて再び学ぶことになっているが、若干それとはレベルを異にしたものである。七年で「古代〜近世の歴史学習」をし、八年（中学二年）で「近現代の歴史学習」をしたあと、「歴史学習全体のまとめ（現代社会の展望）」が行われ、九年での「卒業論文」となっていくのである。

品川区の小中一貫教育のあり方や社会科カリキュラムの全体像については、別に詳しく批判する必要があるが、小中一貫の「私たちと歴史の発展」のカリキュラムは、「私たちと生活環境」と「私たちと現代の社会」との整合性からも、ひとつのまとまりあるプランとなっている。[12] 本章は品川区の小中一貫教育を支持するものではなく、品川区のカリキュラムとは別に、私自身が作成したプラン（表参照）もあるが、ここでは品川区プランを批判しつつ、中村提案にもとづいた小中高一貫の社会科歴史教育のカリキュラムについて考えていきたい。[13]

問題点の第一は、六年での歴史学習である。ここでは「先人たちの働きによって、我が国はどのように発展してきたのであろうか」という内容を「人物・文化遺産」に焦点化して学習するという。これは、九八年度改訂学習指導要領が六年の社会科学習の目標のひとつとする「国家・社会の発展に大きな働きをした先人の業績や優れた文化遺産について興味・関心と理解を深めるようにするとともに、我が国の歴史や伝統を大切にし、国を愛する心情を育てるようにする」ことを前提に、具体的な歴史学習の内容を卑弥呼以下四二名の人物を事例として、「人物の働きや代表的な文化遺産を通して学習できるように指導する」としたことを、徹底したものということができる。品川区プランでは、六年での通史をやめたわけではなく、人物と文化遺産に特化した通史的な学習となっているのである。

品川区の小・中学校おける実践内容については、授業参観の経験もなく具体的な内容を理解していないが、一般論としていえば、これまでも議論されてきたように、人物史は大変難しい学習である。近現代の人物ならそれなりに確かな史料があり、その人物を対象化して学ぶことは可能であろうが、古い時代の人物は、これまでも（現行の教科書でも）しばしば取り上げられてきた「聖徳太子」をはじめ、その人物像をある程度、総体的に、また客観的に評価しうる史料は乏しい場合がほとんどであり、人物による「通史」はひどく偏った「物語」になってしまう可能性が高い。歴史学習において、古い時代の人物を扱う場合は、その人物が歴史的にどのように語られてきたのかを学ぶという姿勢が大切なのであり、品川区プランを受け入れるわけにはいかない。私は六年での歴史学習は、中村提案にしたがって、原始・古代から中世までの地域と日本列島、そして世界の遺跡について学ぶことがよいと考える。

第二点めは、地域学習に関してである。品川区プランでは、九八年度改訂学習指導要領に準じて四年で「古くから伝わる道具、品川用水、文化財・年中行事、伝統工芸」がおかれ、五年では新たに歴史学習の導入としての「地域の歴史」がおかれて、「歴史を語るものを調べる」ことになっている。私は調べる対象として、「地域の伝承や昔話」も取り上げることがよいと思う。そして六年の原始・古代の学習では、日本列島のほとんどの地域で確認される「縄文遺跡」を教材として積極的に取り上げることが重要である[14]。中世では、地名調べから古代・中世の郡・郷や荘園、そして武士の名字を確認することもできよう。また、武士の館（北海道では和人の館とアイヌのチャシ、沖縄ではグスク等）も地域教材として重要である。地域学習は、小中高を通じて社会科歴史学習（もちろん社会科教育全般にわたる）の重要な柱である。

第三点めとしては、「戦争と平和の学習」である。品川区プランには、この点が抜け落ちている。小中高一貫の社会科歴史教育の立場からは、小学校での「戦争と平和の学習」は、公民的な分野（「私たちと現代の社会」）において、六年での必須の学習内容とする。小学校六年での「戦争と平和の学習」は、加害の事実よりもアジア・太平洋戦争での戦死者の数や地域の戦死者調べ、原爆の被害など、これまでの六年の「歴史教科書」に記載されていた内容が、公民的分野として教材化されることがよい。そして、加害にかかわる具体的な事実や戦争責任の問題は、中学三年間の歴史学習においてしっかりと教材化されるべきである。

最後の論点は、社会科歴史教育における児童生徒のアイデンティティの問題である。冒頭にふれたように、小中高一貫の社会科歴史教育において、それは重層的に確保される必要がある。J・A・バンクスの指摘にもとづいて考えれば、小学校段階では、所属する地域の歴史文化を素直に受けとめることのできる教育の場が必要であろう。そして中学校段階では、小学校で獲得した安心できる地域への帰属意識を前提に、国民国家の枠組みを理解するとともに、国民国家を構成しなかった（あるいは国民国家に組み込まれてしまった）地域の人々の立場から国民国家を捉え直すことが必要である。

さらに高等学校では、東北アジアの枠組みを理解するとともに、地球規模での歴史文化の比較ができ、地域社会を構築する市民であるとともに、国民として、そして地球市民として民主主義社会の構築に積極的に参加することができる多重のアイデンティティの育成が求められる。繰り返しになるが、「生徒が文化的、国民的、グローバルなアイデンティティの間に、微妙なバランスをうまくとれるように生徒を助けること」（バンクス）は社会科歴史教育の要点でもある。そして、新たな社会科歴史教育のキーワードは、「多様性」「多元的」「地域」「隣国」「交流」などとなろう。

三　小学校での歴史教育の内容

表は、二節での検討を踏まえて作成した【小中高一貫の社会科歴史学習カリキュラム概案】である。紙幅もないので、小学校の内容のみ簡単に解説しておきたい。

四年の「①私たちの生活の変化」は、品川区プランと同様に九八年度改訂学習指導要領にそったものであるが、授業数は「学習指導要領改訂案」（二〇〇八年度改訂）の授業総数の増加にしたがって増やしてみた。なお九八年度改訂学習指導要領では、四年までに都道府県について学ぶことになっているが、地理的分野も小中一貫になれば、学習内容はずっと整理されるはずであり、四年での都道府県の地理的内容は、五年に回すことが可能となろう。そして、五年で学習している日本の地理（一部は残す）は中学に移行したらよい。そうすることで、四年の社会では、市区町村およ

表 【小中高一貫の社会科歴史学習カリキュラム概案】(鈴木作成)

【4年】(40/90)
①私たちの生活の変化
〔古くから伝わる道具、文化財、年中行事、地域に尽くした先人〕
＊他分野として「市区町村の役所と議会の仕事」
【5年】(20/100)
②地域の歴史を調べる
〔地名の意味、伝承や昔話、地域の調査〕
＊他分野として、「都道府県の役所と議会の仕事」「地域や日本に暮らす様々な人々」を扱う。
【6年】(55/105)
・地域の縄文遺跡を調べる(導入として)〔地域博物館の活用、体験的学習〕
③人類の出現、狩猟と農耕の文化
④「日本国」の誕生と東アジアの交流
⑤中世の日本とアジア
＊他分野として、「戦争と平和」「地域や日本とつながりの深い国々」を扱う。

【中1年】(35/105)
⑥近世の日本と世界
⑦アジアの開国と明治の日本
【中2年】(35/105)
⑧第一次世界大戦前後の日本と世界
⑨第二次世界大戦と日本の戦争
【中3年】(25/140)
⑩戦後の民主化と平和国家日本
〔戦争責任などの問題／多民族国家としての日本(在日コリアン・アイヌなど)を扱う〕
・卒業論文の作成
＊戦後の政治経済的な内容は、おもに公民的分野で扱う。

【高等学校】
・必修：「東アジアと世界の歴史」「現代社会」(各3単位)
・選択：2単位＝「日本と世界の生活文化」「世界の思想と社会」「日本の地誌」
4単位＝「現代史(あるいは世界史)」「世界の地理」「日本史」

(　)内の分母は社会科総授業数で、分子は歴史学習分。

びその周辺（あるいは「平成の大合併」に対応した市町村）について詳しく学ぶとともに、他分野として「市区町村の役所と議会の仕事」を入れたらよいと考える。そして五年では、丁寧に都道府県の地理的な内容を学習することにして、そのなかに「②地域の歴史を調べる」を組み入れる。そこでは、地域の調査とともに、地名の意味や地域の伝承・昔話を積極的に教材化する。また、他分野として「都道府県の役所と議会の仕事」や「地域や日本に暮らす様々な人々」も扱う。

そして六年では、前半で「戦争と平和」「地域や日本とつながりの深い国々」などを含む「国の政治と国会」「市民の活動と社会への参加」「日本から世界へ」について学習し、後半で本格的な歴史学習を行うこととする。

六年の歴史学習は、導入として、日本列島での「縄文人の生活」を「地域の縄文遺跡を調べる」ことから始めたい。地域博物館の利用や実際の遺跡見学をすることによって体験的なテーマ学習ができるだろう。そして、「③人類の出現、狩猟と農耕の文化」にはいる。最初は「サルからヒトへ―石器の時代」の授業を行う。きっと六年生なりの「サルとヒトの違いについて」の興味深いテーマ学習が組めよう。次に「狩猟と農耕の文化」である。ここでは、狩猟から農耕への発展という視角は薄めて、狩猟からさらに農耕も始めた地域もあったし、狩猟技術を発展させた地域もあったという枠組みで授業を展開したい。そうした事例のひとつとして、日本列島において縄文時代から弥生時代へと変化した地域と、縄文文化がさらに展開していった地域が対比されることになる。次は「アジアの稲作と列島への伝播」である。畑作物や稲作が世界のどんな地域で作られていったか、そうしたことも学びつつ、中国南部から朝鮮半島経由で稲作が伝播したことを学習する。弥生時代では、伊藤循が開発した「銅鐸絵画を読む」というテーマ学習が六年でも有効である。[15] さらに「世界の古代文化と文明」において、四大文明や他地域の古代文化・文明を学ぶこととする。

「④「日本国」の誕生と東アジアの交流」では、まず「地域王国の成立と国家の形成」をテーマとして、ツクシ王国・キビ王国・イヅモ王国・ヤマト王国・コシ王国・ケヌ王国などの地域王国の存在を知り、ヤマト王国を中心とした国家の形成について学習する。次の「大陸や半島からの文化の伝播と交流」では、渡来人の役割について学び、「「日本国」の誕生」では古代国家の成立について学習する。こうした「日本国」の成立という主なるヒストリーにたいして、副なるヒストリーとして「国家の成立しなかった地域」つまり、東北北部・北海道以北や南西諸島の文化状況についても調べていく。そして「地域や日本の神話」では、記紀神話とともに地方神話についても学び、神話のできた意味を考えていく。神話の事例としては、ヤマタノオロチ退治神話や「ヤマトタケル」神話などを扱ってよいのではないか。地域王国論を前提とすれば、「ヤマトタケル」神話はそう恐れずに教材化できると考える。

以下、奈良時代から「⑤中世の日本とアジア」の内容については省略せざるをえないが、小学校六年生向けの歴史教材論としては、保立道久が社会史研究の成果にもとづきながら、「桃太郎」や「猿蟹合戦」「鉢かつぎ」「芋粥」「安寿と厨子王」などの民話や説話の教材化の可能性を提起していることが重要である[16]。また保立は、「社会史研究が教材としていきる場所は」小学校の歴史教育においてであろうとしていたが、絵巻物などの絵画資料も社会科歴史教育において重要な教材となっていることは周知のことである[17]。保立の提起の具体化は後日を期したいと思う。

おわりに―中学校から高等学校へ

中学校では、地理的・歴史的・公民的の三分野制は現行と同じにし、一年と二年前半で地理的分野を、二年後半から三年で公民的分野を扱うことにする。歴史的分野は、通史的な記述にはこだわらずに比較史的な視点を重視するとともに、地理的分野や公民的分野との関連に配慮しつつ一年〜三年にかけて行う。一年では、「⑥近世の日本と世界」と「⑦アジアの開国と明治の日本」を扱い、二年では「⑧第一次世界大戦前後の日本と世界」「⑨第二次世界大戦と日本の戦争」を、三年では、「⑩戦後の民主化と平和国家日本」を扱うとともに、「戦争責任の問題」についてのテーマ学習を準備する。また、「多民族国家としての日本」では、在日コリアンやアイヌの戦後史や現状を扱うべきである。そして、戦後の政治経済的な内容は、おもに公民的分野で扱うことにして、三年の後半には品川区プランにあるような「卒業論文の作成」を実施したらよいと思う。

こうした小・中学校での、テーマ学習あるいは問題解決学習的な社会科歴史学習を前提として、高等学校の歴史教育がすすめられることになる。そのためには、地理歴史科と公民科の区分をやめて、「社会科」に再統合することが必要である。高校の歴史教育も、社会科歴史教育、あるいは市民社会科歴史教育であるべきである。そのうえで、一年・二年で三単位必修で「東アジアと世界の歴史」と「現代社会」をおくことにする(現行の学習指導要領や同改訂案でも必修単位は六単位)。そして、選択科目としての二単位ものに、「日本と世界の生活文化」「世界の思想と社会」「日本の地誌」を、四単位ものに「現代史(あるいは世界史)」「世界の地理」「日本史」をおいたらいいのではなかろうか。

中村提案の「東(北)アジア史」を「世界史」「日本史」に加えて、歴史科目とすることは単位数の問題から難しいが(選択科目なら可能だが)、現在必修の「世界史」を東アジア史中心のものに組み替えて、「東アジアと世界の歴史」とすれば十分に可能である。

以上、中村の提案を、あえて品川区プランを下敷きにして検討を加えてきた。私は、歴史教育や教育学・歴史学にかかわる実践者・研究者の総合研究によって、「小中高一貫の社会科歴史教育」のカリキュラムと実際の教育内容や教材を早急につくるべきだと考えている。問題は高等学校より小・中学校、なかでも小学校であり、品川区プランすら呑み込んだ新たなプランの提示が求められているのである。

注

（1）西川長夫「戦後歴史学と国民国家」（歴史学研究会編『戦後歴史学再考』青木書店、二〇〇〇年）、同『国民国家論の射程』（柏書房、一九九八年）など。酒井直樹編『ナショナル・ヒストリーを学び捨てる』（東京大学出版会、二〇〇六年）。小森陽一・高橋哲哉編『ナショナル・ヒストリーを超えて』（東京大学出版会、一九九八年）も参照。

（2）小国喜弘『戦後教育のなかの〈国民〉―乱反射するナショナリズム』（吉川弘文館、二〇〇七年）。小国は、加藤文三らの実践「月の輪古墳発掘運動」や本多公栄の実践を興味深く分析しているが、小国の分析による限り、こうした実践や運動は国民史を超えるものではなかったが、「さまざまな歴史の輻輳性を描く」ことを目指すとともに、一定度それに成功していたと評価できるようにも読める。小国の分析の鋭さはこうした二面性を突いたところに意義があるように思うが、戦後教育をあまりに清算的・非歴史的に評価することには多少違和感がある。最後に石母田正を引けばよいというものでもなかろう。戦後歴史学批判については、前掲『ナショナル・ヒストリーを学び捨てる』の「座談会」でグラックスは、成田龍一が戦後歴史学における初期の民衆史研究を「民衆という主語の外枠として、日本とか国民とかがあったのではないか」と批判したのにたいして、「それはいささかアンフェアだと思」うと発言している。なお、戦後歴史学批判については、鈴木哲雄「歴史教育再構成の課題」（『歴史評論』六七九号、二〇〇六年。本書第三章）も参照。

（3）J・A・バンクス他著／平沢安政訳『民主主義と多文化教育』（明石書店、二〇〇六年）。鈴木哲雄「「日本史」は必要なのか」（日本社会科教育学会春季研究大会発表、二〇〇七年六月。要旨は『社会科教育研究』一〇二号、二〇〇七年）も参照。

（4）　今野日出晴「歴史叙述としての教科書」（同『歴史学と歴史教育の構図』東京大学出版会、二〇〇八年、所収。初出二〇〇五年）。討論授業や構築主義的な授業が意図していることは、「「私の語り」が相互に批判されるようなコミュニケーションを取り交わせる環境」づくりにあるように私には思える。今野の批判は、この部分で整合的でないのではないか。

（5）　池野範男「市民社会科歴史教育の授業構成」（『社会科研究』六四号、二〇〇六年）。

（6）　佐藤正幸「多文化社会における歴史教育」（『歴史学研究』六八三号、一九九六年）。

（7）　鈴木哲雄「高校日本史教科書の新たな試み」（『人民の歴史学』一五五号、二〇〇三年。本書第一章）、同「変化する日本の歴史教科書」（『日本歴史学協会年報』一九号、二〇〇四年。本書第二章）。

（8）　中村哲編著『歴史はどう教えられているか』（日本放送出版協会、一九九五年）。

（9）　中村哲編著『東アジアの歴史教科書はどう書かれているか』（日本評論社、二〇〇四年）。

（10）　鈴木哲雄「歴史教育再構成の課題」（前掲）。

（11）　中元順一「人づくりと社会づくりのための中学校段階の教育の在り方」（日本社会科教育学会大会・課題研究発表、二〇〇七年一〇月）の発表資料。教育特区としての品川区における「学校改革」の問題点については、山本由美「東京都品川区における『新自由主義』教育改革の問題点」（『季刊教育法』一三八号、二〇〇三年）などを、また、小中一貫教育への批判については、藤田晃之「小中一貫教育の制度化をめぐる動向と課題」（『季刊教育法』一四三号、二〇〇四年）などを参照。なお「市民科」の設定などについても、批判的な検討が必要である。品川区教育委員会『品川区小中一貫教育要領』（講談社、二〇〇五年）参照。

(12) 繰り返し型の学習内容は、歴史的分野のみの問題ではなく、地理的分野・公民的分野にも該当する。

(13) 小中高一貫の社会科歴史教育のカリキュラムについては、品川区における「学校改革」のもつ本質的な問題点とは別に、検討する必要があると考えている。

(14) 改訂予定の学習指導要領(二〇〇八年改訂)では、日本考古学協会などの要請もあり、小学校六年の歴史学習に「縄文時代」が復活するようだが、社会科歴史教育の立場からいえば、縄文時代が社会科歴史教育で重要なのは、日本列島のほとんどの地域で確認できるものであり、地域学習の教材として不可欠のものだからである。

(15) 伊藤循「銅鐸絵画を読む―弥生時代の社会」(『千葉史学』一四号、一九八九年)。

(16) 保立道久「日本中世の教科書叙述と教材」(『歴史学研究』六一一号、一九九〇年)、同「小学校の歴史教材と民話・説話」(『歴史教育と歴史学』歴史教育者協議会・研究委員会、一九九四年)、同「歴史を通して社会をみつめる」(佐伯胖他編『共生する社会〔シリーズ「学びと文化」〕4』東京大学出版会、一九九五年)。

(17) 保立道久「中世史研究と歴史教育」(歴史学研究会編『歴史学と歴史教育のあいだ』三省堂、一九九三年)。社会史の研究成果をどのように歴史教育の場で活用するかについては、鈴木哲雄『社会史と歴史教育』(岩田書院、一九九八年)を、絵画資料の教材化については、千葉県歴史教育者協議会編『授業に役立つ日本史一〇〇話(上)』(あゆみ出版、一九八九年)や同編『絵画史料を読む　日本史の授業』(国土社、一九九三年)を参照。

Ⅱ　日韓歴史共通教材の作成

第五章　高校日本史にみる中世日韓関係史

はじめに

本章は、日本の歴史教育研究会と韓国の歴史教科書研究会の間で行われた「日韓歴史教科書シンポジウム―歴史研究の動向と歴史教科書の記述」（一九九八年六月〜一九九九年六月）の成果の一部である。日韓歴史教科書シンポジウムの最終的成果は『日韓歴史共通教材　日韓交流の歴史』(1)の刊行であるが、日韓歴史共通教材の作成にあたっては自国の歴史教科書の分析が不可欠のものであった。本章はそうした作業のひとつであり、日本の高校日本史教科書（一九九九年段階）における中世日韓関係史の記述内容を紹介したうえで、記述内容の問題点や課題を検討したものである。

日本の高校歴史教科書には、『日本史（A・B）』と『世界史（A・B）』とがある。このうち『世界史』が必修科目であり、すべての高校生が学習することになっている。これにたいして『日本史』は選択科目ではあるが、相当数の高校生が学習していると考えてよい。AとBの違いは、Aが二単位（週二時間を標準とする）の近現代史中心の教科書で、Bが四単位のいわゆる通史の教科書である。

日韓の関係史という意味では、『世界史』の教科書における韓国・朝鮮の記述内容を先に紹介すべきであろうが、いわゆる「国史」の枠組みを課題とするシンポジウムなので、日本史教科書の記述内容の検討を中心にし、その後で『世界史』の記述内容について補足したいと考える。

なお使用する教科書は、採択数がもっとも多いと推定される『詳説日本史　改訂版』[2]と他に『高校　日本史B』[3]、『詳解日本史B　改訂版』[4]を検討の対象とした。世界史教科書は、『世界史B』[5]の内容を紹介する。以下、順に『山川詳説』『実教日本史』『三省堂詳解』、そして『東書世界史』と略記する。

また、中世として扱う範囲（時代区分）については、『国定韓国高等学校歴史教科書　韓国の歴史』[6]との比較の観点も考慮しつつ、ほぼ一〇世紀から一五世紀頃までとした。なお、日本史研究においても、一〇～一一世紀を中世成立期（あるいは初期中世）と位置づける時代区分は、中世史研究者のなかでは有力な説である。日本史教科書では、一二世紀末の「鎌倉幕府の成立」からを中世とするものが多いが、一一世紀中頃の「荘園公領制の成立」からを中世とする教科書も増えつつある。ちなみに、『山川詳説』は前者、『実教日本史』『三省堂詳解』は後者である。

一　一〇～一一世紀の東アジア世界の変動のなかで

中世における日韓関係史の記述は、どの教科書にもほぼ共通して、①一〇～一一世紀の東アジア世界の変動、②一三世紀の蒙古襲来、③一四～一五世紀の倭寇世界の展開、の三か所に限定される。以下、順に内容を確認していきたい。

まず、①一〇～一一世紀の東アジア世界の変動のなかでは、どのように記述されているのであろうか。

『山川詳説』では、国際関係の変化（文字囲みは教科書内の小見出し。以下同じ）として、外交の面では、八九四(寛平六)年菅原道真の建議によって、遣唐使が廃止された。…また中国東北部では、奈良時代以来わが国と親交のあった渤海が、九二六年、遼(契丹)にほろぼされた。朝鮮半島では一〇世紀初めに高麗がおこり、やがて新羅をほろぼして半島を統一した。朝廷はこれらの諸国とも国交を開こうとはしなかったが、…大陸との交渉は活発に行われた。(同書六九頁)

と記述している。欄外注記には、遼にかかわって「刀伊とよばれ遼の支配下にあった沿海州地方に住む女真人は、のちに金を建国した」(同)とあり、「刀伊の入寇」については、地方の反乱と武士の成長にかかわる欄外注記において、「一〇一九(寛仁三)年、九州北部をおそった刀伊の襲撃にも、九州の地方武士は大宰権帥の藤原隆家の指揮下で大いに活躍した」(八〇頁)としている。また、平氏政権のところでは、「平氏は忠盛以来、日宋貿易にも力を入れた。すでに一一世紀後半以降、日本と高麗・宋とのあいだで商船の往来が活発となり、…」(八六頁)と記述している。

『山川詳説』の特徴は、一〇～一一世紀における東アジア諸国の変動と日本との交流の事実を淡々と記述することと、「刀伊の入寇」が地方における武士の成長を示す事例として記述されている点である。「刀伊の入寇」についての注記は、「地方武士の組織はいっそう強化された」という文章に付せられたものであった。

『実教日本史』では、遣唐使の停止のところで、

九世紀末、唐は一〇年におよぶ黄巣の乱で国内が乱れた。…いっぽう、新羅からの使節が、七八〇(宝亀一一)年以後とだえたので、政府は、新羅の攻撃にそなえて日本海や瀬戸内海の防備を強めた。しかし、新羅も内乱があいついで滅び、かわって高麗が九三六年に朝鮮を統一した。渤海からの使節は、貿易をかねて一〇世紀はじめまでつづき、北陸・山陰の港に訪れた。しかし、渤海も九二六年に遼(契丹)に滅ぼされた。一一世紀のはじめ、沿海州地方の女真(刀伊)が、対馬・壱岐・筑前に来寇したが、大宰権帥の藤原隆家らが武士をひきいて撃退した

（刀伊の入寇）。（同書三七頁）

と記述している。

『実教日本史』は、九世紀前半での新羅との軍事的な緊張関係を記述している点に特徴がある。この記述は、後の武士の発生のところの、「八一三（弘仁四）年に肥前に新羅の侵攻があり、北方・西方の軍事的緊張のなかで、陸奥の胆沢城の鎮守府、九州の大宰府などの軍備が増強され、専属の兵士が常備されるようになった」（四四頁）との記述に対応するものである。『実教日本史』は、新羅との軍事的な緊張関係を、日本における武士の発生の前提のひとつと位置づけているのである。また、「刀伊の入寇」については、『山川詳説』とは異なり、東アジア世界の変動のなかに位置づけている。

『三省堂詳解』は、東アジア世界の動揺として、

九世紀後半、東アジア世界のなかで大きな位置を占めていた唐がしだいにおとろえだし、東アジア世界全体が大きく変動しはじめた。…一方、唐や新羅の商人が頻繁に来航するようになったので、朝廷はしだいに遣唐使派遣の意欲を失い、八九四（寛平六）年、…遣唐使は中止されることになった。九〇七（延喜七）年に唐は滅亡し、…。朝鮮半島でも九三五（承平五）年に新羅が高麗に倒され、…（四九頁）

と記述している。「刀伊の入寇」については、摂関政治の展開のところで、「一〇一九（寛仁三）年、沿海州地方の刀伊（女真族）が対馬や壱岐、さらに北九州を来襲する事件（刀伊の入寇）がおきた時も、大宰権帥の藤原隆家や地方官らの活躍でようやくしずめることができた」（五五頁）としている。さらに「刀伊の入寇」に付された欄外注記には、「高麗では夷狄のことを刀伊とよんだ。刀伊は、約五〇隻の船で、対馬や壱岐を襲い、筑前の海岸にも上陸して、住民を連れ去った。のちに日本と国交のあった高麗の政府軍によって、一部が日本に帰国できたため、刀伊によって連れ去ら

れたことがわかった」（五五頁）とある。また、平氏政権の成立のところでは、「清盛は忠盛と同じように日宋貿易にも力をそそいだ。一一世紀後半以降も、高麗や宋（南宋）との間で活発な民間貿易が行われていた」（七〇頁）と記述している。

『三省堂詳解』の特徴は、九～一〇世紀における東アジア世界の変動のなかに日本の摂関政治の時代を位置づけようとしている点にあり、遣唐使の中止の理由を、唐の衰退ではなく民間貿易の発展に求めている。この視点は平氏政権の成立のところでも貫かれている。また、「刀伊の入寇」については、日韓の関係史として詳しく注記されている点が重要である。

二　一三世紀の蒙古襲来の扱い

『山川詳説』では、元寇の小見出しで、

フビライは、…高麗を服属させ、日本に対してもたびたび朝貢を強要してきた。…しかし、幕府の執権北条時宗はこれをしりぞけたので、元は高麗の軍勢をもあわせた約三万の兵で、一二七四（文永一一）年、まず対馬・壱岐をおかしたあと、大挙して九州北部の博多湾に上陸した。…一二八一（弘安四）年、朝鮮半島からの東路軍約四万と、中国本土からの江南軍約一〇万の二手にわかれ、大軍をもって九州北部にせまった。…再度にわたる襲来の失敗は、…元に征服された高麗や南宋の人びとの抵抗によるところもあったが、幕府の統制のもとに、おもに九州地方の武士がよく戦ったことが大きな理由であった。（同書一〇二～一〇四頁）

とし、欄外注記では「とくに高麗は三〇年あまりモンゴル軍に抵抗したのちに服属したものの、以後もさまざまなかたちで抵抗を続けた。フビライは日本との交渉や、日本の攻撃に高麗を利用したが、高麗の元に対する抵抗の継続は、日本遠征の障害となった」（一〇四頁）と記載する。
『山川詳説』は蒙古襲来の失敗を、「高麗や南宋の人びととの抵抗によるところもあった」としつつも、「幕府の統制のもとに、おもに九州地方の武士がよく戦ったことが大きな理由であった」と表現している。ここに、高校日本史教科書の「国史」としての性格がよく現れている。
『実教日本史』では、モンゴル帝国のところに、
孫のフビライ＝ハンは、…そして、南宋を圧迫し、朝鮮半島の高麗やチベットを征服しようとした。ヴェトナム民族は、一二五七年以前、三回にわたるモンゴルの侵入をことごとく退けた。朝鮮では一二七〇年に高麗王朝が降伏したものの、治安部隊（三別抄）と民衆が連合してはげしい抵抗をくりひろげた。（同書六〇頁）
とし、欄外注記には、「三別抄は、一二三二年に高麗王朝が江華島に遷都して以降、モンゴル軍と抗戦する主力となり、一二七三年まで、たたかいをくりひろげた」と記述している。
さらに、歴史のまど：モンゴル軍とのたたかいには、「三別抄と民衆の抵抗を制圧したフビライ＝ハンは、朝鮮を日本遠征の基地とし、一二七四（文永一一）年に約三万人の元・高麗の混成軍を日本に派遣した」（六〇頁）とし、文永・弘安の役では、「そして、一二八一年（弘安四）年、約一四万（江南軍一〇万、東路軍四万）の兵士を日本に派遣した」（六一頁）とする。『実教日本史』は、三別抄の抵抗を具体的に注記しているのである。
『三省堂詳解』では、モンゴル帝国の発展と朝鮮の抵抗のところに、
チンギス＝ハンの孫フビライは一三世紀のなかごろ、高麗と吐蕃（チベット）を服属させるとともに、大越（ヴェトナム）にも侵入した。このようなモンゴル軍の侵略に対して各地で抵抗がおこった。高麗では三別抄とよばれ

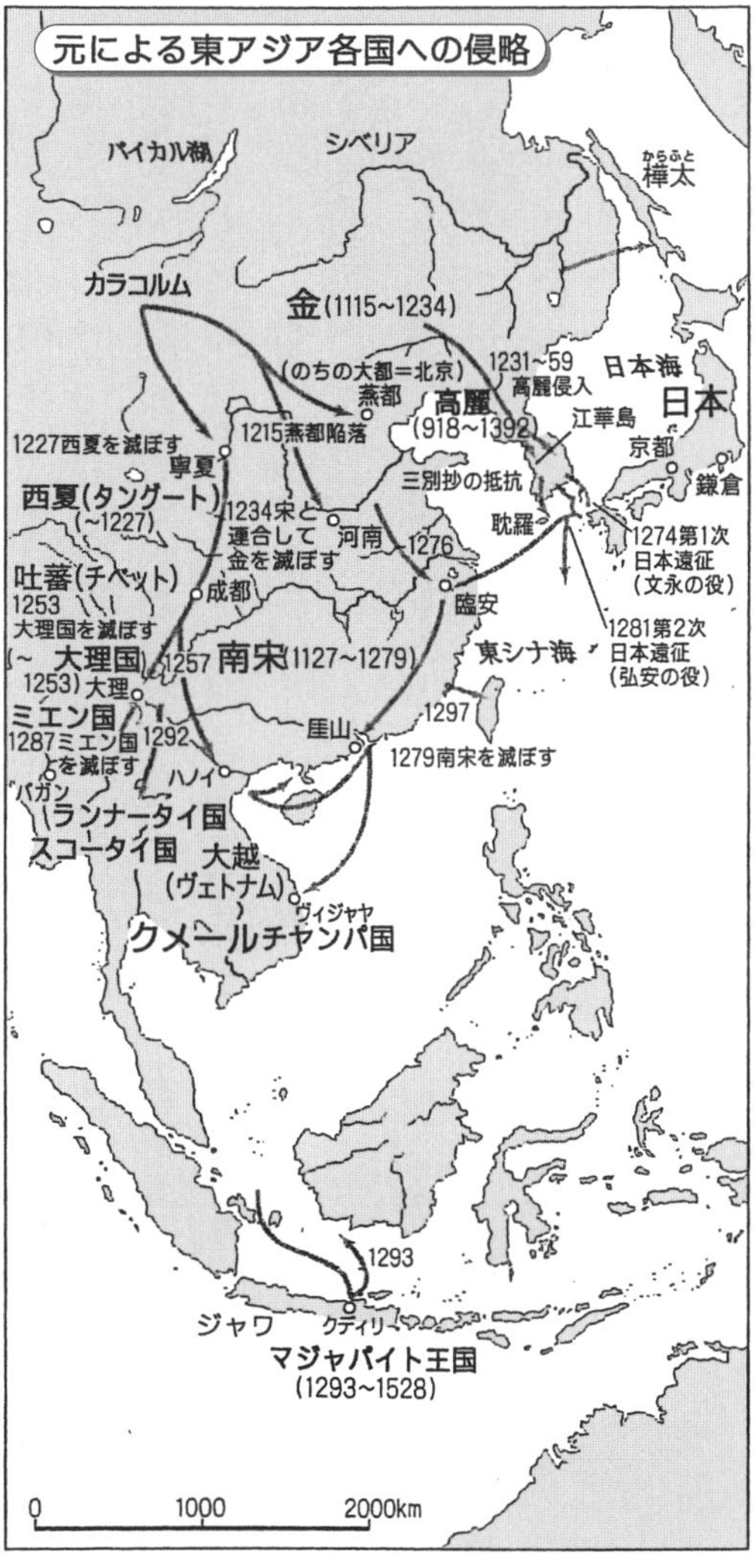

図1　(三省堂『日本史B　改訂版』p. 100より)

る軍隊と民衆が江華島や耽羅（済州島）を根拠地に一二七三年まで元への抵抗をつづけ、また大越でも一二五七年以来三回の侵入をしりぞけた。（同書九二頁）

としている。文永・弘安の役では、

しかし元ははげしく抵抗する三別抄の乱をしずめると、一二七四（文永一一）年、元・高麗軍三万余をもって対馬・壱岐を襲い、さらに博多湾岸に上陸した。……元は南宋を滅ぼすと、一二八一（弘安四）年に朝鮮半島から東路

軍四万、中国本土から江南軍一〇万の大軍をもってふたたびおしよせてきた。」(九二〜九三頁)

と記述する。さらに「三別抄」の欄外注記に、「三別抄は当時の高麗政府の軍事組織で、高麗王朝が元に服属した以降も抵抗をつづけた。かれらは民衆の支持を強くうけており、高麗各地で民衆がこの反乱に呼応する動きをおこした」(九二頁)とし、「元軍敗退の理由」についての欄外注記には、「元が日本を征服できなかった理由として日本軍の奮戦もあったが、高麗の三別抄の乱にみられるように東アジアの人々の元に対する抵抗が各地にあったことをあげておかなければならない」(九三頁)としている。

なお、『三省堂詳解』が載せる「元による東アジア各国への侵略」の図(図1)は、蒙古襲来を日本だけの問題とはせずに、東アジア史のなかで見ていこうとするものである。そのため、『三省堂詳解』は蒙古襲来の失敗の理由について、『山川詳説』とは順序を逆にして、日本軍の奮戦もあったが、三別抄の乱などの東アジアの人々の抵抗があったことにも注意を向けるべきである、としているのである。

三　一四〜一五世紀の倭寇世界の展開のなかで

『山川詳説』では、一四世紀後半から一五世紀にかけての東アジアとの交易として、

このころ、倭寇とよばれた日本人を中心とする海賊集団が、朝鮮半島や中国大陸の沿岸で猛威をふるっていた。…。倭寇は、朝鮮半島沿岸の人びとを捕虜にしたり、米や大豆などの食料をうばうなど略奪をほしいままにした。倭寇の侵略になやまされた高麗は、日本に使者をおくって倭寇の禁止を求めたが、日本が内乱のさなかであったため成功しなかった。(同書一二三頁)

朝鮮半島では、一三九二年、倭寇を撃退して名声をあげた武将の李成桂が高麗をたおし、李氏朝鮮をたてた。朝鮮もまた通交と倭寇の禁止を日本に求め、義満もこれに応じたので両国のあいだに国交がひらかれた。日朝貿易は、明との貿易とちがって、はじめから幕府だけでなく守護大名・豪族・商人なども参加してさかんに行われたので、朝鮮側は、対馬の宗氏をとおして通交についての制度を定め、貿易を統制した。／そののち、日朝貿易は応永の外寇によって一時中断したが、一六世紀まで非常に活発に行われた。朝鮮からのおもな輸入品は織物類で、とくに木綿は、当時日本では生産されていなかったので国内の需要が多く、大量に輸入され、衣料など人びとの生活様式に大きな影響をあたえた。しかし、この日朝貿易も、一五一〇(永正七)年の三浦の乱がおこってからしだいにおとろえていった。(同書一二五頁)

としている。

欄外注記では、「応永の外寇」について、「倭寇の禁止や日朝貿易に積極的であった対馬の宗貞茂が死去し、倭寇の活動が活発化すると、一四一九(応永二六)年、朝鮮軍は倭寇の本拠地と考えていた対馬を襲撃した」とし、他の注記では、

朝鮮は、日朝貿易のために富山浦(釜山)・乃而浦(薺浦)・塩浦(蔚山)の三港(三浦)をひらき、ここに日本の使節の接待と貿易のための倭館をおいた。

日本からの輸出品は、銅・硫黄などの鉱産物や工芸品のほか、琉球貿易で手に入れた蘇木(染料)・香木(香料)などであった。また輸入品のなかには大蔵経もみられた。

三浦に住む日本人には種々の特権があたえられていた。しかし、この特権がしだいに縮小されていったので、これを不満とした日本人が暴動をおこし、鎮圧された。

などとある。

さらに、琉球と蝦夷ヶ島のところでは、「琉球船は、明・日本・朝鮮だけでなく、…にまでその行動範囲を広げ、東南アジア諸国間の中継貿易に活躍したので…」（一二五頁）とあり、［コラム：草戸千軒町］の部分には、「さらにここからは、国内各地のものだけでなく、宋・元・明・朝鮮の高級な陶磁器、…なども出土し…」（一三四頁）と記載されている。また、戦国大名の分国支配の部分の欄外注記には、「朝鮮や明からの輸入品であった木綿は、兵衣・鉄砲の火縄などの武具に使用されて需要が高まり、三河などの各地に木綿栽培が急速に普及し…」（一四五頁）とある。そして、『山川詳説』では、朝鮮からの輸入品としての木綿の役割が強調されている。

『実教日本史』では、倭寇のところの欄外注記に、「倭寇は、朝鮮や明の人々が、日本人の海賊に対してつけた呼称である」とあり、本文では「武装して朝鮮や中国の沿岸をおそうこともあった」（七四頁）としている。さらに、歴史のまど：倭寇と日朝貿易のところには、

朝鮮の記録によれば、一三五〇年にはじめて倭寇が南朝鮮の港をおそい、米の輸送船をうばって守備隊と交戦した、という。一三五二年には開城の近海にまで出没した。倭寇はまず船をおそって米などをうばい、沿岸の住民もとらえて日本に連れ帰って奴隷とし、琉球にまで転売することもあった。倭寇は高麗王朝の弾圧にもかかわらず、衰えをみせず、一三七七年には、年間二九回にも達し、規模もしだいに大きくなっていった。一三七九年に侵入した倭寇は、「騎七〇〇人・歩二〇〇〇人」といわれ、高麗王朝の正規軍と戦火をまじえるまでになった。こうしたなかで、朝鮮の民衆のなかには、倭寇と称して高麗王朝に反抗する者もあらわれた。一三九二年に高麗王朝を滅ぼして成立した李成桂の朝鮮王朝は、倭寇対策のために、西日本の守護大名などと貿易をひらき、幕府や対馬の宗氏に倭寇の禁圧を求めるいっぽう、投降した倭寇に土地や官職などを与えて生活の手段を講じたので、

倭寇の侵攻は、一五世紀になると激減した。倭寇対策としてひらかれた日朝貿易は、貿易港として三港（三浦）が指定され、隻数も制限されるなど、きびしい制約が加えられた。日本からの輸出品は、銅・硫黄・刀剣などであり、輸入品は、三島地方では米・麦、その他の地方では綿布・人参や大蔵経などであった。この貿易は一五一〇（永正七）年の三浦の乱までつづいた。（同書七四〜七五頁）

と詳しく書かれている。

欄外注記には、「李朝は、一四一九（応永二六）年に倭寇船を追撃して、本拠地の対馬を襲撃するという事件をおこした（応永の外寇）」や、「三浦」の注記として「富山浦（釜山）・乃而浦（薺浦）と、のちに塩浦（蔚山）が加わった三港で、ここには日本使節の接待と貿易のために倭館がおかれた」と書き、「三浦の乱」の注記としては、「三浦の居留日本人は種々の特権を与えられていたが、しだいにこの特権が縮小されるのに怒って、暴動をおこした。以後、日朝貿易は衰えた」としている。

『実教日本史』は、歴史のまどというコラム形式の記事を一項目（二頁分）ごとに取り入れて教科書叙述の具体化を図っているのであるが、上記の歴史のまど：倭寇と日朝貿易の記述は、「倭寇は東アジア世界にどのような影響を与えたか—室町時代の日本と朝鮮・中国」の項目にそって充実した記述となっている。なお『実教日本史』の［地図：中世の交通］（図2）には、釜山までの海上航路が記載されている。

『三省堂詳解』では、倭寇のところに、

日本と中国、朝鮮との往来は、元寇後も正式の国交はなかったが、いぜん活発であった。…しかし、室町幕府が権力を確立しつつあった一四世紀後半から一五世紀にかけて、元や高麗でも反乱がおきて政権が動揺するなど、東アジア世界にも大きな変化がおこった。一四世紀なかば、中国や朝鮮との交易に参加していた九州や瀬戸内海沿岸の武士や商人のなかに、大陸や朝鮮半島の沿岸で人や米などを略奪する海賊行為を働く者がめだつようになった。かれらは、壱岐・対馬・肥前国松浦半島を拠点にして、襲撃をくりかえし、人々から倭寇とよばれ恐れられるようになった。（同書一〇四頁）

としている。さらに欄外注記には、「倭寇は、朝鮮や明の人々がつけた日本人の海賊の名称。倭寇の活動は、一四〜一五世紀にかけて日本人が中心であった前期倭寇と、一六世紀にかけて中国人が中心となる後期倭寇とに分けられている」（一〇四頁）としている。

さらに、日明・日朝貿易のところでは、

一方、朝鮮では、倭寇の鎮圧で武名をあげた李成桂が、一三九二年に高麗を滅ぼし朝鮮を建国した。朝鮮も日本に倭寇の鎮圧を条件に国交を開くことをよびかけ、義満もこれに応じ、両者対等の国交関係が成立した。交易は開始されたものの、倭寇の勢いはさかんで、一四一九（応永二六）年に中断された。しかし、一四四三（嘉吉三）年、朝鮮と対馬の宗氏との間で癸亥約条が結ばれて、宗氏を窓口に交易が再開されることとなった。これ以降、交易船の数などが制限されたものの、幕府だけでなく、中国地方の大内氏などの守護大名や商人らも参加して、交易が活発に行われた。（同書一〇五頁）

としている。

また欄外注記では、「朝鮮が正式の国名となり、一三九五年には首都を漢城（いまのソウル）とした。朝鮮は、朝鮮王朝、李朝、李氏朝鮮ともよばれている」や、「交易港は富山浦（釜山）、乃而浦（薺浦）、塩浦（蔚山）の三港

中世の交通

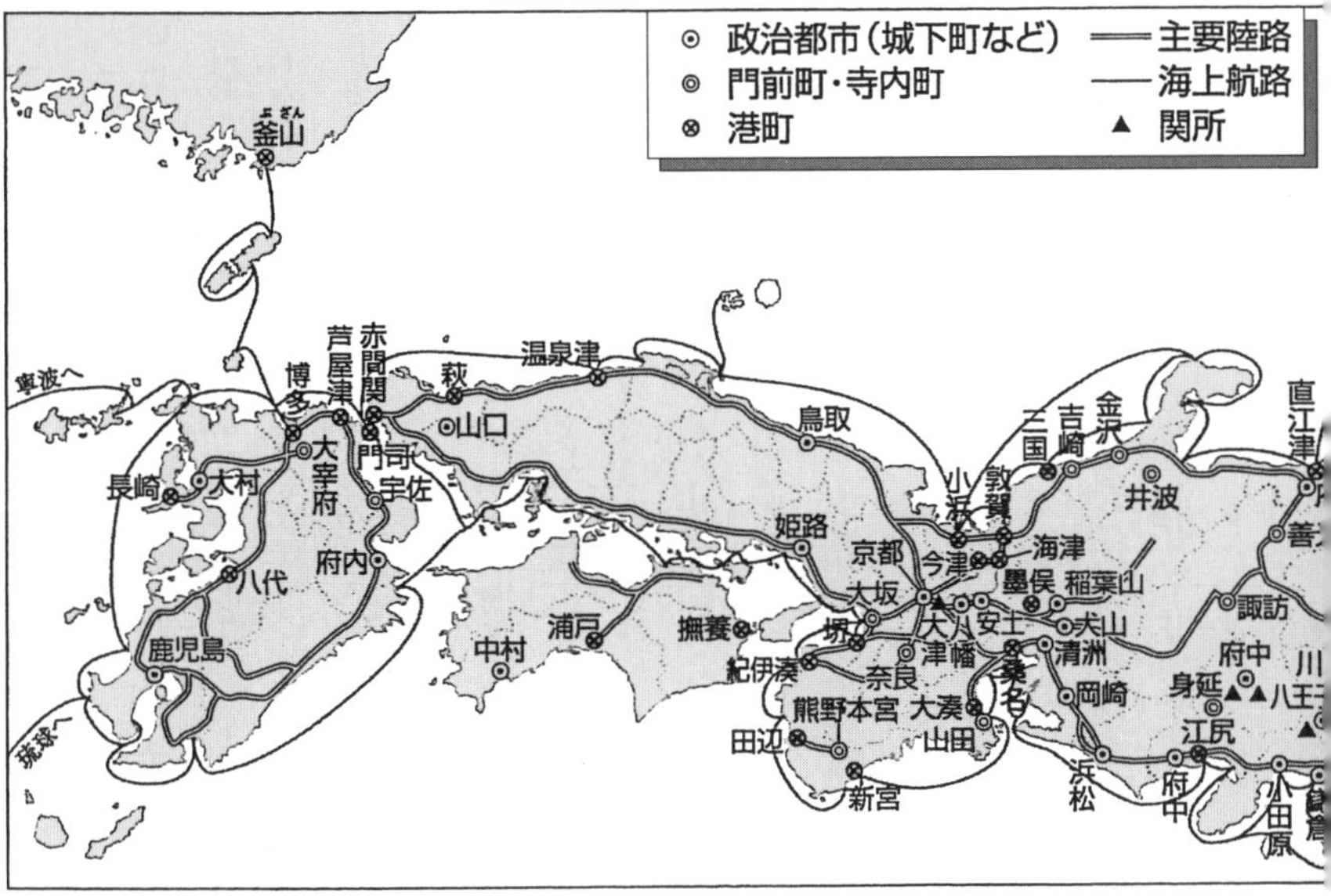

図２　（実教『高校日本史B』p. 84 より）

（三浦）であった。一四一九（応永二六）年、倭寇の活動がおとろえなかったので、その根拠地とみなされた対馬を朝鮮が攻めた事件（応永の外寇）を機に中断した」、「癸亥約条は対馬の宗貞盛との間で結ばれたが、これは、朝鮮が貿易に従事する宗氏を朝鮮に服属している者と考えていたためである。日本では嘉吉条約ともいう」と記載している。『三省堂詳解』では、癸亥約条が積極的に取り上げられていることも特徴である。

四　世界史教科書の記述

『東書世界史』の記述内容を確認していきたい。この教科書では、「第７章　東アジア世界の新展開」が中国史での唐末から明代までを一括、記述している。

まず、東アジア世界の変動のところには、

　朝鮮半島では、八世紀半ばから貴族の抗争や農民の反乱によって新羅がおとろえると、地方豪族の王建が、九一八年、高麗を建てた。高麗は、五代の各王朝と宋の冊封を受けて国際的な地位を確保し、科挙により官僚制を整備し、仏教を国教として社会の安定に努めた。高麗では、大蔵経の刊行、世界最初といわれる金属活字の発明、高麗青磁の開発など、独自の文化が発展した。高麗の官僚制は文官（文班）と武官（武班）に区分されていたが、両班とよばれる官僚層は、しだいに官位・官職を世襲化し、また土地所有をすすめて特権階級となっていった。これとともに、王権が弱まって各地で反乱があいつぎ、一二世紀末には政権は武臣の崔氏に握られた。（同書九〇頁）

と高麗史が概略されている。

また、都市経済の発展のところでは、

また中国・朝鮮・日本の三国間では、朝貢貿易とは別に民間の私貿易がさかんになり、多くの宋船や新羅船（のちに高麗船）が往来した。とくに、平氏政権がすすめた日宋貿易によって、書籍や宋銭などが大量に日本に輸入され、これらは、日本の文化と経済に大きな影響を与えた。こうして、東アジアは新しい交易ネットワークで結ばれ、東アジア交易圏の成立をみた。（同書九四頁）

とある。日本史教科書には記述されていない、「東アジア交易圏」にたいする積極的な評価は注目されよう。

モンゴル民族の活躍では、「モンゴル軍の侵攻は朝鮮半島にも及び、崔氏政権の抵抗をおさえて、一時、高麗を属国とした（一二五九）」（九七頁）と記述し、元と4ハーン国では、「フビライ＝ハーン（世祖）は、…また高麗の民を駆使して鎌倉政権下の日本への侵攻をはかり（文永の役、弘安の役）、…」（同右）とある。

李氏朝鮮では、

一三九二年、倭寇の撃退に功績をあげた李成桂は、高麗を倒して朝鮮（李氏朝鮮）を建て、漢城（現在のソウル）に都を置いた。彼は、朱子学を採用して社会秩序を立てなおし、対外的には明の冊封を受け、朝鮮半島は内政・

外政ともに安定期を迎えた。文化の面では、独特の音標文字であるハングル(偉大な文字の意)がつくられ、訓民正音の名で公布された。出版事業もさかんで、金属活字による活版印刷術が実用化された。／しかし政治の実権を握った両班は、土地所有を拡大する一方、一五世紀からは中央ではげしい党争をおこして政局を混乱させた。一六世紀末には、前後七年にわたって、豊臣秀吉による侵略(壬辰・丁酉の倭乱)を受け、李舜臣の率いる海軍の援助もあって、これを撃退したが、国土は荒廃した。(同書一〇〇～一〇一頁)

と記述されている。

『東書世界史』には、高麗・朝鮮王朝史が概説されており、この点は日本史教科書では落ちてしまう韓国・朝鮮の歴史についての認識を深めるものとなっている。しかし、『東書世界史』のなかでの韓国・朝鮮史の比重はそう高いものではない。

おわりに

以上、日本の歴史教科書の記述内容を見てきたが、いくつか問題点や課題と思われるものを最後に述べておわりにしたい。

第一に気づいたことは、「刀伊の入寇」を日本史教科書のどこで扱うかという問題である。ここで検討した三点の日本史教科書は、各々異なる箇所で記述しており、記述方法に苦慮している様子がうかがわれる。「刀伊の入寇」について、日本や韓国ではどのような歴史研究の成果があるのか、また韓国の教科書ではどのように扱っているのか、論点のひとつとなろう。

第二には、研究動向の報告でも議論されるであろうが、蒙古襲来にかかわる日本と高麗の関係である。①一二七一（文永八）年に三別抄が日本に援軍をもとめた「高麗牒状」をどのように扱うか。②蒙古襲来にたいして日本では、「異国降伏」のスローガンが掲げられ臨戦態勢が整えられるが、このとき〈神功皇后の三韓征伐説〉が「復活」する。この朝鮮半島への侵略論が、蒙古襲来後の日麗関係にどのような影響を与えたのか。

この二点が教科書の記述においても重要な課題である。

第三としては、「倭寇」にしても、「応永の外寇」にしても、東アジア世界のなかで、あるいは東アジア史の視点から客観的な評価が必要であるとともに、これらの暴力をともなう行為が侵略された地域にどのような影響を与えたのかについて議論する必要があろう。

そして第四として、日本の歴史教科書の場合、日本史と世界史の二本立てではなく、「東アジア史」という教科書が必要なのではないか。もちろん、この点は日韓に共通した課題というべきかもしれない。

一九九八年一〇月、来日した金大中大統領の国会演説を聞いて、日本のある政治家は「試練を乗り越えてきた政治家の言葉として重みがあったし、全体のトーンも未来志向だった」としつつも、「しかし、歴史認識問題に関連して、四百年も前の豊臣秀吉の朝鮮出兵にまで触れたのには驚いた。それでは、元寇で先兵になったのはだれなのかという議論になる」とコメントしている（『朝日新聞』一九九八年一〇月九日朝刊）。私はこの記事を読んで、それこそほんとうに驚いた。蒙古襲来をモンゴルの侵略ではなく、高麗の侵略だと曲解し、その後の日本の侵略行為を正当化しようとする、そんな認識が日本社会の一部に、あるいは底流に確実に存在することを改めて痛感させられたからである。

この政治家が続けて、「二つの国が全く同じ歴史認識を持つことは不可能に近い」というのはその通りであろうが、日韓における歴史教科書などの共同研究を通じて、相互理解を深めることは十分に可能なのであり、また相互認識を深めることこそが当面の重要な課題なのである。さらにこの政治家は、「大統領の権力基盤は極めて強く、歴史認識問題に区切りをつけるチャンスだったが、まだ時間がかかりそうだ」と述べているが、日韓における歴史認識問題は韓国側の問題ではなく、一義的には日本側の問題であったはずである。こうした発言を聞くにつれ、日韓の歴史認識問題に「区切り」をつけるためには、日本側の問題として、「まだ時間がかかりそうだ」と深刻に考えざるをえない。もちろん、「区切り」とは、不信から相互理解への「区切り」だと私は考えている。

注

（1）歴史教育研究会・歴史教科書研究会編『日韓歴史共通教材　日韓交流の歴史』（明石書店、二〇〇七年）。
（2）『詳説日本史　改訂版』（山川出版社、一九九七年三月文部省検定済）。
（3）『高校　日本史B』（実教出版、一九九四年三月文部省検定済）。
（4）『詳解日本史B　改訂版』（三省堂、一九九八年三月文部省検定済）。
（5）『世界史B』（東京書籍、一九九三年三月文部省検定済）。
（6）『国定韓国高等学校歴史教科書　韓国の歴史』（日本語訳、明石書店、一九九七年）。

補論1　自国史を超えた歴史教育
――村井章介『アジアのなかの中世日本』を読む

1　はじめに

「男なら／お槍かついで　お仲間となって／ついてゆきたや　下の関／尊王攘夷と聞く　からは／女ながらも武士の妻／まさかの時にはしめだすき／神功皇后さんの三韓退治　が／かゞみぢやないかいな／オ、シヤリシヤリ」（萩民謡「男なら」）

ここでの課題は、近年の中世史研究の動向とおもな論点を私なりの視角でまとめ、それが歴史教育にどんな課題を投げかけているかを論ずることである。すでに、社会史研究の成果や中世社会論にかかわる議論については、いくつかの検討がなされている(1)。

もちろん、私に近年の中世史研究の成果を全体的にまとめる能力はないし、論点が分散するのみであるので、ここでは村井章介の近年の研究成果のまとめ『アジアのなかの中世日本』(2)を取り上げたい。村井の仕事を取り上げようと考えたのは、ほかでもなく、近年議論のすすむ「自国史を超えた歴史教育」とのかかわりを考えたいからであり(3)、中世史研究の成果という視点から、村井が提起する中世日本の「国際意識」や「自意識」「民族意識」の問題を検討してみたいと思う。

まず全体の目次を掲げる。

2　蒙古襲来における高麗と日本

村井が『アジアのなかの中世日本』で明らかにしようとしたのは、中世日本の国際意識が、独善的な自国至上観に色どられ、朝鮮にたいする差別意識が強かったこと、そしてそれが近代日本の朝鮮侵略を正当化する意識の底流をかたちづくるものであったことである。

序論「アジアへの視線」では、次のような問題提起がなされている。

> 蒙古襲来のような世界史的事件になりますと、…朝鮮、中国、ベトナム、日本といった諸地域が、各々それをどのように認識し、どんな政治的・軍事的対応をとったか、またその経験がのちの時代の対外観や自意識にどんな刻印を残したか。これらの問題を、…比較するといった作業をいたしませんと、日本の政治過程そのものの意味もほんとうには明らかになりません。（同書一三頁）

第四論文「高麗・三別抄の叛乱と蒙古襲来前夜の日本」は、この問題を、高麗と日本に即して検討したものである。[4]たびかさなる蒙古の高麗侵略によって、一二六〇年高麗王朝が服属し、七〇年には抵抗の拠点江華島の明け渡しが決定すると、本来高麗の公的軍隊であった三別抄がついに反乱に立ち上がる。「王室が蒙古に完全に屈しようとしたその瞬間、自覚は行動に転化した。こうして三別抄は、《反蒙救国》という民族的な課題を担う主体として、歴史の前面におしだされてくる」。

反乱軍は新しい独立政府の樹立を目指し、敵の本営に近い江華島をはなれ、朝鮮半島西南端の珍島を根拠地とする。一二七一年三月ころには朝鮮半島南部を制圧し、国内民衆の反政府運動を次つぎとよびおこす。しかし五月には蒙古・高麗の連合軍に珍島を攻略され、さらに南方海中の耽羅（済州島）に逃げ込む。この前後に反乱軍は、高麗の正統政府を自認しつつ、日本に救援をもとめた。そして七二年三月以降、朝鮮半島南部から西部沿岸に出没し開京（ソウル）をおびやかすにいたるが、七三年四月には完全に敗北する。

以上のような三別抄の乱の経過とその歴史的性格を確認したうえで、蒙古襲来前夜の日本への影響、すなわち具体的な阻止要因が明らかにされる。そして村井が注目するのが、一二七一年に三別抄が日本に援軍をもとめた「高麗牒状」の歴史的意義である。「この事実は、蒙古帝国の巨大な圧迫に直面し、それへの抵抗と反撃を共通の課題としていた朝鮮・日本両民族が、国境を超えて共同する可能性の実在したことをさし示している」という。

三別抄の「侵略軍への抵抗に外国の援助を求めようという発想は、状勢をとらえるリアルな眼と、外国に対する差別意識から自由な精神とがなければ、けっして出てきようのないものである」。三別抄は、日本側の外交政策決定に有用な情報を提供するとともに、恒常的な外交関係を結ぶ姿勢もみせており、「日本との間に対等・平等の国際関係を構想しうる視野を獲得していた」というのである。

こうした三別抄の働きかけにたいして、日本側はどう対応したのか。まず朝廷では、「高麗牒状」の用字の解釈のみが問題とされ、借りものの華夷思想とそれにもとづく尊大な（というよりこっけいな）差別意識という伝統的な国際意識による外交的無能さをさらけ出すのみであった。一方、実質的な外交権を掌握していた幕府の国際意識のあり方は、文永の役の翌年の「異国征伐」計画にその片鱗を見いだすことができるという。この「異国」とは「高麗を征伐がため、武士を遣わされ候」というように高麗のみをさし、侵略の元凶である元を含まないものであった。

「この計画には、戦役に疲れた高麗の弱みにつけこんだ冒険的侵略主義以外のものは認めがたく、清やロシアに対抗して朝鮮に進出した近代日本国家の行動とおなじパターンがすでにあらわれている」。つまり「三別抄のせっかくの働きかけにもかかわらず、三別抄に代表される朝鮮民族の主体的な抵抗運動に対して、幕府は一片の理解をも示しえなかった」のであり、国際意識の面では、幕府は朝廷を超えるものをなんらもつことはできなかったのである。

村井は、中世日本における「自己を他民族と対置することによって自己の特質を理解しようとする「民族的集団の自意識」」としての民族意識の未成熟を指摘し、民族意識の未成熟に規定された日本の国際意識の特徴として、①神秘主義にもとづく独善的な自国至上主義、②リアルな状勢を認識する能力の欠如、の二点を指摘するのであった。

3　中世日本の国際意識をめぐって

第一論文「中世日本の国際意識・序説」は、「その(蒙古侵略の)経験がのちの時代の対外観や自意識にどんな刻印を残したか」を中心テーマとする。

導入として、日本に救援をもとめる「高麗牒状」を見た東巌慧安という禅僧が、石清水八幡宮寺に捧げた願文があげられる。

②今の日本国天神地祇、正法をもって治国以来、部類眷属充満するのこの間、草木土地山川叢沢水陸虚空、垂迹和光の処にあらざるはなし、…①昔女帝あり、名を神功という、懐胎母人となり、産月に相当り、他州無量の怨敵を防がんがため、誓心決定、勇猛心を起す、…昔日の神功、あに異人ならんや、今の八幡大菩薩これなり、…③二国和合し、衣冠一致す、両度の牒使も高麗人なり、顕然疑いなし、…また高麗は半ば蒙古に違背し、本朝に随順す。(『鎌倉遺文』一四巻、一〇八八〇号)

①からは、朝鮮からの脅威が意識されるとき必ず思い起されるのは、神功皇后の三韓征伐伝説であり、八幡大菩薩の異国降伏の霊威であったことを、②からは、日本の国土は天神地祇の充満した空間であるとする、本地垂迹説にも

とづく神国観を、③からは、「高麗は半ば蒙古に違背し、本朝に随順す」と、朝鮮半島の状勢をある程度正しくつかんでいたにもかかわらず、結局、「二国和合し、衣冠一致す、両度の牒使も高麗人なり、顕然疑いなし」と、自己を納得させることで、高麗を蒙古とひとしなみの敵だとする見方を確認する。

東巌のもつ神秘的な国土至上観とその不可侵性への狂信的な確信が、状勢をリアルに見る眼をくもらせてしまったのである。

村井は、天竺・震旦・本朝の三国を仏教世界の歴史的空間と見る伝統的発想＝三国史観と、②のような神国観とが、黒田俊雄の提起した中世日本の思想・宗教体系である顕密主義の国際意識の表現であったとする。⑤顕密主義の国際意識は、蒙古襲来のあと、朝鮮を畜生視する露骨な蔑視観へと展開する。このとき①の三韓征伐伝説がかたちを変えて表現されていき、三国をのぞく異域、とりわけ朝鮮にたいする戎夷観が深まっていく。そして日本の境界とその外の異域は、民衆にとって鬼の国、鬼のすみかのままであった。

もともとこの論文は、一九八二年度歴史学研究会大会の中世史部会報告であるが、村井が報告にあたってつよく意識したのは、高橋公明の研究を援用した網野善彦の文章であった。網野は高橋の未発表論文を、⑥これまでの日本史の「通念」であった「朝鮮を一段低い国」と見る観点は、一四～一五世紀の幕府内にも存在せず、むしろ逆に西日本各地の朝鮮通交者が朝鮮を権威と認める「朝鮮大国観」をもち、相対的に自立した関係を朝鮮と結んでいたとする内容のものと紹介したうえで、高橋論文をこれまでの歴史像のゆがみをみごとに衝いたものであると高く評価した。⑦

これにたいして村井は、幕府・西国武士の国際意識を検証しつつ、一五世紀の幕府内部に朝鮮を一段低くみる観点の存在を再確認し、中世の日朝関係が秀吉の朝鮮侵略に帰着点をもつことへの視点の必要性を説くのであった。この議論は、その後論争めいたものになったが、それについては補論1「中世人の朝鮮観をめぐる論争」に詳しい。

村井は、補論1で自らの立場について次のようにいっている。ふつう「日本人の朝鮮史像がゆがんでいる」というとき、《朝鮮における近代化のおくれは民族の資質の低さに原因があり、日本の植民地支配はむしろ朝鮮を近代化へ導く役割をはたした。朝鮮民族が伝統的に自立の意欲に乏しかったことは、日本が他国・他民族に従属したためしはないのに、朝鮮は中国に一貫して事大の姿勢をとり、ときには日本にも朝貢した史実が証明している》というような歴史認識を思いうかべる。私（村井）の報告のライトーモチーフは、このような「近代日本のアジア認識、とりわけ朝鮮観のゆがみ」を、「歴史的に根拠づけている意識の底流」に錘鉛を垂らすことにあり、中世の日本人の意識に存在した朝鮮を一段低くみる観点、ないしは低くみたいという願望も、このような動機から取り上げているのであると（同書補論1六三頁）。

4　国家・民族・地域

第二論文「建武・室町政権と東アジア」の冒頭で村井は、日本人の自己意識における民族の国家への従属の問題を取り上げ、「国家を媒介とすることなしには民族としてのアイデンティティを獲得しえないという民族意識の未熟さ」を指摘する。これがアイヌ、在日韓国・朝鮮人など、日本人でない日本国民にたいする差別の無意識の基底をなすものであり、単一民族国家観を克服するには、国家の枠組みをできるだけ相対化し、かわりに柔軟な《地域》を設定する必要がある。地域史として村井が注目するのは、《環シナ海地域》や《環日本海地域》の設定であり、そこに国家との対決のうちにゆがめられつつ地域が形成されるという視角を付与すべきだとする。

村井が留意事項とした地域をゆがめるものは、東アジアの国際関係における《人臣に外交なし》という冊封体制であり、中世日本における独善的な国際意識であった。では、《環シナ海地域》において「交流をになうもの」はだれか。

村井が見いだしたのは、禅僧であり、倭寇であった。

無学祖元に代表されるように、元が南宋を征服してのち、一種の亡命者として江南から禅僧の渡来があいついだ。こうした状況は、日本の禅僧たちの渡海・参学熱に火をつけ、かれらの帰国によって五山文学が成立する。中国の僧侶だけでなく官人ともコミュニケートできた五山僧は、日本の武家政権の外交官僚として登用された。一三六七年、倭寇の禁圧を求める高麗使の到来は、室町幕府にとってはじめての外交経験となったが、このときの返書は春屋妙葩が僧録の名でしたためたものであった。僧録はのちに五山の統轄者の役職となり、外交業務をも統轄した。江戸幕府初期の外交ブレーン以心崇伝も僧録であったように、五山僧を外交官僚とする中世外交の遺産は近世へと引き継がれたのである。

そこで村井は、禅僧の仕事の国際性と具体的な海外知識は、《神国思想》に代表される顕密主義の独善的国際感覚の克服にどれほど貢献したのか、と問題をたてる。結論としては、禅宗と顕密仏教とに原理的な対立関係はなく、日本人の民族意識の成長にそれほど有効ではなかったとする。一五世紀中葉に僧録として中世外交にたずさわった瑞渓周鳳は、日本初の外交史料集『善隣国宝記』を著したが、そこに確認される国際意識は、本地垂迹説や神国観を中軸とする神話的・伝統的なものを一歩も出ていない。「彼らにとって外交文書の作成ということは詩文の作成よりも重要な意味をもつものではなかった」(田中健夫⑧)ことを確認するのであった。

他方で村井は、第七論文「春屋妙葩と外交」において、春屋をとりまく禅僧たちの集団＝エコールの国際性を説く。春屋のエコールの特徴は構成員の多民族性(中国・朝鮮など)にあり、春屋の時代は、東アジアに安定的な国際秩序がまだ創出されておらず、その反面で民間レベルの交流は前後に例をみないほど活発であったという。

ついで第二論文は、明朝の成立と日本の関係を説く。一三六八年の明朝成立後、はじめて「日本国王」に任じられたのは、九州そして大宰府を制圧していた南朝側の征西将軍宮懐良親王であった事実と、その結果、《人臣に外交なし》という冊封体制のなかで、義満政権があらたに「日本国王」に冊封されるための困難な政治過程が明らかにされる。そして一五世紀初頭、東アジアでの冊封体制の完成は、一四世紀なかばから本格化していた倭寇の活動を、国家の論理で抑圧する体制の完成を意味したのであり、その結果、《環シナ海地域》＝「倭寇世界」は、冊封体制というゆがみをうけたものとなった。

通交が「寇」として現象せざるをえなかったのは、国家の外交政策によって自由な交易が封じられたからである。まず村井は、「和すれば商いし、和さざれば寇す」という同一実体が倭寇と商人をかねるような場合を、「倭人海商」とよぶことを提案する。それは、かれらが国家の権威を背負うことなく、国境を超えた地域形成の原動力となっていくという積極面を語るためであった。⑼

第二論文では、倭寇の本格化を一四世紀におくが、第八論文「倭寇と朝鮮」では、「倭寇」は一三世紀には確認できるもので、それを初発期の倭寇とよぶ。初発期の倭寇、そして一四世紀以降の倭寇の活動の変遷を、村井はつねに日本国内の政治状勢および東アジア諸地域の社会変動の一環として説明する。

それでは、「倭寇世界」の地域的特質はなにか。倭人海商の特徴は、いちじるしい国際性・無国籍性にあった。村井は、おもな海商たちを取り上げながら、「かれらには日本という国家への帰属意識は希薄で、「国家をより外在化された対象として認識」しており、むしろ《倭寇世界》の構成員としての意識と行動が認められる」とする。また補論4「高麗・朝鮮人の〝倭寇〟」では、倭寇の本質は、中国人が多いとか朝鮮人が多いとか日本人が多いとかいったことにあるのではなく、国籍や民族を超えたレベルでの人間集団であるところにあり、だからこそ環シナ海地域の担い手になりえたこと、そして倭服は東アジア海域の海賊に共通のいでたちであり、倭語はその共通語であったという可能性が示される。

しかし、この地域は国家の束縛からまったく自由な楽園であったわけではない。そこには、環シナ海地域の中継貿易を独占することによって国家を形成した琉球とそこにわりこんだ倭人海商との対抗があり、ほんらい地域の構成員であるはずの朝鮮・中国の沿海住民の大多数にとっては、倭寇とは同胞どころか悪鬼の集団にほかならなかった。倭寇は国家と地域の矛盾・相克の生んだ鬼子であり、ゆがみの表出であった。

第九論文「《倭人海商》の国際的位置」では、先の高橋の「朝鮮大国観」にかかわらせながら、倭寇再発にたいする朝鮮の恐怖に支えられた倭人海商たちの〝自由〟なふるまいと、朝鮮側の「大国意識」を逆手にとった海商たちの〝したたかさ〟を確認する。村井は、海商たちの獲得した開明的でひろい国際的視野は、日本の社会意識のなかに根をおろすことは少なかったとして、《倭寇世界》を国家を超克するものとして一方的に謳歌する見方にたいして否定的である。

蒙古襲来後、八幡神の異国降伏の霊威が、縁起や絵本のような民衆文芸を通じて社会の深層に浸透し、定着していった。その過程で《神功皇后の三韓征伐説》が、侵略的な色彩を強めながら再生してくる。これは神国思想に代表される顕密主義の独善的自己認識が民衆的基盤をかちえるにいたったことを意味し、日本人の民族意識の健全な成長にとって大きな障害となった。（同書九七頁）

というわけである。

第二論文の最後では、蝦夷・琉球・《日本》を等価な地域ととらえ、北海道と南島における民族集団の形成および国家への指向を、《日本》の歴史過程とかかわらせてみていくことの必要性を説く。

現在、ともに日本という国家を構成している北海道や南島の中世史を学ぶ意味は何か。これらの地域の人びとが民族的な覚醒を経験し、《日本》人とまったく異なる個性的な歴史をあゆんだ時期、それが中世である。そこには、天皇制とそれを思想面から支える顕密主義の呪縛が存在しない。…天皇制とは、あくまで《日本》という国家が支配層の陣営を守るために創出した政治装置であり虚偽意識なのであって、けっして日本民族に負わされた宿命などではない。（同書一〇二〜一〇三頁。傍点は原文）

そして、村井の東アジア地域史の構想は、第三論文「中世日本列島の地域空間と国家」で示された「中世後期の地域モデル」に結実されるのであった。

5　おわりに

一九九一年七月の日韓歴史教育セミナーにおいて、吉田悟郎は基調講演として「二一世紀を臨む歴史教育における自国史と世界史[10]」なる報告をしている。すでに多くの議論が積みかさねられ、いくつかの報告集などが出版されているにもかかわらず、はじめて「自国史と世界史」の問題について読んだ私には、問題の所在のつかみやすい内容であったし、講演内容の趣旨に異論はない。

ただし吉田が、二一世紀の日韓関係を見通すために述べた、日本・日本人が、内外の民衆・民族・地域や近隣の諸国諸民族を征服支配したおぞましき時代は、一九世紀末から二〇世紀半ばの半世紀であり、「あの一六世紀末葉の恥ずべき秀吉の侵略戦争を除いては、韓日両国両民族は平和な密接不可分の相互浸透関係を維持してきており、むしろ韓国の文明を兄姉と仰ぎ、先輩と尊敬するような歴史的関係をつづけてき」た、と述べることには問題があろう。秀吉の朝鮮侵略を除外して、前近代の日韓・日朝関係を見たところで、日韓・日朝関係の真の相互理解が成立しうるとは思えないし、吉田の議論には、これまで検討してきた村井の研究成果はいっさい反映されていないからである。

西川正雄は「歴史教育をめぐる隣国との対話⑾」のなかで、西ドイツ・ポーランド教科書会議の成果にかかわってカール＝エルンスト・ヤイスマンの意見を紹介している。ヤイスマンは、「教科書改定には二段階あり、古い段階では、明白な誤り、脱落、侮蔑的・歪曲的な意味づけの訂正が問題とされ、新しい段階では、むしろ無意識の先入観という、いっそう難しい問題が対象となる」と述べているという。ヤイスマンのいう「無意識の先入観」と、村井がつねに問題とした「近代日本のアジア認識、とりわけ朝鮮観のゆがみ」を「歴史的に根拠づけている意識の底流」とは、同じ問題を指していよう。

吉田の指摘は、「古い段階」での教科書改定あるいは日韓・日朝関係の相互理解の問題であるといえるかもしれない。もちろん日韓・日朝関係では、いまだ「古い段階」の訂正・克服さえなされていないことは、十分承知しているが、わたしたちは同時に「新しい段階」の問題も検討せざるをえないはずである。本論で検討した村井の研究成果は「今日的な課題とのからみで外国史の問題をとりあげるさいに気をつけなければならないことは、学問的な方法を、日本なり相手国なりの国家的・政治的必要に従属させてはならない」(同書一五頁)ことであるとの指摘とともに、歴史教育に重い課題を投げかけているのである。

冒頭にあげた萩民謡は、たまたま見つけたもので、すでに歴史学的検討がなされているのか、またどのような性格のものなのか、を明らかにすることはできない。ただし、これが下関戦争(一八六四年)にかかわる「民謡」であることは明らかであろう。村井の指摘した神功皇后の三韓征伐説は、攘夷運動のなかでもよみがえるものであったと指摘することは許されようか。

注

（1）保立道久「中世史研究と歴史教育」（『歴史学研究』五六九号、一九八七年）、鈴木哲雄「中世社会像の再構成をめざして」（同五九六号、一九八九年）、加藤公明「歴史教育の再生と歴史学」（『地方史研究』二二八号、一九九〇年）、今野日出晴「荘園公領制をどう教えるか」、木村茂光「〝荘園〟をいかに教えないか」（ともに『人民の歴史学』一〇七号、一九九一年）など参照。

（2）村井章介『アジアのなかの中世日本』（校倉書房、一九八八年）。

（3）比較史・比較歴史教育研究会編『自国史と世界史』（未来社、一九八五年）、同編『共同討論　日本・中国・韓国』（ほるぷ出版、一九八五年）、同編『アジアの「近代」と歴史教育』（未来社、一九九一年）、西川正雄編『自国史を越えた歴史教育』（三省堂、一九九二年）など。

（4）村井第四論文などを中心とした議論については、『週刊朝日百科　日本の歴史9　蒙古襲来』の村井執筆部分にわかりやすい文章となっている。いちいち注記しないが、本補論の記述もそれによる場合もある。

（5）黒田俊雄『日本中世の国家と宗教』（岩波書店、一九七五年）。

（6）高橋公明「外交儀礼よりみた室町時代の日朝関係」（『史学雑誌』九一編八号、一九八二年）。

（7）網野善彦「地方史研究の一視点―東国と西国」（同『中世再考―列島の地域と社会』日本エディタースクール出版部、一九八六年、所収。初出一九八二年）。

（8）田中健夫『中世海外交渉史の研究』（東京大学出版会、一九五九年）一七一頁。

（9）村井章介『中世倭人伝』（岩波新書、一九九三年）は、《環シナ海地域》における倭人海商の世界を描いている。基調は『アジアのなかの中世日本』にそったものであるが、『中世倭人伝』では、朝鮮王朝側の華夷意識にも踏み込んで倭寇世界が語られている。

(10)　吉田悟郎「二一世紀を臨む歴史教育における自国史と世界史」(前掲『自国史を越えた歴史教育』所収)、なお、同セミナーの内容は『自国史を越えた歴史教育』におさめられている。

(11)　西川正雄「歴史教育をめぐる隣国との対話」(前掲『自国史を越えた歴史教育』所収)。

第六章　日韓共通の歴史教材の作成を目指して

はじめに

本章は、日本の歴史教育研究会と韓国の歴史教科書研究会の間で行われた「日韓歴史教科書シンポジウム」の途中経過として、二〇〇一年に執筆したものである。

日韓歴史教科書シンポジウムの試みは、一九九七年一二月に第一回シンポジウムが韓国のソウル市立大学校で実施されて以来、ほぼ半年ごとに日韓で交互に行われてきたものであり、シンポジウムの正式名称は、「日韓歴史教科書シンポジウム―歴史研究の動向と歴史教科書の記述」である。二〇〇一年七月のシンポジウムで第八回目となったが、私が参加したのは、一九九八年一二月に日本側（会場は東京学芸大学）で行われた第三回シンポジウムからであり、ここでの報告も日本側参加者の一人としての立場からのものである。

なお、シンポジウムを主催する日本側の研究会は「歴史教育研究会」、韓国側の研究会は「歴史教科書研究会」であるが、実際の運営は東京学芸大学の歴史学・歴史教育系の教員とソウル市立大学校の歴史系教員が中心となっている。すでに第一回から第四回までの報告題目などは、第四回までのシンポジウムの成果をまとめた歴史教育研究会編『日本と韓国の歴史教科書を読む視点[1]』の終わりに記されているが、ここに第八回までの各回ごとのテーマなどをあげておく。

第一回「韓・日歴史教科書の諸問題」

一九九七年一二月一三日(金)　ソウル市立大学校

第二回「古代史・近世史を中心に」

一九九八年六月一九日(金)　ソウル市立大学校

第三回「中世史・現代史を中心に」

一九九八年一二月一二日(土)　東京学芸大学

第四回「先史・近代史を中心に」

一九九九年六月一八日(金)　ソウル市立大学校

第五回「検討課題の明確化のために」

二〇〇〇年一月一八日(火)　盛岡大学

第六回「日韓共同歴史副教材製作のために」

二〇〇〇年六月二三日(火)～二四日(土)　ソウル市立大学校

第七回「先史時代から現代史までの教科書案の検討」

二〇〇一年一月一三日(土)　東京学芸大学

第八回「日韓共同歴史副教材製作のために」

二〇〇一年七月二六日(木)～二七日(金)　ソウル市立大学校

一　日韓関係史記述の現状

私は第一回と第二回のシンポジウムには参加していないが、上記のテーマや前掲『日本と韓国の歴史教科書を読む視点』に収録された報告内容からみると、第一回では、日韓相互に自国側の歴史教育の現状や歴史教科書のあり方などが報告されたようである。そして、日本語と韓国語と相互に翻訳された報告書を作成したうえでの本格的なシンポジウムとなった第二回では、古代・近世の日韓関係史に関する自国側での研究動向の報告と、同様に自国側の中学・高校の歴史教科書における記述内容の報告がなされている。

私も参加・報告した第三回では、第二回に続いて中世と現代の日韓関係史に関する自国側の研究動向と教科書での記述が互いに報告されたのであり、同様に第四回では先史・原始と近代についての報告がなされたのであった。

たとえば、第三回の中世の報告では、楠木武報告「日本における中世日韓関係史研究」が、日本における日韓関係史研究は田中健夫などによって国と国との外交という狭い認識を排して、アジア全体を座標軸とする国際関係史であるべきだとの視角にもとづいて研究がすすみ、八〇年代以降には村井章介などの研究を中心として、中世国家の国境を超えた東アジア地域世界(「環シナ海地域」や「環日本海地域」の設定)の交流という視点が主流となったこと、そして多くの研究成果が集中する分野のひとつとなっていることを紹介した。

これにたいして韓国側の李益柱《イイクジュ》報告「高麗・日本関係史研究の成果と展望」は、韓国中世(高麗時代)に関する対日関係史研究は大変に少なく、倭寇や「東征」(元寇)にかかわる研究を除いては平時の高麗―日本関係についての研究はほとんど成り立っていないというものであった。

ここには、時代区分の問題もあるのだが（韓国では中世は高麗時代〔九一八～一三九二年〕とされており、日本では一一八五～一五六八年などが一般的であろう。ただし、日本の中世史研究者の多くは東アジア史的な枠組みで中世を一〇世紀から一五世紀とすることに多くの反対はないものと思われる）、それ以上に、日本と韓国における社会情勢・国家情勢などの違いが大きい。日本では民衆史的な視点から、国家・国境の問題点を指摘し、国家・国境を超えた民衆的世界＝地域世界を見いだそうとしているのだが（もちろん国民国家を超克できるかとの課題を前提として）、韓国では国家・国境を超えた歴史像は描きにくいのであり、三五年にわたって植民地支配を受けた韓国側から、日本との相互交流を強調することは植民地支配を肯定する議論とも結びつきかねないという問題がある。

また李益柱報告では、中国的世界秩序（いわゆる冊封体制論や中国を中心とする華夷秩序論）は高麗時代にはあてはまらず、高麗は宋や遼、金との関係で形式上は朝貢関係だが本質的には平等な関係を持っていたのであり、高麗は多元的な天下観・国際意識をもっていたとする。そして、高麗時代の東アジアの国際秩序については、中国中心の世界というのではなく、各国の主体的発展を十分に考慮したうえで、国家間の相互関係を重視する立場から、その枠組みは考えられなければならないとしている。また、質疑のなかで李益柱が、日本での村井などの「地域」論は、現在の日本を中心とした新しい東アジア秩序の出現を支えるものとなってはいないか、との危惧をかさねて表明していたことは先に指摘したこととかかわろう。

教科書記述については、私の報告「日本の歴史教科書における中世日韓関係史記述」では、高校日本史教科書および世界史教科書における記述内容を整理したうえで、「刀伊の入寇」をどのように扱うか、蒙古襲来への日・韓の対応と日・韓の受けた影響をどのように記述するか、倭寇や「応永の外寇」をどのように記述するか、などの課題を指摘したうえで、日韓に共通した今後の課題としては「東アジア史」という教科書が必要なのではないか、との主旨の報告をした（本書第五章参照）。

これにたいして韓国側の金泳圭《キムヨンギュ》の報告「韓国の高校生の中世韓日関係史理解」は、韓国の高等学校の『国史』教科書には日韓関係史に関する記述がほとんどのないことを紹介したうえで、金泳圭が独自に教材化した「中世高麗時代の韓日関係」（二時間）という主題授業についての生徒の感想を分析したものであった。金泳圭の実践報告は大変興味深いものであったが、教科書記述に関する議論そのものとはもちろんならなかったわけで、それは韓国側の教科書には中世韓日関係史の記述がほとんどないという事実によっている。韓国側においては、今後日韓関係を歴史教科書に「どのように」よりも「どの程度」記述していくべきなのか、という問題があるのである。

二　検討課題の確認と教科書案の作成

全時代を通した日韓関係史研究の状況と教科書記述の内容についての検討は、第二回から第四回のシンポジウムでほぼ終了した。次の第五回のシンポジウムは、第四回までの成果と課題を確認し、今後の検討課題を明確化しようとするものであった。その第五回シンポジウムにおける検討課題の確認にもとづいて、第六回から第八回にかけて教科書案が研究史の整理とともに検討されたのである。第五回シンポジウムでの検討課題をまとめたうえで、実際に検討された第六回から第八回の教科書案を確認していきたい。

【先史（原始）分野】

第五回の山崎雅稔報告は、韓国の教科書は日本への文化伝播を日本にたいする施恵的な視角にもとづいて記述していること、日本の教科書では朝鮮（韓）半島が単に中国文明の「橋わたし」的な位置としてしか記述されていないことを確認したうえで、今後の課題として、①考古学や美術史などの成果を踏まえて、日本列島と朝鮮（韓）半島との文化的な相互交流と独自性を記述すること、②日本列島と朝鮮半島の各々における地域的な個性を記述する必要性があること、などを指摘した。

これにたいして朴喜顕《パクヒヒョン》報告では、新石器時代の日韓両地域における土器の発掘や朝鮮半島での稲をはじめとする多種類の農耕資料の出土状況などが紹介され、これにともなって新石器時代の朝鮮（大韓）海峡における密接な交流や朝鮮半島南部から北九州への稲作文化（弥生文化）の伝播（あるいは人の移住）についての議論が進展しつつあること、などが指摘された。

つまり先史分野については、「国家」（古代国家）成立以前の日本列島と朝鮮半島との多面的・多元的な交流をどのように記述するか、という問題が浮き彫りになったのである。そして、こうした検討課題の提起を踏まえて、実際に第六回から第八回で検討された教科書案のテーマは次のようなものであった。

内田博明：旧石器時代から縄文時代へ
朴　喜顕：新石器時代以前の韓・日文化交流
手塚　崇：縄文時代の成立
朴　喜顕：韓国先史時代稲作の起源と伝播
内田博明：東アジア情勢の変化と弥生文化の成立

【古代史分野】

山崎雅稔報告では、①「任那」問題や広開土王碑文を新しい解釈にもとづいて記述する必要があり、その際、以前の解釈が改められた経緯などにも配慮が必要なこと、②渡来人については、東アジアにおける人口移動の多様性という視点から記述される必要があるし、日本列島内・朝鮮半島内での相互移動についても留意する必要があること、③百済滅亡と白村江の戦いでの敗北を契機に倭(日本)は朝鮮半島から退いたとの記述の枠組みは改められるべきであり、その後の古代における日韓関係の記述が必要なこと、などが指摘されている。

李宇泰《イウテ》報告は、今後の研究課題を抽出する前提として、両国の歴史学会における研究進行の方向や研究傾向の乖離、同様に教科書叙述の差異について、再度確認する必要があると指摘した。さらに李宇泰は両国の問題点を指摘したうえで、韓国では新しい研究状況が教科書の叙述になかなか反映しない傾向があり、憂慮すべきものであると報告している。やはり問題の核心は、教科書叙述にあるのであり、実際に第六回から第八回では次のテーマが検討されたのであった。

山崎雅稔：日本列島・朝鮮半島における国家形成
李宇泰・李宇兒《イギョナ》：三国時代(国家形成期)の韓日関係
李　宇泰：古代韓・日の文化交流をどのように叙述するか？
花村統由・木村茂光：推古朝と飛鳥文化
李　宇泰：八～九世紀の韓日関係
山崎雅稔：九世紀の東アジアと日韓関係

【中世史分野】

木村茂光報告では、「刀伊の入寇」など平安時代の日韓関係についての記述が必要なことや、元寇や倭寇をめぐる問題を東アジア国際秩序の変容という枠でとらえなおすことなどの必要性が提起された。さらに第三回シンポジウムの楠木報告で議論された、①「地域」と「国家」との関係、②日韓関係史を事件史のみではなく日常的な交流史として記述すべきこと、さらに歴史教育の問題としては、③私の報告にあった「東アジア史」という教科書は可能か、④金泳圭報告のようなお互いの国の若い世代の日本観、韓国・朝鮮観に迫るような教育実践の積み重ねが必要なこと、などが述べられた。

李益柱報告では、高麗末の倭寇問題をめぐる日韓での研究状況の相違点がまず確認された。李益柱は、日本の学界で倭寇を日本人と朝鮮人の連合集団と見たり、民族や国境を超えたいわゆる「マージナル・マン」とみる傾向があるのにたいして、韓国の学界でも倭寇の民族構成に関する研究がすすめられているが、本格的な研究がなされておらず、日本の学界の研究傾向については否定的であるという。さらに李益柱は、前近代の東北アジアの国際秩序に関する本質的な問題点を提起したが、この点はのちに検討する。実際に第六回から第八回で検討されたテーマは次の通りである。

鈴木哲雄：一一～一二世紀の東アジア
李　益柱：一〇～一三世紀(高麗前期)東北アジアの国際秩序
李　益柱：一三世紀の東アジアと高麗
鈴木哲雄：一三世紀の東アジアとモンゴル
李《イ》　承珍《スンジン》：一四世紀後半の東北アジア情勢と倭寇

楠木　武：「倭寇」と東アジア世界

【近世史分野】

田中暁龍報告では、今後検討すべき論点として、①豊臣秀吉の朝鮮侵略、②江戸時代初期の日朝関係、③朝鮮通信使、④日朝関係と朝鮮認識、の四点を提示したうえで、日本の現行高校教科書を詳しく検討している。なかでも田中報告は、③④にかかわって朝鮮通信使が中断した理由と「征韓論」につながる近世後期の日本人の朝鮮観が教科書叙述としては重要であると指摘した。

李存熙《イソンヒ》報告では、学界の動向とともに日韓の現行教科書の叙述が比較検討され、①朝鮮初期の問題としては、倭寇や「応永の外寇」に関する双方の叙述から、朝鮮政府は幕府と対馬にたいして同じ交隣政策をとったのか、そして倭寇の性格についても論議が必要であること、②壬辰倭乱（朝鮮侵略）にかかわっては、征明仮道のための侵略なのか、また朝鮮の先進文化の日本への伝播の事実をどのように叙述するかといった課題があること、③朝鮮通信使に関しては、韓国の教科書が政治・外向的な意味を無視して、文化使節としての性格のみをクローズアップさせているのにたいして、日本の教科書では逆に外交的な意味が重視されているとし、通信使節派遣の目的とその性格については議論の余地があること、などが指摘された。

近世の日韓関係の性格をめぐっても多くの課題が残されているのであるが、実際に第六回から第八回では次のようなテーマが検討されたのであった。

林《イム》　和栄《ファヨン》：壬辰倭乱
田中暁龍：文禄・慶長の役（壬辰・丁酉倭乱）

田中暁龍・市川寛明・大石学：江戸初期、日朝国交の回復
玄明喆《ヒョンミョンチョル》：朝鮮後期、韓日外交の成立過程
裴《ベ》　祐晟《ウソン》：通信使と近世韓日関係
田中暁龍：江戸時代の日朝外交史

【近代史分野】

君島和彦報告は、今後の検討課題として八つのテーマを掲げて検討している。まず一九一〇年以前の日朝(韓)関係史では、①朝鮮の開港、②壬午軍乱・甲申政変、③甲午農民戦争と日清戦争、④日露戦争から「韓国併合」までの四点。植民地下の朝鮮の取り上げ方としては、⑤三・一独立運動、⑥関東大震災時の朝鮮人虐殺事件、⑦一五年戦争下の皇民化政策、⑧植民地下の経済問題の四点である。なかでも君島報告では、近世の日朝関係が友好的な通信使の記述で終わっているのに、近代の日朝関係がなぜ「征韓論」からはじまるのかという疑問にたいして、①の記述で答える必要があると指摘した。この指摘は【近世史分野】の田中報告の議論と一致するものであった。

②にかかわっては、朝鮮国内での開化思想の成長についての記述が必要だとし、③では日清戦争が朝鮮の支配をめぐる日清間の戦争であったことが明記され、朝鮮半島が重要な戦場であったことが記述されるべきであるとした。また、閔妃暗殺事件の位置づけも重要だとしている。④⑤⑥⑦⑧にかかわってもいくつかの指摘がなされているが、私は植民地朝鮮に関する通史的な記述こそが必要なのだと考える。

鄭在貞《チョンジェジョン》報告では、ウエスタン・インパクトにたいする両国の態度については、差異のみをクローズアップするのではなく、共通点を含めて多様な議論が必要であること、安重根・伊藤博文など日韓の深く複雑な関係に位置する人

物を両国の歴史教育ではどのように扱うべきか、慎重に検討する必要がある。また、植民地支配は被支配民族だけでなく、支配民族の精神も歪曲させて荒廃させる傾向があり、今日両国にのこる相互認識の欠陥も大部分が植民地支配の欠陥に由来すると指摘していた。このシンポジウムにおいて留意されるべき重要な提起である。そして、実際に第六回から第八回で検討されたテーマは次のようなものであった。

玄　明喆：一九世紀中葉の東アジアと韓日関係
岡田敏樹：一九世紀中葉の東アジアと日韓関係
岡田敏樹：東アジア帝国主義体制の成立と日本
李《イ》　聖鉉《ソンヒョン》：露・日戦争から「韓国併合」までの韓日関係
趙　宗元《チョンジョンウォン》：三・一運動
岡田俊樹：三・一運動と「大正デモクラシー」
呉《オ》　彰勲《チャンフン》：日帝の皇民化政策と朝鮮人の対応
山口公一：「大東亜共栄圏」のなかの植民地・朝鮮

【現代史分野】
小林和子報告は今後の検討課題として、①対日講和条約の成立と朝鮮での分断体制、②分断固定化のもとでの日韓関係の構築と日朝関係の推移、③戦後日本は朝鮮植民地支配の責任の問題とどのように向き合ってきたのか、④戦後の在日朝鮮人のあり方、の四点をあげている。そのなかで、朝鮮半島における三八度線の存在はそもそも日本軍の武装解除のために米ソが進駐したためであること、日韓の現代史はアメリカのアジア政策の展開のなかに位置づけられるべきこと、対日講和は日本による旧植民地・占領地の国々との戦後の新しい関係を構築する機会にはならなかったこと、などを記述すべきだとしている。

廉仁鎬《ヨンイノ》報告では、①六・二五戦争（朝鮮戦争）における日本の役割、②李承晩ラインにたいする解釈、③独島論争、④韓日国交正常化条約締結をめぐる諸観点、⑤請求権論争、⑥在日同胞の法的地位問題、を検討課題としてあげている。なかでも④にかかわって、日本の教科書は韓日基本条約とベトナム戦争をひとつの小項目として扱うことで、米国のアジア政策との関連性をクローズアップするものとなっているとしている。この点では、小林報告と評価が分かれている。そして実際に第六回から第八回で検討されたテーマは次の通りであった。

廉　仁鎬：戦後東アジア国際情勢と韓国戦争
坂井俊樹：朝鮮戦争と日本
小松伸之・国分麻里：日韓条約
廉　仁鎬：韓日条約
李《イ》　淵植《ヨンシク》：解放後の在日韓国人
国分麻里・小瑶史朗：在日コリアン

三　歴史教育の観点から

このシンポジウムでは、討論などが概して歴史学上の問題に終始する感があった。そのことは歴史教育が歴史学の成果のうえに成り立つことや、このシンポジウムでも歴史事実にたいする認識の相違点を相互に確認し合う必要性などから致し方ないことではあったが、意識しないとそればかりになりかねない状況もあったのは確かである。

そこでこのシンポジウムでは、歴史教育上の問題点の確認をまとめて行ってきたのであった。以下の報告や講演がそれにあたる。

第一回シンポジウム

報告：金《キム》　漢宗《ハンジョン》「韓国歴史教育の現状と課題」

坂井俊樹「日本の教育改革と歴史教科書研究の課題」

第五回シンポジウム

報告：坂井俊樹「歴史教科書の共同研究の課題」

金　漢宗「韓日関係史の歴史教育反映通路」

第八回シンポジウム

講演：金　漢宗「歴史教育の側面から見た韓日共同歴史教科書」

：坂井俊樹「日韓歴史共通教材は可能か？」

なかでも第八回シンポジウムにおける金漢宗・坂井俊樹講演は重要であった。金漢宗講演では、韓日共通の歴史教材は、①韓日関係史にたいする両国の学者たちの共通認識を集めた歴史本という性格をもつこと、②補充教材や参考資料として使用される可能性が高いこと、③通史ではなく、主題別構成としての対外関係史や韓日関係史という単元で編成されること、などを指摘するとともに、歴史教科書あるいは歴史教材は歴史教育の実践という問題を前提に作成されなければならないとしたのである。

また坂井講演は、日韓共通の歴史教材の作成にあたっての留意事項として、①基軸としての善隣・友好の関係、②

自国史の相対化と東北アジア史の視点、③小・中・高校の一貫した歴史教育内容・方法の視点を重視すべきこと、④科学としての歴史教育の観点から叙述形式が選ばれるべきこと、などを指摘するものであった。

概して両講演は、これまでのシンポジウムの成果を踏まえたうえで、日韓共通の歴史教材作成の意義と課題を明確にしたものとして重要であった。

おわりに

最後に、このシンポジウムに参加して私が考えたことを、いくつか記しておきたい。

第一に考えたことは、第五回シンポジウムでの李宇泰報告にあった両国の歴史学会における研究進行や研究傾向の乖離についてである。正直に書くと最初にシンポジウムに参加したとき、私は韓国の歴史研究はまだ遅れていて、歴史哲学を議論するような段階にあるのだと感じた。この感じは、同じく第五回シンポジウムで鄭在貞報告が注意をうながした、植民地支配は被支配民族だけでなく、支配民族の精神も歪曲させて荒廃させる傾向があるとの指摘と関係する。三五年にわたる植民地支配は朝鮮半島の歴史を三五年間にわたって抹殺しただけでなく、三五年間のあいだに研究されるはずであった「歴史」(もちろん歴史資料を含めて)をも奪い取り、逆に日本側のものにされてしまったのである。こうした落差のうえに、このシンポジウムも構成されていることである。

第二に、地域史と国家史をめぐる問題である。日韓関係を含めて東アジア世界をひとつの地域とし叙述することは正しいか、という問題である。この点について、第八回の金漢宗講演では、「ヨーロッパ共同の歴史教科書」との対比から、「ヨーロッパの場合、国家よりもヨーロッパ世界が最初に作られた。すなわち、本来は一つであったヨーロッパ世界が、様々な国に分離したのである。しかし、東アジアでは、「東アジア」という同じ文化圏、ないし地域世界ではなく、ここに含まれている国家が最初に作られた」のだとし、「東アジアの歴史をどのように叙述しなければならないのかと同じくらい、韓国と日本の自国史の中で両国の関係をどのように位置づけるかという観点から、韓日関係史の内容を整理する必要がある」としていた。

また坂井講演も、李《イ》成一《ソンイル》の西嶋定生批判を引いて、東北アジア社会の交流は時代によって異なり安易な地域形成論は危険だとしていた。この議論には戦前の「日鮮同祖論」が関係していることは確実であろう。このシンポジウムでは、東アジア地域論には慎重な扱いが必要なようであり、私が第四回シンポジウムでの報告において、「東アジア史」の教科書が必要なのではないかと述べたことは、日韓共通の歴史教材の作成という目的とのかかわりからすれば、安易な提起であったと反省せざるをえない。

第三は、第二ともかかわるのだが、中世における東アジア世界と日韓(麗)関係についてである。先にふれたように、第三回・第五回シンポジウムでの李益柱報告は、高麗時代の東アジアの秩序や天下観は多元的なものであり、中国中心の一元的な天下観ではなかったといい、旗田巍を引きながら、東アジア世界を中国中心の世界だと理解するのは間違いであるとした。さらに、前近代東アジアの一般的な国際秩序として認識されている中国を軸とした事大関係(朝貢—冊封関係)は、じつは形式的なもの、または名分を重視することから出てくる現象にすぎないとし、東アジア国際秩序のなかで韓国と日本との伝統的な関係に接近するためには、事大関係にたいする意見の接近が優先されるべきである、という重要な提起している。

李益柱報告の前提には、「現在日本を中心とする新しい東アジア秩序の出現に対する韓国内の憂慮」があるわけで、日本における環シナ海地域論や倭寇=マージナルマン論にたいする強い警戒感となっているのであった。率直にいうと、日本における近年の東アジア地域史研究が、韓国側から見ればこんな風に見えるのだ、とほんとうに驚き、歴史研究の難しさを実感した次第である。

なお、事大関係にたいする意見の接近にかかわっては、日本側が不用意に使用する「服属」や「隷属」「従属」などの用語の問題がある。李益柱報告にもとづけば、前近代東アジアの国際秩序である「事大関係」をこうした用語で説明することには十分な配慮が必要である。事大関係を「服属」「隷属」という用語で安易に説明してきたことによって、「朝鮮はなぜ眠りつづけたのか」という歴史観[2]に私たちも荷担してきたことは確実であるからである。

注

（1）　歴史教育研究会編『日本と韓国の歴史教科書を読む視点』（梨の木舎、二〇〇〇年）。

（2）　西尾幹二『国民の歴史』（扶桑社、一九九九年）。

第七章　『日韓歴史共通教材　日韓交流の歴史』を学生と読む

はじめに

二〇〇七年度前期の北海道教育大学札幌校での授業（授業基礎開発系・教育実践専攻の「社会科授業開発Ⅰ」）のなかで、同年三月に出版された『日韓歴史共通教材　日韓交流の歴史』（以下、『日韓交流の歴史』あるいは本書と表記する）(1)をテキストとした演習を行った。授業の目的は、【日韓歴史共通教材】と銘打たれた本書が教育実践的観点からは、どのように評価することができるか、そして【日韓歴史共通教材】としての実践的な課題や問題点は何かを考えようとするものであった。

本章は、この授業における学生の報告内容や授業終了後に課題としたレポートを紹介しつつ、受講生が本書をどのように読み、どのような「教育的意義」を本書から見いだしたかを紹介するものである。本書の作成者の一人としては、この作業を通じて【日韓歴史共通教材】としての『日韓交流の歴史』の教育実践的な成果と課題、今後の改善点などについて改めて考えたいと思う。

さて、『日韓交流の歴史』は、東京学芸大学と、韓国のソウル市立大学校に事務局をおいた歴史教育研究会（代表：加藤章）と歴史教科書研究会（代表：李存熙）による、日韓歴史教科書シンポジウムの最終的な成果物であり、両研究会による歴史教科書対話は一〇年のながきにわたるものであった。直接的な対話の回数は一五回に及び、第一回を除きシンポジウムのために、日本語と韓国語の相互に翻訳された一四冊の分厚い事前資料（冊子）が準備され、二冊の中間報告も出版されている。(2)また、日韓歴史教科書シンポジウムの経過や意義をめぐっては、多数の論考が発表されているが、ここでは立ち入らないことにする。(3)まず本書の構成を示しておく。

刊行にあたって／この本の読み方
第1章　先史時代の文化と交流
第2章　三国・加耶の政治情勢と倭との交流
第3章　隋・唐の登場と東北アジア
第4章　10～12世紀の東北アジア国際秩序と日本・高麗
第5章　モンゴル帝国の成立と日本・高麗
第6章　15・16世紀の中華秩序と日本・朝鮮関係
第7章　16世紀末の日本の朝鮮侵略とその影響
第8章　通信使外交の展開
第9章　西洋の衝撃と東アジアの対応
第10章　日本帝国主義と朝鮮人の民族独立運動
第11章　敗戦・解放から日韓国交正常化まで
第12章　交流拡大と新しい日韓関係の発展

より深く理解するために
参考文献（生徒用／教員用・一般読者用）
読者の皆様へ

受講した学生は、授業基礎開発系・教育実践専攻の三年生一一名であった。授業では、はじめに私が日韓歴史教科書シンポジウムの経過や目的について、拙稿[4]などを配布し概説したのち、全一二章を一一回一一名で分担のうえ報告し、討論していった。本章では、第一節で私が考えた【日韓歴史共通教材】としての『日韓交流の歴史』の利用法について述べ、第二節で、授業において担当者が配布したレジュメなどから受講生の報告内容の要点を確認し、第三節において、受講生が提出した課題レポートを紹介する。そしておわりに、本書の教育実践的な成果と課題、今後の改善点について、学生のレポート内容を整理するかたちで考えたい。

一　【日韓歴史共通教材】としての『日韓交流の歴史』

本書には、「より深く理解するために」という解説が附されており、本書をいかに利用するか、そのための教材化の視点が書かれている。しかし、項目ごとに附されているため、本書全体を見通して「高校日本史」の副教材としてどのように活用できるかが見えにくい面がある。もともと私は、本書の作成・執筆過程の大半を高校教員の立場からかかわったことでもあり、「高校日本史」の視点から、【日韓歴史共通教材】としての『日韓交流の歴史』の利用法について考えたい。[5]

1　導入としての先史・古代

日本(あるいは韓国)の高校生が、本書を日本史(国史)の副教材として手渡され、頁をめくっていくとき最初に目を止めるのは、第1章の「このころの日本と韓国」に載る日韓双方の「環濠集落」の写真であろう。〝あれ 同じ写真かな?〟と思い、よく見ると韓国と日本の別の「環濠集落」。〝なんでこんなに似ているの?〟と疑問に感じ、文章を読みすすめていく。…そうだとすれば、この日韓双方の「環濠集落」の写真は、「日韓交流の歴史」を考えていくための導入として、まさに相応しいものである。さらに第1章の「1.先史時代の文化と交流」には、日韓の石器・土器・釣針・青銅器などを比較する図版が多用されている。その類似性と個別性を、高校生は自らの視覚によって確認し、さらに本文によってその意味を考えていくことになろう。

同様に、第2章の日本の「法隆寺五重塔」と韓国の「定林寺跡五層石塔」、両国の「半伽思惟像」や「古墳壁画」の比較も注目される。そして、第3章の「このころ」での「東大寺の大仏」と「石窟庵の本尊仏」と続くわけで、本書の先史・古代部分(第1〜3章)は、「日韓交流の歴史」の導入部分として、そして比較史的な教材として高く評価されるものと考える。自国の文化をより深く理解するためにも、隣国の文化との交流を知ることは不可欠である。なお、第2章には、「このころの日本」と本文とに二枚の「前方後円墳」の写真が載るが、これに対応する韓国側の図版があるとよかったように思われる。

2　人の移動と交流

本書には、日韓での人の移動と交流について、多くの具体的な記述がなされている。たとえば第2章「1.三国・

加耶の対立と倭」には、百済の武寧王など王族の「移動」が明らかにされており、古代における多面的な交流を記述した「2．人々の移動と文化交流」は、日韓の高校生や多くの人たちに読んでもらいたいところである。ここからは日韓の結びつきの深さを実感することができるであろう。同様の視点から、第3章の二つのコラム「海を渡った百済人・高句麗人」「日本僧円仁の中国巡礼と新羅商人」も主題学習のための教材としてそのまま利用可能である。こうした記述はかつての「日鮮（日朝）同祖論」を明確に否定したうえでの、日韓新時代の立場からの交流史として優れている。

第4章には、高麗に渡った日本人や女真族に捕虜とされながらも高麗軍に救出された多数の日本人のことが、第7章には、日本の朝鮮侵略にともなって「移動」させられた人々のことが記述されている。そして、近現代では、第10章に「5．朝鮮に生きた日本人と日本に生きた朝鮮人」が一つの節とされており、第11・12章には「日本の朝鮮・韓国人」のことが詳しく記述されている。これらを教材とすれば、日韓の高校生は日韓関係の問題点や課題についてきっと主体的に考えてくれるだろう。

3　東北アジアの国際関係

東北アジアあるいは東アジアにおける国際関係を、歴史授業のなかでいかに扱うかは重要な課題である。これまでの高校日本史の授業では、一貫して中国中心の国際関係（いわゆる朝貢冊封体制）から説明してきたといえよう。しかし本書では、「日韓交流」の前提となる東北アジアの国際関係を中国中心の華夷秩序（事大関係、朝貢冊封体制）のみではなく、多元的な関係も存在していたとしている。個人的な感想からすれば、日韓歴史教科書シンポジウムに参加して、私が学んだ第一はこの点にあった。たとえば、第3章「2．新羅・渤海と日本の交流」では、中華帝国＝唐の存在を前提としながらも、東北三国が各々の思惑をもって外交関係を展開したことが記述されている。

　こうした多元的な関係は、唐滅亡後の東北アジアにおいてさらに明確化する。第4章は、こうした視点から編まれている。なかでも、「2．10～12世紀の日本と高麗の関係」におかれた図「12～13世紀、日本・高麗・中国の貿易」は重要な教材である。日本におけるこれまでの東(北)アジア地域論では、中国北部あるいは中国東北部から繰り返し登場する政治勢力の位置づけが不十分であった。その理由は、日本列島と朝鮮半島との地理的位置の違い(地政学的な)も関係するのであろうが、朝鮮半島に成立した国々は、つねに中国東北部を意識しつつ(あるいは含み込みつつ)東北アジアの国際関係のなかに存在したのであった。もちろん、歴史研究では「日本列島史」の視点から環日本海文化圏が強調され、北海道・サハリンから沿海州へのルートが注目されているが、歴史教育の場ではこれからである。なお本書では、第6章にコラム「朝貢冊封体制」をおき、東北アジアの国際関係についての理解が深められるように工夫している。

　もうひとつは、これまでも歴史研究では重視されてきたことであるが、日韓交流史に欠かすことのできない対馬の役割が具体的に記述されていることが重要である。第4章の女真族の侵攻にかかわって明確化する対馬の外交的位置や、第6章から第8章において対馬は日韓交流の鍵であったことなど、隣国間の国際関係に対馬のような「中間地点」(両属的な場)が重要であったことを高校生が学ぶことは、国家間の枠組みのみで隣国関係を考えることを相対化させることにつながろう。

4　隣国の視点から考える

総じて、【日韓歴史共通教材】としての本書の意義は、隣国の視点から「自国史」を見つめ直すことができることにある。本書の「より深く理解するために」の第9章の最後のところに、「日本の高校生には、強大国が力の弱い他国の主権を奪う行為が、主権を奪われた国の国民にどのような苦痛を与えたのか考えて欲しい。また、韓国の高校生には、国が主権を奪われる危機の状況で、先祖が国を救うためにどのような努力をし、犠牲を払ったのかを学んで欲しい」とある。本書での近代史叙述の意図が明確に示されており、私も同感であるが、ここの「日本」「韓国」は両方とも「日韓」としてもよかったかもしれない。

本書における近代の記述は、これまでの日韓双方の教科書に十分には記述されていなかった歴史事実について具体的に書き込んでおり、また、韓国側の能動的な対応を具体的に記述した点も、隣国の視点から「近代史」を問い直すために重要である。

現代の第11章では、植民地支配の「清算」の過程と問題点が具体的に記述されている。「朝鮮半島を離れる日本人」「在日朝鮮人の帰還」についての記述からは、改めて植民地支配とは何であったのか、その意味が浮き彫りとなる。そして、敗戦国日本の独立と経済大国化の過程が、朝鮮半島の苦渋の現代史といかに深く絡むものであったか。そして、その絡み合いのなかで締結された日韓基本条約の問題性が明らかとなる。「朝鮮戦争」で経済復興した日本、「ベトナム戦争」で経済発展した韓国、こうした対比から高校生は現代の国際政治への理解を深めるとともに、現代史を主体的に考えていかざるをえなくなるのではないか。

そして、第11・12章の「日本の韓国・朝鮮人」の記述から、日韓の高校生は、「日本国民」や「韓国国民」にとっての「戦後日本史」や「解放後韓国史」ではなく、もうひとつの「戦後史」を学ぶことになるのである。

二　学生はどのように読んだか

さて、受講生は教育実践的な視点から『日韓交流の歴史』をどのように読んだのか。授業での報告〈おもに報告レジュメ〉から、いくつか取り上げてみたい。

1　前近代〈第1章〜第8章〉について

「第1章　先史時代の文化と交流」と「第2章　三国・加耶の政治情勢と倭との交流」については、Aさんが報告した。記述内容を整理したレジュメを準備したAさんは、「日韓の共通認識をつくる」という視点から、第1章については「この時代の大きな特徴として、旧石器時代に朝鮮半島と日本列島は陸続きであった点が挙げられる。このことは、ほんらい朝鮮半島と日本列島は同じであったことを強く印象づけるものである。「類似性がいくつかある」という表現にとどめず、「旧石器時代は同一の歴史を歩んだ」というような表現があってもよいと考えるのだが、この表現を使うのは不適当なのか」とまとめている。

この議論を深めるためには、どうしても戦前の「日鮮〈日朝〉同祖論」にふれなければならない。原始・古代の日韓関係の歴史からわかるように、もともと日本と朝鮮は祖先を同じとするのだという戦前の「日鮮〈日朝〉同祖論」は、「韓国併合」を合理化するための思想であった。その点をしっかりと整理しておかないと、先史・古代の「日韓の共通認識をつくる」ことは難しい。『日韓交流の歴史』においても、「刊行にあたって」か「より深く理解するために」において、戦前の「日鮮〈日朝〉同祖論」の問題点とその克服が日韓関係における歴史認識の共有化には不可欠であることを書くべきであったと考える。[6] そうすることで、「旧石器時代は同一の歴史を歩んだ」というような表現は不適当なのか、と逡巡せずに済むのではないか。

第2章については、「朝鮮半島から日本列島へと文化が流入していった媒介物は渡来人である。その渡来人がどのような契機によって日本列島へ移動してきたのかは、日韓の共通認識をつくることにおいて重要な点である。単純な属国として文化が流入していった場合と、朝鮮半島の三国との同盟関係となった際に流入していった場合では、その意味が大きく違う。倭が文化的に遅れているから朝鮮半島から高度な文化が伝わっていったという単純なものではなく、より豊かな歴史認識となるように教材化することに留意すべきであるだろう」としている。

第2章についてのAさんのまとめは、『日韓交流の歴史』の記述内容を評価しつつも、一方的な流入について疑問を呈したものか。この疑問にかかわって、本書には「日本列島から朝鮮半島に渡った人々はいないのか」という七行のコラムがおかれているが、確かに不十分であったように思う。

なお討論では、

①写真が多く具体的でわかりやすい。

②年表は日韓のズレがわかるように日本と韓国を並列したものの方がよかった。

③文化財について類似点はわかるが、相違点が書かれていない。

などの意見がでた。年表については批判の通りであるし、文化財についても、類似点とともに相違点も書かれることが必要であり、そうすることが相互理解をより深めることになるはずである。

「第4章　10~12世紀の東北アジア国際秩序と日本・高麗」を担当したBさんは、日本と高麗の外交上の立場の違いについて、いくつかの批判・疑問点を指摘したうえで、八一頁に載るコラム「日本人の女性捕虜の証言から」の解釈について検討した。その趣旨は、高麗軍に救出された日本人女性の証言―高麗による最上級の施しへの強い感謝の気持ち―からは、高麗側のアピールも読みとるべきである。こうした「批判的な視点で当時の日本―高麗の関係性を評価すれば、共通教科書としての深みがよりでるのではないか」という。

また、「より深く理解するために」に、日本と高麗の国家間の外交関係の難しさについての記述があるが、

・どうして公的交流が一時閉ざされたのか？

・東北アジアの国際秩序にたいする認識の相違点が公的交流断絶にどう影響しているのか？

それらが詳細に説明されていないため、「日本―高麗の外交の難しさを「共通のもの」として捉えにくく、日本が拒否したとか、高麗が国交を結ぼうとしたという個別の事実になってしまっている」といい、本文でも「日本の妙に頑固な姿勢が強調され過ぎているように感じる」としている。私は第4章の作成に深くかかわっているが、Bさんの指摘はともに本質的な問題であり、今後さらに考えてみたいと思う。(7)

2　近代（第9～10章）について

「第9章　西洋の衝撃と東アジアの対応」を担当したCさんは、まず高校日本史の教科書（山川出版社『詳説　日本史B』二〇〇三年版）の当該箇所を詳細に検討して、

①高校日本史の教科書には話が前後していたり、説明がすくないと感じる部分がある。

②『日韓交流の歴史』と比べて、非常に客観的で、「当時起こった事柄だけを並べているだけで、侵略についての反省も当時の人々の気持ちも全く書かれていない」。

③侵略された側である韓国民衆についてほぼ書かれていない。

と整理している。そのうえで、副教材として本書を使用する意義には、

①時の流れにそって韓国併合に至る過程を理解できること、

②日本が綿密な計画をたてて韓国併合を行ったことなど、韓国併合について詳しく知ることができること、

③「開港後の朝鮮の状況」から「抗日義兵戦争の展開」まで、当時の韓国民衆の様子を知ることができること、

などがあるとしている。

「第10章　日本帝国主義と朝鮮人の民族独立運動」の前半を担当したDさんも、まず高校日本史の教科書（前掲『詳説　日本史B』）の当該箇所を詳細に検討して、

①朝鮮民衆の実態についてほとんど述べられていない。支配の関係にあった国のこと、それも隣国のことなのだから、支配国であった日本の学生が正しい、深い認識をもっていないといけないのではないか。

②認識を深め、批判的に見たり深く考えたりするために、日本を取り巻く国際情勢や国内事情をふまえて、韓国への支配の実態を理解する必要がある。これは日韓両国の学習に必要であると思う。

としている。

さらに韓国の高校国史教科書（『新版　韓国の歴史　第二版』二〇〇三年[8]）を詳しく検討したうえで、

①当該箇所の韓国側教科書は約四〇頁、日本側は一頁というなかで、『日韓交流の歴史』が「日韓の学生の認識を近づけていることは確実で」ある。

②『日韓交流の歴史』は韓国の学生には物足りないものであろうが、「日本の内部事情」を知ることによって日韓関係を新たな視点から見ることができるのではないか。

③韓国の教科書では誇張されていた表現がおさえられ、教科書に記述されていなかったことを知ることで「自国史

を見つめ直せるのではないか」。
と報告をまとめている。

第10章の後半を担当したEさんは、第10章の内容や「より深く理解するために」を丁寧に整理したあと、韓国の中学校国史教科書（『入門　韓国の歴史　新装版』二〇〇一年）[9]の当該箇所の記述について検討したうえで、朝鮮日報のホームページから二つの記事、「反民究明委、「親日反民族行為」第３次調査対象者１１０人選定」（2007/05/02）と「親日派・子孫の財産　４億６０００万円没収を決定」（2007/05/02）の全文を紹介し、さらに一九四九年一二月三日の日本国外務省による「割譲地に関する経済的財政的事項の処理に関する陳述」を議論の素材として提供してくれた。Eさんが紹介した部分を次にあげておく。

日本のこれら（朝鮮・台湾・樺太・関東州等―引用者）に対する施政は決していわゆる植民地に対する搾取政治と認められるべきではないことである。逆にこれらの地域は日本領有となった当時はいずれも最もアンダー、デヴェロプトな地域であって、各地域の経済的、社会的、文化的向上と近代化はもっぱら日本側の貢献によるものであることは、すでに公平な世界の識者―原住民も含めて―の認識するところである。そして日本がこれらの地域を開発するに当たっては、年々国庫よりローカル・バヂェットに対し多額の補助金を与え、又現地人には蓄積資本のない関係上、多額の公債及び社債を累次内地において募集して資金を注入し、更に多数の内地会社が、自己の施設を現地に設けたものであって、一言にしていえば日本のこれら地域の統治は「持ち出し」になっていたといえる。[10]

Eさんは、日本の朝鮮半島にたいする植民地支配の清算は現在までの日韓関係においても、そして韓国国内の問題としても終えていないことを指摘し、外務省の上記「陳述」なども【日韓歴史共通教材】として深められるべきことを提案しているのである。

3　現代（第11～12章）について

「第11章　敗戦・解放から日韓国交正常化まで」を担当したFさんは、高校日本史の教科書（前掲『詳説　日本史B』）との比較から第11章の記述内容を分析し、『詳説　日本史B』を教科書としたときの『日韓交流の歴史』の【日韓歴史共通教材】としての価値と実践の方向性について報告した。雑誌『平和教育』や『歴史地理教育』などに載る実践報告を踏まえて、「現時点での日本の植民地支配を問う授業では、様々な視点から授業の目的に応じて、資料を集め（中略）適切な史実のもとに、価値判断を創り上げていく授業が平和教育の取り組みの中でも行われている。それゆえ、価値判断は教師と子どもたちで創り上げるものであって、書いてあるところから学ぶものではない」。そうした実践を教師が創り上げていくうえで、求められているものは「ナショナリズムを超えた一次資料に近い本物の記述」である。「その点、日韓関係について本書のようなよりどころがあれば、授業を創るうえでは、非常に役立つ」としている。

さらに在日朝鮮人・韓国人の問題に関しては、『平和教育』ではまったく報告されていないし、実際の授業でもほとんど扱われていないようである。

ところが本書では、非常に充実した内容がしかもその原因をわかりやすく記述してある。この部分を普通に授業するだけでも、とても有意義な授業が望める。本来ならば、その解決に向けた子どもの思考を求める授業まで行くことが大切であるが、このテーマに関する授業がほとんど行われていない現在、まずは何が問題なのかを子どもたちに知識を教授するだけでもその意義は大きい。本書の中で、もっとも価値のある部分はここではないかと思うほどであった。

という。そのうえでFさんは、単元「在日朝鮮人・韓国人問題を考える」という小学校五年生の総合的な学習（一八時間程度）の学習指導案を提示する。二時間めの授業では、『日韓交流の歴史』に載る力道山の写真とその解説を教材として、「なぜ、力道山は、自分が韓国人であることを公にしなかったのだろうか？」について調べ、考えていく学習指導案を作成している。

『日韓交流の歴史』が【日韓歴史共通教材】として、小中高を通じて多様に利用できることを示す報告であった。

終章の「第12章　交流拡大と新しい日韓関係の発展」の担当者は、Gさんであった。Gさんは、日本における日本史と世界史の高校教科書（前掲『詳説　日本史B』と山川出版社『詳説　世界史B』二〇〇三年版）と二冊の韓国の高校国史教科書（前掲『新版　韓国の歴史　第二版』と『韓国の高校歴史教科書』二〇〇六年[11]）の当該箇所の記述について整理したうえで、日本の歴史教科書は「日韓基本条約以降の日韓の国交・交流についても全く記述はなく、どちら（日本史・世界史）の教科書も戦後の『世界情勢』や日本の発展に重点を置いている」。韓国の国史教科書は、「日本の教科書以上に、日韓関係や国交について触れておらず、正常化に対する意識も低い」と指摘する。

そして、『日韓交流の歴史』を使用する意義を、「このころの日本」「このころの韓国」から日韓条約以降の両国の発展を経済や文化の面から学ぶことができ、両国の生徒が互いに相手国の歴史を理解し、共通認識を得ることが可能となることであるとし、そのうえで、「金大中拉致事件・文世光事件をはじめ、在日コリアンや戦後補償問題・日本軍『慰安婦』問題などこれまでの歴史を通して、これからの日韓関係の展望を主体的に考え、日本の戦争責任を見つめ直すきっかけとなる」としている。

以上のように、教員養成系大学の学生である受講生は『日韓交流の歴史』を読みながら、自分自身があまりに日韓交流史について知らなかったことの理由（高校までの歴史教育のあり方）を自問しながら、【日韓歴史共通教材】としての『日韓交流の歴史』を教育実践的な視点から十分に批判的・建設的に読んでおり、授業での報告もじつに充実したものであった。

三　【日韓歴史共通教材】の教育実践的な課題—学生レポートの紹介

こうした演習ののち、受講生への課題としたものが、次に紹介するレポートである。与えた課題は、「自分が担当した章を中心に、本書の教育（実践）的な意義について述べなさい」というものであった。⑿

1　Bさんのレポート「テキストの教育的意義—第4章を中心に—」

このテキストが副教材として使用されることを考えると、各章の「このころの日本・韓国」の部分はとても有効である。交流史のための背景の復習になるものであるが、この部分の文章は物語的に書かれていて、「知識の確認」というよりむしろ「イメージをつかむ」という感じを受ける。子どもたちにとってブツ切れの知識よりも物語的イメージを持っているほうが交流史の理解のためには役立つだろう。

また、日本の子どもたちにとって「このころの韓国」は復習ではなく新しい学習そのものである。よって「このころの日本」と同じようにイメージを描きながら読むことは難しい。したがって、教室全体でこのテキストを読んでいくような場合は日本の部分は各自読む程度に抑え、韓国の部分を中心にして「このころの日本・韓国」を学習する必要があると思う。しかし、あくまで中心はそのあとの「交流史」の部分であることを忘れてはならない。

さて、本題の「交流史」の部分であるが、第4章を中心に見ていくと、実に今と昔の考え方の違いや私たちが描く昔のイメージと歴史的事実の差が浮き彫りになるような場面が多い。そういった違いや差への子どもたちの驚きというものに着目して授業を進めることは、交流史の理解において非常に大切な点である。

その違いや差であるが、まず一つに、「マージナルマンの存在」である。よく「日本は海に囲まれているために独自の文化が育った」ということがあるが、マージナルマンはそういった説の根拠を揺るがすものである。ここでマージナルマンというのは、宋、高麗、日本などを行き来する商人を基本的な意味として使いたいのだが、もっと広い意味で考えると、このころに国際結婚した者や帰化した者、在日高麗・宋人なども含めることができるのではないかと私は考える。

ところで、そのマージナルマンを問題にする理由であるが、まず「公的つながり」ではない「民間のつながり」が私たちの想像以上に活発であったという事実への驚きである。また、現代の日本では一目おかれる国際結婚(最近はそうでもないかもしれないが)や移住、帰化が普通のこととして存在した可能性があることへの驚きである。このことから考えると、実は中世以前の世界というのは今よりもはるかに「ボーダーレス」な世界であったのではないか、外国人だからという差別はほとんどなかったのではないかというようなことが考えられる。このことは子どもたちのみならず教師や私たち学生も本当に驚くところである。日韓のあらゆる面での「隔たり」が元来存在するようなものではまったくないこと、そして商客接待体制や活発な民間交流に見られるような相手国への憧れ、敬意をどの国も持っていたことが考えられること、この二点を「マージナルマンの存在」から子どもたちに理解させることは十分可能であると私は考える。

二つめとして大きな問題にすべき点は、公的関係と民間の関係の矛盾である。九世紀以後日本は、一二世紀に高麗と進奉関係が成立するまでの間、消極的な外交姿勢をとり続けた。それにもかかわらず民間交流は活発に行われ、宋、高麗、日本において多くの人、物が行き来したようだ。商客接待体制の事実もある。これらの事実はどうしても現代の私たちにとって納得のいかないものである。喧嘩して口もきかないような友達と気軽にものの取引が、しかも何度もできるだろうか。民間と公との間で意識が違っていたと言っても、うまく飲み込めない気がしてならない。やはりこういった「考え方の違い」としか言いようのない事実に私たちは驚き、立ち止まる。しかしその「立ち止まって考える」ことが子どもたちにとって大切だと私は考える。特に、「昔の人の考え方・気持ち」というのはほとんど形として残らないため、簡単に答えはでない。しかし、そういった問題に真剣に立ち向かうことで交流史の世界を子ども自身がグッと身によせて考えることができるのではないか。したがって、この「公と民間の態度の矛盾」は少なくとも交流史の世界に子どもたちをひきつけるという教育的効果を含んでいる。

三つめとして、「史料を批判的に読む」力を身につけさせることが、指導によって可能であることに着目したい。このテキストでは多くの史料が掲載されている。特に第4章では、「日本人の女性捕虜の証言から」(八一頁)がとてもおもしろい。そのまま読むと「高麗は日本に優しい」とか「思いやりがある」と解釈できるが、逆に批判的に読むと「民間人なのに施しを与えすぎ」、「高麗はただ国交を成立させたかっただけで日本のご機嫌取りなのでは?」ということもできる。こういった史料をじっくりと読み込んで批判的な視点を子どもたちに養うことができるのもこのテキストの大きな教育的意義と言える。

以上、私が、特に4章で大切だと感じる「テキストの教育的意義」についてであるが、他にも大切な部分はある。例えば、宋が唐のように他国への強力な影響力を持たなかったという事実は、「一貫して中国が最強である」と思い込んでいる多くの日本人にとって意外な事実である。また、それにもかかわらず宋は経済力が高かったこと、日韓で一二世紀に武臣政権が誕生するという共通性などがある。つまり、このテキスト全体で大切な点は挙げればきりがない。しかし、特に私が挙げた三点は、子どもたちの興味を強くひきつけたり、差別問題を根本から考え直すきっかけを与えてくれたり、批判的な視点を育ててくれるという大事なものである。これらを実践で生かすことで子どものみならず、教師自身も成長することが可能であると私は考える。

2　Cさんのレポート「『日韓交流の歴史』を使う意義について―第9章を中心に―」

今回『日韓交流の歴史』を読み、私は「日本の学生が韓国併合について当時の韓国民衆の姿を学ぶ中で理解を深める」というような視点でレジュメをつくった。しかしゼミでの発表や話し合いを通じて気がついた事は日本人の韓国に対する歴史認識の甘さだ。甘いというよりむしろたいていの日本人は韓国併合という植民地支配の事実を言葉として知っているにすぎず、実際にどのような事があったのかも知らない人が多いのではないだろうか。よって日韓交流には日本人の歴史認識を深め、韓国の人達との認識の差をうめることが重要であると考える。

ではなぜ日本人の韓国に対する歴史認識は薄いのか。原因はゼミでも何度も言われていた事だが、まずそもそも韓国についての教科書の記述が少なく客観的すぎるという点がある。しかし私が今思うのは、問題は教科書記述の少なさだけではなく、実際に授業をする教師が授業で韓国についてあまり触れようとしない、という点にあるということだ。たとえ教科書や副教材で韓国についてしっかり書かれていたとしても、教師がとりあげなければそれは生徒には伝わらない。教師にすれば特に韓国併合あたりの歴史は日本が加害者なのでやりにくいという理由もあると思うが、何より教師自身が昔生徒として授業を受けていたときに韓国について深く習ったことがないので必要性を感じていないからなのだろう。

そこで副教材(『日韓交流の歴史』)を使う意義として、教師自身の韓国に対する認識を深め日韓交流の必要性について考えるきっかけをつくるということが考えられる。「より深く理解するために」を読むことで教師は日韓交流史を授業で行う意義に気が付くことができるだろう。また、副教材には教師が授業に(利用)しようとすれば教材として使えるコラムや資料が豊富にある。たとえば寺内正毅と石川啄木の短歌で韓国併合を当時の日本人の目線からとらえることができるし、乙巳条約「締結」過程について「乙巳五賊」について学ぶことで韓国併合が今もまだ韓国に影響を与え続け、韓国の人々の意識に深く根付いていることが学習できる。

特にこの韓国の人々の意識というものを日本の学生は知っておくべきである。韓国の人々が日本人に対して敵対心を持つ場面はサッカーなどでもよく見られることだが、日本の学生は韓国併合のことを知っていても「なぜそこまで敵対するのか?」と不思議に思っているだろう。それは私自身も不思議に感じていたことだが、今回この『日韓交流の歴史』を読んで韓国の人々に根付いた民衆レベルでの日本への認識について少し理解できたような気がする。よって今の日本の学生もこの副教材を使うことで韓国の人々から見た日本について考え、日本が韓国に対して行ったことの責任の重さと韓国の人々の気持ちを理解することが可能なのだと思う。

また、『日韓交流の歴史』は副教材なので全てを通して授業で使うものではなく、教師がいくつか使えるものを選んで授業で扱っていく形になるのだと思う。それはいいと思うが、その授業が日本の戦争責任や韓国の人々の認識を理解するだけで終わってしまっては本当の日韓交流にはつながっていかない。よって日韓交流史を扱うからには、日本と韓国のこれからに関して考えるような機会も授業でとっていく必要があるだろう。

以上のことから、私は『日韓交流の歴史』は教師の使い方次第で生徒の歴史認識を深めたり、日韓交流という視点を育てたりすることができると考える。資料の補足説明の少なさや配置の仕方などゼミの中でいくつか問題点もあげられていたが、日韓交流という点を考えるとき日本人の認識と韓国の人々の認識の差を縮め日本人に日韓交流を考えさせるという点においてこの教材は意義がある。

3　Dさんのレポート「『日韓歴史共通教材』で学ぶことの意義」

ここでは、日本の韓国への植民地支配政策と、韓国の民衆の独立運動を扱っているが、日本の高校の教科書（山川出版社）では、その記述というのは一ページに及ぶかどうかの量である。日本の高校の教科書と副教材を読み比べて、日本の高校の教科書では、日本の朝鮮への植民地支配について重視されていないということを実感した。副教材にあったように、私は韓国と日本のこれからの関係を考えると、この単元について、同レベルの認識を持ってもらいたいと考える。もちろん、韓国の学生は、この単元についてより詳しく学習しているので、同レベルの認識というのは無理であるが、副教材を学ぶことで、それにかなり近づくことができると私は思う。かつて支配、被支配側にあった両者の認識の程度が近いということが、未だに残る差別、怨恨の感情に基づいた関係をもう一段階上の、その根付いている感情を含めての、互いの国や国民への理解、さらに協調への関係へと発展させる基礎となると思う。

まず、正確に知るということ、その上で考えること、考えを交流すること、考えを深めることが歴史の学習であり、正確に知るということ、考えることの基になる物が教科書であると考える。支配の実態と、民衆の置かれた状況、困難、努力を知ることによって、「支配する、支配される」ということはどういうことか、「国民主権」「民族自決」とはどういうことか、「差別」ということはどういうことかなど、単に歴史的な意味やその時代についての認識を深めるだけでなく、歴史から現在、そしてこれからの問題を考えることにつながる。

副教材は、日本の高校生にとっては、深く正確な知識を得ることができ、考えるもとになる資料が提示されており、効果的であると思う。高校生の調べ学習ではなかなか調べることのできない資料も多々載っている。改善点を挙げるとすれば、教材となりうる資料、例えば金子文子の事例などのコラムの中身をもっと詳しく述べることである。このままの記述では、どういう問題があったのか具体的に考える際の情報がやや欠けており、中途半端な読み物として終わってしまう可能性がある。なので、コラムや写真の注釈、統計資料などは、載せるのならば載せるなりに詳しく書かれているべきであると思う。

一方、韓国の高校生にとっては、やや内容が物足りなく思えるかもしれない。韓国の教科書は表現が過激であり、それを使って学んできた高校生がこの副教材を受け入れられるか、という点でも少々疑問である。しかし、副教材は、韓国の高校生が「我が国は日本によって支配された」という一元的な物の見方から、少しでも多元的な見方へと変えるものになっているのではないか。例えば、支配していた側の日本は当時どのような立場にあったのか、民衆はどのような生活をしていたのか、どのような思いを抱いていたのか、植民地支配に対してどのような考え方を持っていたのかということ等である。副教材で、もう少し日本側のそのような記述が多ければ良かったと思う。

また、両国の高校生にとって、互いの国でどのような歴史があり、それについての教育があり、今の認識があるのかを知ることで、それらを認め、ひっくるめて考えられるようになる。副教材を用いて実践を行う時、韓国の高校生はどのように学んでいるのか、ということにも触れて、考え方の幅を広げ、認識を深めていくと良いのではないかと思う。

4　Eさんのレポート「日韓交流の歴史〜日本の高校生への教育的意義とは?」

私の考える「日本の高校生への教育的意義」を述べていく前に、まず、この本はどのような意図で作られたのか、この本の特色は何かということを自分なりにまとめてみた。まずは基本となる作成者側の考える「高校生(日韓)への教育的意義」を読み取ったうえで、自分なりの「教育的意義」を述べていきたいと思う。

四三六頁からの「読者の皆様へ」にもあるように、この本は、両国の市民の間にも浸透してしまっている日本と韓国の歴史認識の差異を、少しでも克服しようという意図のもと作成された。また、この本の特色は全部で五つあり、第一では日本と韓国の歴史の共通認識を探ったことである。四三九頁からの「残された課題」にもあるように、この本では「完成された共通の歴史認識を示しているわけでは」ない。あくまでも、共通の認識に至るための第一歩として位置づけられている。第二に歴史の共通認識を高校生レベルでの教材という形式で探求したことである。共通認識に至るための方法としては、研究論文という方法も考えられるが、あえてそうはせずに、「日本と韓国の高校生レベルで知っておいてほしい内容」に止めてある。第三に先史から現代までの全時代を扱っていることである。歴史認識の差異と言われると、ちょうど私が担当したあたりの、第10章の植民地時代の認識を意識しがちだが、歴史認識を長い視点で見ると、全時代を通して学習することが、高校生の共通教材としてはふさわしいと考えられたのだ。

第四に日韓交流史の通史的叙述となっていることである。第五に日韓双方の歴史研究の成果を踏まえたものになっていることである。どの歴史教材でもそうだと思うのだが、この本では特に日韓双方の研究成果を踏まえ、かつ歴史の教材として独自性を考えながら、基礎的な事実とでも言うべきものを提示している。

このように、意図や特色に示してあるように、作成者側の「教育学的意義」とは、日韓共通の歴史認識を、高校生にもわかりやすいような基本的な内容に止め、教材という視点から目指したことと読み取ることができると思う。

その作成者側の「教育学的意義」を踏まえたうえでの、私の考える「教育学的意義」（特に第10章の４〜７の意義）とは、とても基本的なことなのだが、「同じ教材で、植民地支配を行った側とされた側が学習をする機会が与えられたこと」が挙げられる。作成者側の意図にもあるように、日韓の歴史認識の差異を埋めていくことはとても重要なことである。その認識の差異が埋まらなくては、未来における日韓関係が良くなっていくことはありえないだろう。しかし、多くのレジュメで指摘されていたように、現在の日本の教科書では、最も歴史認識の差異が顕著に現れやすい近現代史を学習する時間があまりとられておらず、また外国との関係では中国やアメリカを中心に述べてあり、韓国のことはわずかに述べてあるに過ぎない。歴史認識の差異以前に、日本の高校生は韓国について何も知らなすぎるように感じるし、私自身もそうである。一方、韓国の教科書でも植民地時代に対する日本への差別的表現が多く、教科書の目指すものは「民族の統一」であり、戦後の日本との関係についての記述がない。そのため、詳しいことは何も教わってきていない支配側の日本の高校生と、植民地時代の記憶を色濃く反映した教育をうけてきた植民地の韓国の高校生が、同じ教材で同じ目標に向かって、その当時の歴史を学習する機会が与えられたことは、この本の教育的意義と言えるのではないだろうか。

ただ、「教育学的意義」を「高校生が共通の歴史認識を持つための一歩となる」というように表さなかったのは、まだ、日韓での実践例がほとんど報告されていないためである。まだ、二〇〇七年に初版が出されたばかりの新しい本であるためか、講義内でも実践例は知ることができなかった。「本当に共通の認識を育てるうえで、適切な教材なのだろうか」という実践レベルでの考察は、まだなされていない。あくまでも、「教材」という形式を採用して、歴史認識の差異を埋めることを目的としているので、今後の「教材」としての活躍を待って、「共通の歴史認識を持つための一歩となる」ように期待したい。

5　Fさんのレポート「『日韓交流の歴史』を活用するために」

授業を通して、『日韓交流の歴史』の教育学的視点から内容を検討し、非常に有意義に批判的に検討できた良い機会であったと思えました。授業を通じて、内容に関する批判的な検討をしたので、この本を実際に授業でどう活用していったらよいかをレポートとしてまとめたいと考えました。内容論に加えて、方法論を若干添えたいと考えました。

まずは、私のまとめたところから考えると、次の二つのパターンが考えられます。ひとつは、現在、内容の差はあれども、日本史の教科書（＊ここでは山川を指す）で内容が扱われている部分に関する方法論、もうひとつは、日本史の教科書においてまったくといっていいほど触れられていない部分に関する方法論です。11章で考えれば、朝鮮戦争、日韓基本条約などが前者、在日朝鮮人の問題が後者にあたると考えられます。（無論、この二つのラインは便宜的なもので、厳密なものとはなりません。）

さて、前者については、日本史の教科書の批判的検討から正しい歴史認識に繋がるという方向で、本書を活用することが出来ると考えます。本書が単なる資料集ではなく、本文を具えた教科書的記述を試みていることから、授業では是非、コラムだけなどに限定せず（もちろんコラムだけを使うことも有意義）、ある一定程度のまとまりの中で、比べ読みをして、記述の違うところなどを授業で扱うことも有意義であると考えます。それは、私たちが行ったことと同じようなことですが、そうすることによって、歴史認識というものが絶対的に教科書どおりではないということ（すなわち、研究史の積み重ねであること）、教科書というものは、批判的に「使う」ものであり、絶対的な価値を持つものでないことを理解することが出来ます。それを通して、情報というものを理解する力をより一般的な部分でも活用できるような下地ともなりえます。

　また、教科書にほとんど記述がない部分については、教師の側で何ゆえに記述がないのかを考えた上で、テーマ学習の形で別立てで行うことが出来ると考えます。しかしながら、現実では、時間の制約を上手くクリアしなければなりません。今回の11章の在日朝鮮人問題に関して言えば、立派な平和教育を創ることが可能ですから、総合的な学習の時間で扱うことも可能です。

　最後に副教材として、通年使用する場合については、教師の教材研究が大変重要になると考えます。どこに差異があるか、どこを扱うのか、そこにどんな価値があるのかをしっかりと見極める必要があります。一番気をつけなくてはならないことは、「日韓交流史についてただ単に詳しく教える」ということになってはいけません。日韓両国史についても、かなり網羅的に通史的に書かれている部分も多いので、扱い方を間違えると、「日本・韓国史」をただやっただけになってしまいます。それを防ぐためにも、本書の意図を教師がしっかりと理解し、どのような価値で『日韓交流の歴史』をひも解かせるのか十分に考慮に入れる必要があります。

　私としては、真正面から両国の歴史認識の差異を生徒にぶつけ、(植民地支配の現実、加害責任など)それを平和教育として、日韓が共同して歩んでいくための価値の創造を教室で行うことが大切だと考えます。そのために、本書は教師にとって大変重要なよりどころになりますし、生徒にとっても新しい情報に出会えるすばらしい機会となります。私は、歴史に詳しいわけではないので、本書の内容がどこまで真実に近いのかは判断しかねますが、日本の検定教科書よりも、少しでも学問的に真実に近いといえるならば、その価値は偉大なものがあるといえます。

6　Gさんのレポート「『日韓交流の歴史』の教育的意義―第12章を中心に―」

この講義を通して、日韓関係に重点をおいて学び直すことが出来ました。韓国側の主張を知っているつもりでも、やはりいつの間にか日本側という一面的にしか見ていなかったのだと何度も痛感しました。このテキストは、幾度もの会議を経て作られたものであるので、双方の主張や視点を見ることが出来る、歴史を学ぶ高校生にとって大変魅力ある教材なのではと感じました。

私が担当した部分は第12章の「交流拡大と新しい日韓関係の発展」でした。この章に対する教育的意義は、やはり学生が現在の日韓関係を主体的に考えるための下地ではないでしょうか。かつて韓国は「一番近くて遠い国」と呼ばれていました。しかしここ数年で、韓流などの影響で旅行者は増え関心も高まり、日本にとって韓国は、とても親しみのある国になりつつあるように思います。このように一見順調に思える日韓の外交ですが、文化交流の視点だけではなく、政治的観点から見てみるとまだまだ課題点は山積しているといえるでしょう。

その点、このテキストでは、日本軍の慰安婦問題や戦後責任・補償問題、在日コリアンなど様々な角度から日韓関係に焦点を当てているため、それぞれの観点や視点から見ることが出来るように思いました。また、慰安婦問題に関するコラムなどは、古代と違って膨大な資料や悲惨な歴史を歩んだいわゆる生き証人がいるので、その歴史や体験を伝えていくための重要な存在となっていると思いました。

では、このテキスト全体における教育的意義を考えてみたいと思います。私にとって、「歴史認識における日韓の理想的な関係」はどのようなものだろうか。ということが、この講義を通しての最大の論点でした。かつても、そして今でもなお日韓関係は図1のように、それぞれの歴史認識の一部の事実や情報が交換され、それが時には想像や勘違い、偏見になってしまっていたように思います。なので、私の考える理想的な関係は図2のような関係です。それぞれの歴史認識があり、それを共有するというものです。このテキストを読んだとき、両国の高校生はそれぞれ違った感情を抱くと思います。しかし、その歴史認識の差・ギャップは敢えて埋めなくてもいいように思うのです。違う国であり、歴史も教育も民族も宗教までも違うのであれば、そのような差は当たり前だと思います。しかし、その差を偏見で埋めるのではなく、互いの歴史や主張・思いを理解し、共有し吸収・確立していくことが最も重要だと私は感じました。

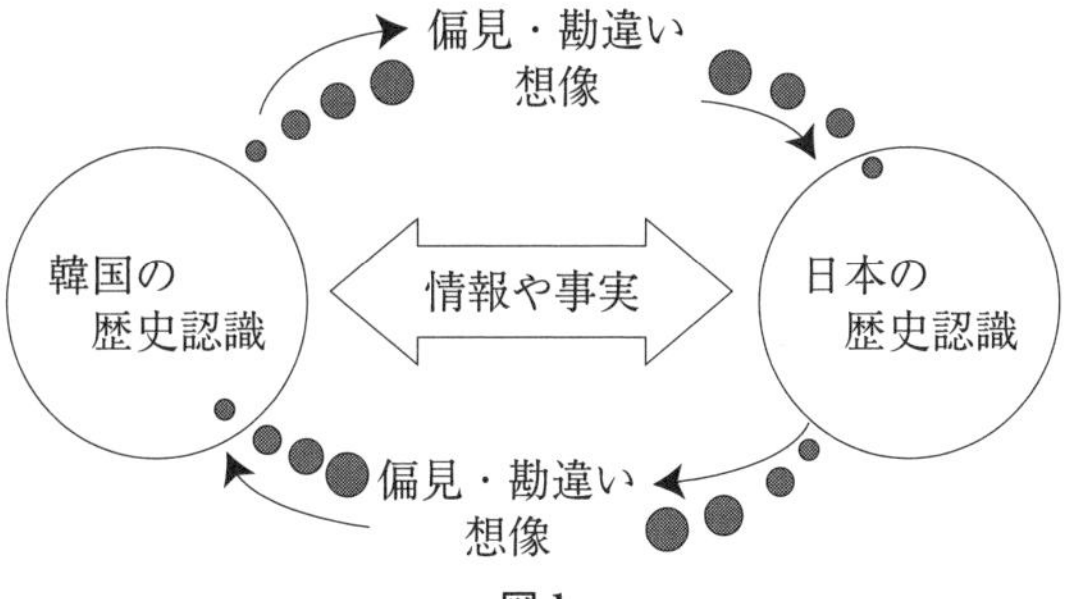

図1

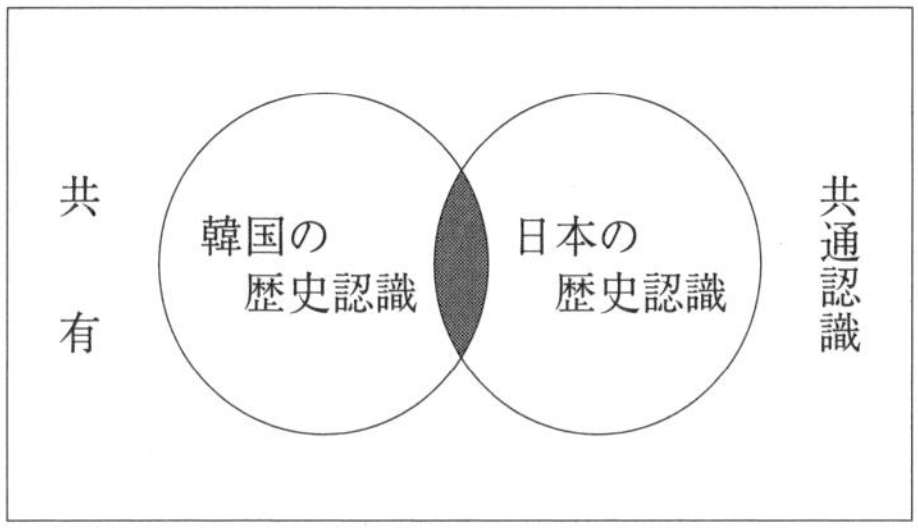

図2

このような日韓歴史認識関係を築くにあたって、この教材の活用が重要な役割を果たし、そのきっかけとなることが望まれると感じました。

おわりに―歴史認識の共有

第4章を担当したBさんは、イメージをつかむ感じの「このころの日本・韓国」の部分は、相手国を理解するうえでとても有効である。本文(第4章)では、今と昔の考え方の違いや私たちが描く昔のイメージと歴史的事実の差が浮き彫りになるような場面が多く、こうした違いや差に対する子どもたちの驚きに着目して授業をすすめることは、交流史の理解には非常に大切だという。具体的には、宋・高麗・日本などを行き来する商人らのマージナルな存在、公的関係と民間の関係の矛盾、史料を批判的に読むこと、の三点をあげ、そこに第4章の教育的意義を見いだしている。

第9章を担当したCさんは、「日本の学生が韓国併合について当時の韓国民衆の姿を学ぶ中で理解を深める」というような視点から、報告での詳細なレジュメをつくったという。しかし、ゼミでの議論を通じて、日本人は「韓国併合」という言葉だけ知っているにすぎず、実際にどのようなことがあったのかを知らない。これでは日韓の歴史認識の差は埋まらない。歴史教師が『日韓交流の歴史』を副教材として使う意義は、教師自身が韓国にたいする認識を深め、日韓交流史の授業を行う意義に気付く点にあるとしている。

第10章の前半(第1～3節)を担当したDさんは、本書と読み比べてみて、日本の高校教科書が朝鮮への植民地支配について重視していないことを実感したという。「かつて支配、被支配側にあった両者の認識の程度が近いということが、未だに残る差別、怨恨の感情に基づいた関係をもう一段階上の、その根付いている感情を含めての、互いの国や国民への理解、さらに協調への関係へと発展させる基礎となると思う」。そのためには、支配された側の多面的な実態とともに、支配した側の状況についても知ることが必要であり、そうすることで、「支配する、支配される」ということはどういうことかを考えること、歴史から現在へそしてこれからの問題を考えていくこと、につながるとしている。

第10章の後半(第4～7節)を担当したEさんは、本書の作成目的を、「高校生にもわかりやすいような基本的な内容に止め、教材という視点から」日韓共通の歴史認識の形成を目指したものと読み取ったうえで、「詳しいことは何も教わってきていない支配(した)側の日本の高校生と、植民地時代の記憶を色濃く反映した教育をうけてきた植民地の(だった)韓国の高校生が、同じ教材で同じ目標に向かって、その当時の歴史を学習する機会が与えられたこと」が、本書の教育的意義だとする。今後、本書が実践レベルで検討・考察され、教材として活用されて、「共通の歴史認識を持つための一歩となる」ように期待したいという。

第11章を担当したFさんは、実際の授業で本書をどう活用していったらよいかをレポートしている。朝鮮戦争や日韓基本条約などすでに教科書に取り上げられている場合は、本書を活用することで教科書の内容を批判的に検討し、それによって「正しい歴史認識」(「高次の歴史認識」とすべきか)につなげることができる。また、在日朝鮮人の問題など教科書にほとんど記述がない部分については、何ゆえに記述されていないのかを考えたうえで、テーマ学習のかたちで活用できよう。「真正面から両国の歴史認識の差異を生徒にぶつけ、(植民地支配の現実、加害責任など)それを平和教育として、日韓が共同して歩んでいくための価値の創造を教室で行う」ために、本書は教師にとって大変重要なよりどころになるとしている。

第12章を担当したGさんは、この章は「日本軍の慰安婦問題や戦後責任・補償問題、在日コリアンなど様々な角度から日韓関係に焦点を当てているため、それぞれの観点や視点から見ることが出来」、高校生が現在の日韓関係を主体的に考えるための下地となるとして、そこに教育的意義を認めている。

そのうえでGさんは、『日韓交流の歴史』全体の教育的意義にかかわって、次のように書いていた。

> このテキストを読んだとき、両国の高校生はそれぞれ違った感情を抱くと思います。しかし、その歴史認識の差・ギャップは敢えて埋めなくてもいいように思うのです。違う国であり、歴史も教育も民族も宗教までも違うのであれば、そのような差は当たり前だと思います。しかし、その差を偏見で埋めるのではなく、互いの歴史や主張・思いを理解し、共有し吸収・確立していくことが最も重要だと私は感じました。／このような日韓歴史認識関係を築くにあたって、この教材の活用が重要な役割を果たし、そのきっかけとなることが望まれると感じま

した。

これに付け加えることは何もないが、Gさんの主張を『日韓交流の歴史』とのかかわりで私なりに整理してみれば、【日韓歴史共通教材】の立場は、どちらかといえばGさんの図2の日本と韓国の歴史認識を示す円の交わる部分を強調するものであった。Eさんが、「同じ教材で同じ目標に向かって、その当時の歴史を学習する機会が与えられたこと」としたのは、まさに交わる部分に視点をおいたものであろう。しかし、Gさんは図2において、日韓の歴史認識の交わる部分を設定しつつも、日韓の歴史認識の差・ギャップもお互いに認めることが、歴史認識を共有すること、すなわち「共通認識」なのだというのである。この点は、Fさんが、「真正面から両国の歴史認識の差異を生徒にぶつけ」といい、Bさんが授業の報告で、高麗軍に救出された日本人女性の証言を多面的・批判的に理解すべきだとしたこととも通じるものである。Dさんが、「かつて支配、被支配側にあった両者の認識の程度が近いということ」と表現したのは、「共通認識」の微妙なバランスを指摘したものであろう。

Gさんの整理が正しいものと思うが、交わり部分にこだわってみれば、Eさんが整理してくれたように、日韓の歴史教育において交わる部分がしっかりと築かれなければ、両国の歴史認識の差やギャップを含めて「共有」することは難しかろう。『日韓交流の歴史』は、「このころの日本・韓国」をおくことで交わらない部分にも配慮しつつ、喫緊の課題として「交わる部分」を追求したものであったが、日韓の歴史認識の共有を目指す歴史教育は、交わる部分を大切にしつつ、両国の歴史認識の相違点についてもお互いに理解し合うことを目指す必要があるし、Cさんが書いたように「日本と韓国のこれからに関して考えるような機会も授業でとっていく必要がある」のである。

日韓の歴史認識や歴史教育をめぐる議論も、やっとここまで到達したといってもよいのではないか。こうした受講生のレポートに謙虚に学びつつ、【日韓歴史共通教材】としての『日韓交流の歴史』の活用法や今後について、さらに

考えていきたいと思う。(13)

注

(1)　歴史教育研究会(日本)・歴史教科書研究会(韓国)編『【日韓歴史共通教材】日韓交流の歴史―先史から現代まで―』(明石書店、二〇〇七年)。同時出版された韓国語版は、図書出版ヘアンから刊行されている。

本書が出版されると多くの新聞が取り上げたほか、新聞書評や、『歴史と地理』二〇〇七年八月号(執筆：真柴晶彦)、『歴史学研究』八三一号(二〇〇七年九月、執筆：関周一)、『歴史地理教育』二〇〇七年一〇月号(執筆：川島啓一)で書評や紹介がなされ、『論座』二〇〇七年九月号では三谷博「「記憶の穴」を埋める」が、東アジアにおける歴史対話の成果として高く評価している。また出版に際して、韓国では二〇〇七年三月二五・二六日にソウル歴史博物館において国際学術シンポジウム「韓国と日本は歴史意識を共有することができるか」が開催され、日本では同年六月一六日に江戸東京博物館において国際シンポジウム「歴史教育をめぐる日本と韓国の対話」が開催された。

(2)　歴史教育研究会編『日本と韓国の歴史教科書を読む視点』(二〇〇〇年)および同編『日本と韓国の歴史共通教材をつくる視点』(二〇〇三年、ともに梨の木舎)。

(3)　岡田敏樹「日本と韓国の歴史教科書共同研究の試み」(『世界』六九六号、二〇〇一年二月)、鈴木哲雄「日韓共通の歴史教材の作成をめざして」(『日韓教育フォーラム』一二号、二〇〇二年一月。本書第六章)、君島和彦「日韓歴史共通教材の到達点と残された課題」(『季刊戦争責任研究』四八号、二〇〇五年)、木村茂光「日韓の共通歴史教材作成をめざして」(『日本歴史』六九二号、二〇〇六年)、同「日韓の共通歴史教材作成に向けて」(『メトロポリタン史学』二号、二〇〇六年)などを参照。

（4）鈴木「日韓共通の歴史教材の作成をめざして」（前掲）

（5）第一・二節は、二〇〇七年三月二六日にソウル歴史博物館で開催された国際学術シンポジウム（前掲）における鈴木の報告にもとづいている。

（6）日韓歴史教科書シンポジウムでは、これに関連してどのような議論があったかは、鈴木「日韓共通の歴史教材の作成をめざして」（前掲）でふれた。

（7）「日本人の女性捕虜の証言」に関しては、鈴木哲雄「内蔵石女等申文・考」（『史海』五〇号、二〇〇三年）や同「高麗軍に救出された女性の証言」（『歴史地理教育』六九三号、二〇〇五年、本書補論2）で詳しく検討したが、まだ多くの課題をのこしている。

（8）大槻健・君島和彦・申奎燮訳『新版　韓国の歴史　第二版』（明石書店、二〇〇三年）。

（9）石渡延男・三橋広夫訳『入門　韓国の歴史　新装版』（明石書店、二〇〇一年）。

（10）外務省「割譲地に関する経済的財政的事項の処理に関する陳述」（昭和二四年一二月三日、『対日平和条約関係　準備研究関係』第五巻、一〇四～一〇八頁）。袁克勤『アメリカと日華講和―米・日・台関係の構図』（二〇〇一年、柏書房）の一一七～一一八頁より引用。Eさんは、北海道教育大学教育学部社会科教育講座の袁克勤教授の政治学の授業で、この「陳述」について学んだようである。

（11）三橋広夫訳『韓国の高校歴史教科書』（明石書店、二〇〇六年）。

（12）本章において引用した受講生の報告内容や課題レポートについては、初出論考時に受講生から掲載の了解をえたが、本書では匿名とした。また六名の課題レポートは、初出論考への掲載を前提に授業終了後に提出されたものを各学生が一部修正したものである。なお、用語の統一や誤字などの修正は鈴木の責任で行った。

(13)　林雄介「東アジア共通歴史教材を読んで」(『歴史評論』六九五号、二〇〇八年)も本書を取り上げているが、本書全体の枠組みや具体的な内容には踏み込まず、自説を展開するために摘み食いしただけ(それも曲解)にすぎないと読めた。朝鮮史研究の専門家である林の、共通の歴史事実を土台にして「共通教材を使って異なる歴史認識をもつようになっても一向に構わない」という結論と、本章で紹介した学生たちの結論はほぼ同じものである。しかし私は、執筆者の一人である者の授業内でのことではあるが、本書の成立過程やこれまでの日韓の歴史教科書にたいしても目配せしたうえで、批判的、建設的な姿勢で本書を読解してくれた受講生の方を評価するし、こうした学生たちの誠実な姿勢こそが、日韓の、あるいは東北アジアの「未来をひらく」ことにつながるものと考える。

その後の関連論考に、坂井俊樹「東アジア「歴史和解」と歴史共通教材」(『社会科教育研究』一〇三号、二〇〇八年)や及川英二郎「林雄介『東アジア共通歴史教材を読んで』に苦言を呈する」(『歴史評論』六九九号、二〇〇八年)がある。また、国際シンポジウム「歴史和解のために」(朝日新聞社主催、東京国際フォーラム、二〇〇八年四月一九日)の議論(『朝日新聞』二〇〇八年四月二八日朝刊)では、歴史認識の「交わる部分」と「交わらない部分」が並存し、その両方を含めて歴史認識は共有されることになるという、Gさん的な観点が欠落していたように思う。

第八章　女真海賊の侵攻と日本・高麗関係

はじめに

高校日本史における教科書的な歴史像も大きく変化しつつある。中世の東アジア像としては、①遣唐使の中止後の閉鎖的な摂関政治の外交姿勢とそれをうち破っていく日宋貿易の展開、②モンゴルの征服と東アジア世界の再編、③明の成立による海禁策（勘合貿易）の展開と「倭寇」的世界の活発化、をあげることができよう。こうしたなかで、今後の高校歴史教育では、新たに北方の諸民族や「国家を形成しなかった人々」への視点が不可欠になっている。

こうした問題意識を前提に、本章では、いわゆる一〇一九年の「刀伊の入寇」をめぐる事件を教材とした授業案を提示してみたい。

一　教材化の視点

「刀伊の入寇」について、東京書籍の『日本史B』（二〇〇三年四月二日検定済）には、次のように記述されている。

…遣唐使も、八九四（寛平六）年菅原道真の建議によって停止された。／一方で一〇世紀以降、大陸の商人が九州の博多などに来航して貿易を行うことは、前の時代に比べてむしろさかんとなり、それは九六〇年宋（北宋）が中国を統一してからも続いた。都の貴族はこのような私的な貿易を通じて、「唐物」とよばれる大陸の品々を熱心に入手した。しかし、一一世紀前半に刀伊の入寇などもあったため、政府は東アジア諸国との公的な外交関係の樹立にはいぜんとして消極的だった。（六三頁）

「刀伊の入寇」の欄外注記には、「一〇一九（寛仁三）年、沿海州地方の女真人（刀伊）が対馬・壱岐を襲い、さらに博多に上陸しようとした事件。当時の大宰権帥藤原隆家が、九州の武士を率いて撃退した」とある。

「刀伊」とは、高麗が夷狄のことをさげすんで呼んだもので、沿海州地方の女真族のことであった。東京書籍『日本史B』では、一〇世紀以降の東アジア貿易圏が活発化するなかで、日本の政府がアジア諸国と公的な外交関係を樹立するさいの阻害要因のひとつとして「刀伊の入寇」をあげている。この事件が当時の外交関係の阻害要因のひとつであったことも確かであるが、「刀伊の入寇」をめぐる史料からは日本と高麗との国家間の関係や捕虜とされた日本人の意識なども確認できるのであり、揺れる境界・国家認識の視点から教材化することが可能である。

単元名は「女真海賊の侵攻と日本・高麗関係」である。「刀伊の入寇」が「女真海賊の侵攻」と呼ばれるべきことやこの事件の詳細については、章末の参考文献とした論考にゆずるが、ここで主要教材とするのは、女真海賊に捕虜とされながらも高麗の海軍に救出され、日本に送還された二人の「女性の証言」（実際は、大宰府の役人が聞き取ったもの）などである。これらを読み込んでいき、生徒一人ひとりに、証言の内容から女真海賊の侵攻とは何であったのかを考えさせたい。

二　単元「女真海賊の侵攻と日本・高麗関係」（授業の展開）

1「事件の概要」を学ぶ

教材1　一〇～一一世紀の日本と高麗

九世紀の中頃になると、博多湾内で起きた新羅海賊船事件などをきっかけに、日本は大宰府で行っていた新羅商人との貿易も中断し、日本と新羅との関係は断絶した。その後も新羅の商船が対馬に来港したが、日本は新羅との交流を望まなかった。六三〇年以来続いた遣唐使の派遣を八九四年に中止した日本は、その後周辺国に対して一層消極的な外交姿勢を取ったため、新羅との関係も修復されなかった。後三国（新羅・後百済・後高句麗）を統一した高麗は、日本に国交の樹立を求める使者を何度も派遣したが、日本はこれを受け入れなかった。

しかし、当時の日本の貴族は、九州の大宰府とその外港である博多での民間貿易には強い関心を寄せていた。宋の建国前後から、中国商船と高麗商船が来港し、九州北部に進出した。一方、多くの日本人が高麗に帰化した。九九九年には、日本人九〇戸が高麗に渡り、一〇三九年には日本人男女二六人が高麗に帰化するなど、『高麗史』には、一一世紀以後、日本人が高麗に帰化した事実が数多く記録されている。

一〇一九年、女真海賊が高麗を経て日本を侵攻した時、本拠地に帰る女真海賊を高麗水軍が撃破し、捕らえられていた日本人捕虜を日本に送還するというできごとが起こった。高麗は建国直後から契丹と対立し、九九三年から三度の侵略を受けた。契丹との戦争のために女真族に対する警戒がおろそかになると、黒竜江流域に住んでいた女真族の一部が、朝鮮半島の東海岸に沿って度々高麗を侵略した。一〇一一年には、女真海賊一〇〇艘が朝鮮半島南部の慶州にまで侵攻し、一〇一八年には鬱陵島を侵略した。なかでも、一〇一九年の女真海賊の侵攻は、高麗の東海岸から日本の九州北部にまで達する大規模なものであった。

〔歴史教育研究会他編　二〇〇七年　七九頁〕

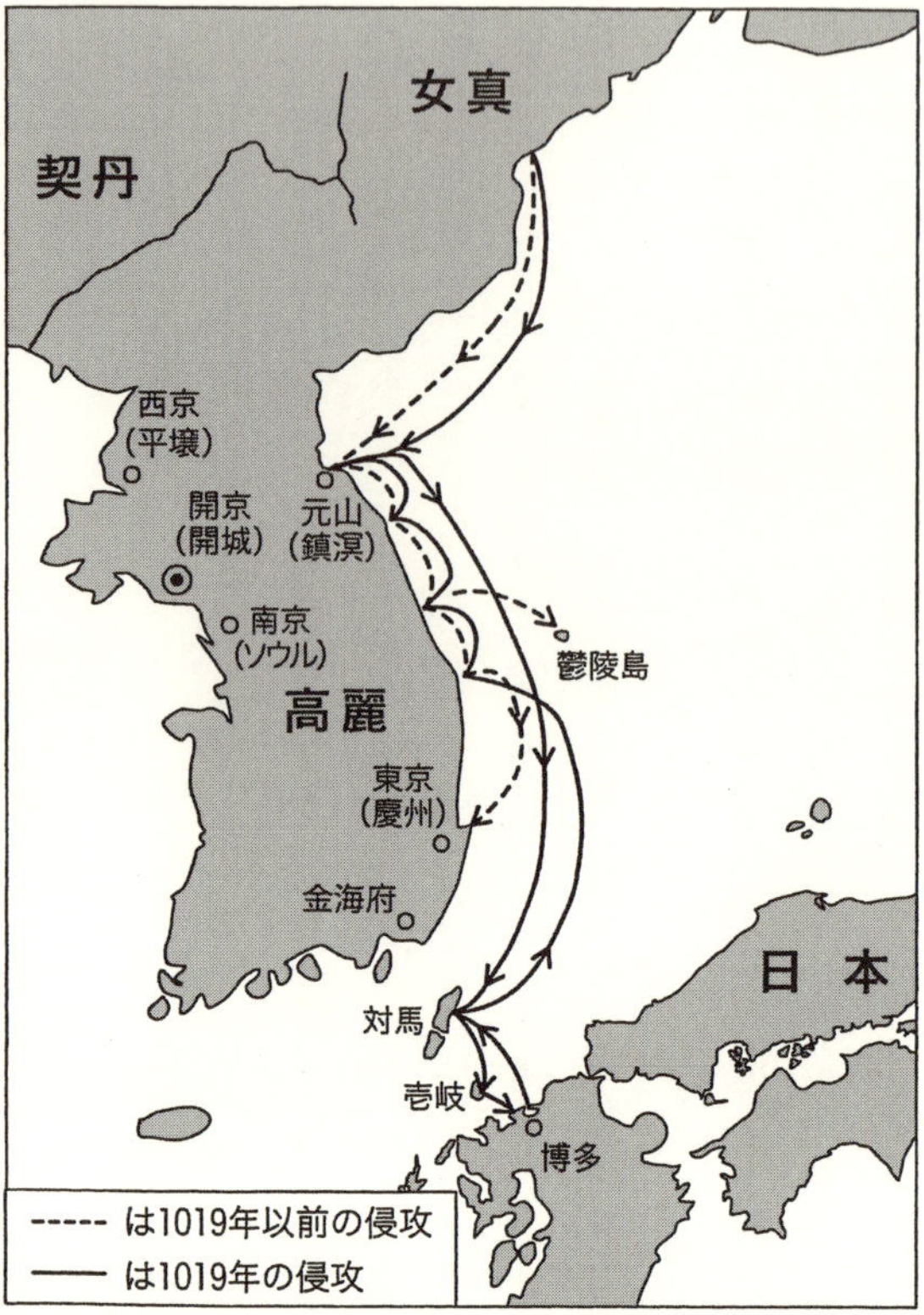

図1　女真海賊の侵攻（歴史教育研究会他編『日韓歴史共通教材　日韓交流の歴史』明石書店、2007年、80頁より）

（注）当時の日本では、藤原道長・頼通父子が都で実権をにぎっており、摂関政治の全盛期であった。

教材2　「高麗史」の記述

年表にあるように、『高麗史』（高麗王朝〔九一八年—一三九二年〕の正史。朝鮮王朝時代の一四五一年に完成）によれば、朝鮮半島の北、沿海州の女真族（東女真）は、一〇世紀初頭からしばしば高麗の東海岸に侵攻していた。『高麗史』の一〇一九年四月二九日条には、「鎮溟の船兵・都部署の張渭男などが（女真）海賊八艘をとらえ、賊がうばった日本の生口男女二五九人を駅令の鄭子良に送らせた」とある。これが『高麗史』に記述された、いわゆる「刀伊の入寇」に関する唯一の史料である。

【年表】『高麗史』にみえる女真海賊の侵攻

一〇〇五・　一　東女真、登州を寇し、州鎮の部落三〇余所を焼く。将を遣わしてこれを禦す。

一〇〇九　顕宗即位して、戈船七五艘を造り、鎮溟口に泊す。もって東北の海賊を禦す。

一〇一一・　八　東女真の一〇〇余艘、慶州を寇す。

一〇一二・　五　東女真、清河・迎日・長鬐県を寇す。都部署の文演・姜民瞻・李仁澤・曹子奇を遣わして、州郡の兵を督して、これを撃走す。

一〇一五・　三　女真、船二〇艘をもって狗頭浦を寇す。鎮溟道都部署、これを撃敗す。

一〇一八・一一　于山国（鬱陵島）をもって東北より女真が寇するところ、農業廃す。李元亀を遣わして、農器を賜う。

一〇一九・　四　鎮溟の船兵・都部署の張渭男等、海賊八艘を獲らえ、賊の掠する所の日本の生口男女二五九人、駅令の鄭子良をして其の国に押送せしむ。
一〇一九・　七　于山国の民戸、かつて女真に虜掠せられ、来奔する者、悉くこれに帰せしむ。

教材3　日本側の史料

【史料の性格】

日本側の史料である『朝野群載』や『小右記』などには詳細な記述がある。『朝野群載』は、平安時代の詩文や文書の模範文集的なもので、そこに女真海賊の侵攻事件の概要を報告した寛仁三年（一〇一九）四月一六日の「大宰府解」が引用されている。『小右記』は藤原道長と同時代の貴族であった藤原実資の日記で、道長が「この世をば我が世とぞ思ふ」と謳ったと批判的に書かれていることで有名である。平安・鎌倉時代の貴族の日記は、貴族社会の公的な記録でもあり、実資は九州の大宰府の長官であった藤原隆家と親しく、隆家は「刀伊の入寇」に関する情報や史料を朝廷に上申するついでに京都の実資に次々に送付していた。

『大鏡』は、平安時代の歴史物語で、二人の老人が歴史を語り、若侍が口をはさむという形式で、語りの場は一〇二五年（万寿二）に設定されている。

【寛仁三年（一〇一九）四月一六日大宰府解（大宰府から朝廷への上申書）の概要】（『朝野群載』所収）

〔事件の経過説明〕

三月二八日、「刀伊」が対馬島に侵攻し、その後、壱岐島も侵攻されたこと。

四月　七日、対馬島（国）からは大宰府への解状（上申書）が到着し、壱岐からは国分寺の講師（僧）常見が脱出して、大宰府に刀伊の侵攻を報告。大宰府は船や兵を要所に派遣して警固をすすめたが、「刀伊」は志摩・早良郡から怡土《イト》郡に侵攻し、翌日には那珂郡能古島に移動。（図2参照）

同　九日、刀伊賊船が警固所に襲来して合戦となるが、「刀伊」は能古島に退却。

同一一～一三日、「刀伊」は早良郡・志摩郡に侵攻、上陸して合戦となり、武士が三〇艘で追跡。また、肥前国松浦郡にも侵攻して合戦となるが、「刀伊」は退却。救兵四〇艘を派遣。

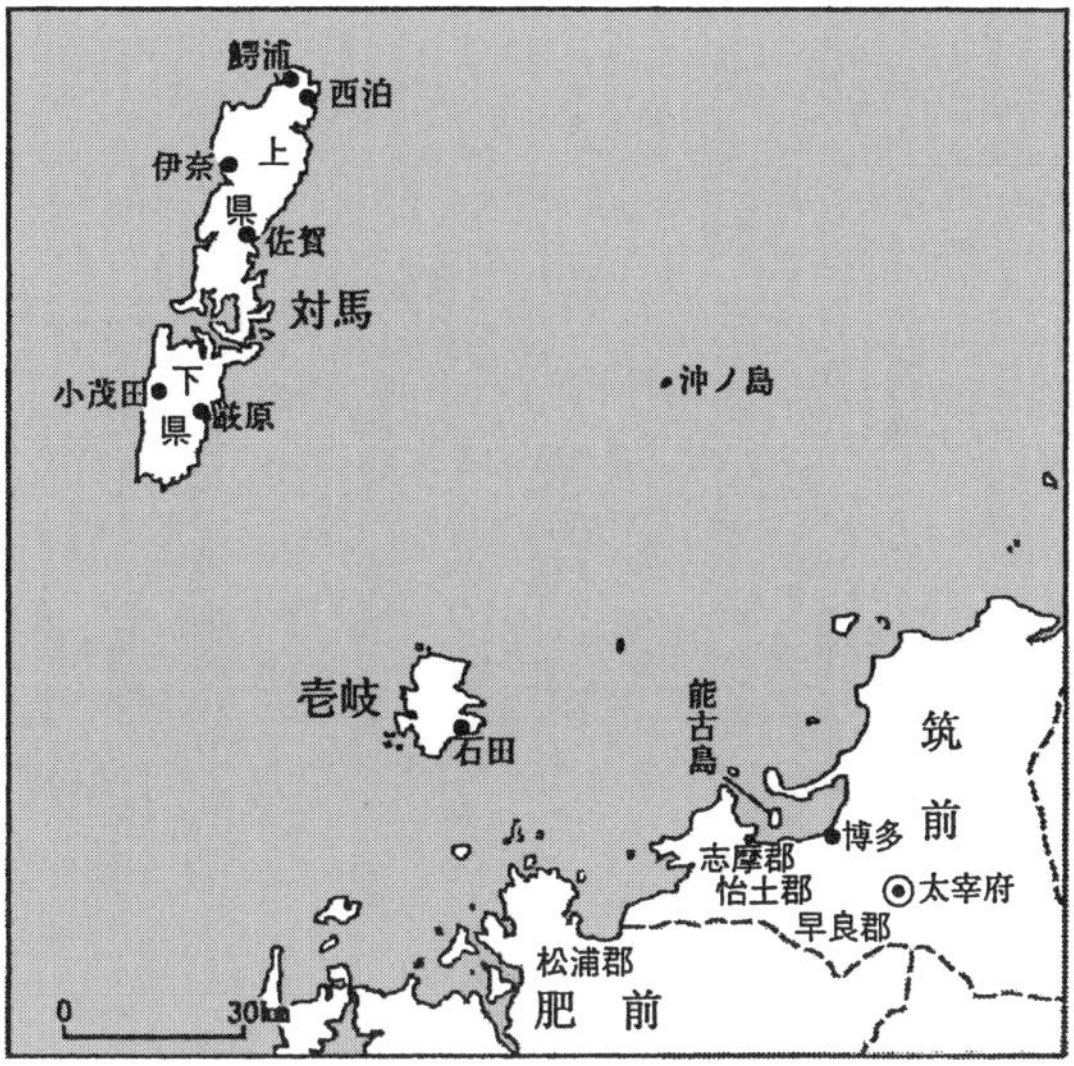

図2　女真海賊の侵攻関係図（棚橋光男『大系日本の歴史　王朝の社会』小学館、1988年、157頁より）

〔「刀伊」について報告〕

捕虜三人は、すべて高麗人で「刀伊賊を禦するために辺州に派遣され捕虜となった」ものだと証言。大宰府は、「刀伊」の真偽が定かでないため、追賊船の帰還をまって、後日報告すると説明。捕虜と武器も後日進上すると報告。

【その後の経過】（『小右記』より）

四月二七日、朝廷では「大宰府解」を受けて、

①賊徒は「刀伊人」か、高麗人か、

②対馬守（国守）遠晴を本島に帰還させるべきこと、

③国守が殺害された壱岐には別の

役人を派遣すべきこと、
④兵粮および防人の準備をすること、
などが話し合われた。
六月二九日、朝廷では、
①賊徒の追却にあった人々の勲功について、
②北九州の各地での被害状況(合計：被殺害者三五六人、被追取者一二八〇人、被害牛馬三九三匹)
の確認、
などが行われた。
八月　三日、大宰権帥藤原隆家からの書状に、七月一三日付け「大宰府解」と副進の「内蔵石女等申文」の写しが添えられていた(実資は両方の写しを日記の裏にそのまま記した)。
九月一九日、九月四日付け隆家の書状に、「高麗国の虜人送使鄭子良」が対馬に来着し、高麗国牒(国書)とともに刀伊国賊の被虜者二七〇余人のうち一〇〇余人を送ってきたとある。

【史料1　同年七月一三日付けの「大宰府解」の内容】(『小右記』同年八月三日の裏書)

大宰府から朝廷に申し上げます。その内容は、対馬島(国)役人の長岑諸近が高麗国に越し渡り、「刀伊」賊徒のために捕虜とされていた一〇人の女性を随身して帰国してきたことについてです。一〇人の女性うち二人は筑前国志摩郡の安楽寺所領板持庄の庄民であり、二人とも大宰府に向かわせましたが、うち一人は船中で病となり大宰府には参上できませんでした。また、八人は対馬島の島民でしたが、うち二人は到来の途中で病となり死去、五人もまた病のため参府できず対馬島に留まり、一人が大宰府に参りました。結局、大宰府に参府できた女性は二人であり、二人の女性の証言（内蔵石女等申文）も進上いたします。

まず、対馬島（国）からの報告書によれば、六月一五日に対馬島から逃亡した長岑諸近が七月七日に帰島したので、その理由を聴取したということです。聴取の内容は、「刀伊」の賊が対馬島に襲来すると諸近は母や妻子等とともに「刀伊」賊徒の捕虜とされ、船に乗せられ北九州に至ったが、賊徒が北九州から引き上げるとき、賊船が対馬島に寄ったので一人だけ脱出して対馬島に留まることができた。しかし、母や妻子が心配になり、諸近は「渡海の制禁」をおかして小船で高麗国に向かい、「刀伊」の境まで行こうとしたが、途中、高麗国で通事（通訳）の仁礼に出会い、仁礼から次のような話を聞いた。

刀伊の賊徒は先日高麗国に到来して、人を殺し物を奪ったので、戦おうとしたら、逃げて日本国に赴いた。そこで兵船をととのえて待っていると、ほどなく帰ってきて（日本から引き揚げて）、再び高麗国の海辺を襲った。そこで五か所に準備した船千余艘で賊徒を襲撃し、滅ぼした。その中に多くの日本国の捕虜がいたので、その五か所で保護した。そのうち三か所から集められた日本人捕虜が三〇〇余人で、残る二か所の日本人も集まったら、船に乗せ日本国に送還するとすでに高麗王朝が決定している。このことを対馬島に帰り報告するように、

と。

そこで諸近は、「刀伊」賊徒の捕虜のなかの日本人に会い、老母の安否を聞いたら、日本人捕虜からは「賊徒は高麗の地に到着するまでに、強壮の高麗人を捕虜として、病人や弱者は皆海に入れられてしまった。あなたの母や妻・妹等も皆死にました」とのことで、伯母一人にだけ会うことができた。諸近はやむなく日本に帰

ろうと考えたが、「渡海の制禁」による処罰を恐れ、高麗国の書牒（国書）を得たとしてもしっかりとした証拠がなければ信用されないと考えて、高麗国に保護されていた日本人を証人として預かっていきたいと願い出たら、高麗国は保護していた捕虜のうち一〇人を随行させてくれたと申しひらきをしております。また、母の死亡がわかった今となっては、朝廷の裁定にしたがって罪過を受けます、というものでした。そこで諸近を、捕虜の女性と対馬島（国）の役人とともに大宰府に派遣いたします。

これを受けて大宰府としては、

①異国の賊徒が「刀伊」なのか「高麗」なのか、疑問であったが、「刀伊」が撃たれたことで、高麗の所為でないとことが分かりました。

②ただし、「新羅」はもと敵国であり、国号が高麗に変わったとはいえ、なお野心が残っているかもしれません。たとえ捕虜を送ってきたとしても、悦んではいられれず、もしかして勝ちいくさの勢いをかって、偽って通好の使者を送ったものかもしれません。

③長岑諸近が「渡海の制禁」を破り、書牒（国書）無くして帰国したことは許されることではなく、今後の見せしめのためにも諸近を拘禁しておき、高麗国使からの連絡を待つべきでしょう。

④しかし、高麗国使がほんとうに来るかどうかはわからず、時が過ぎてしまうかもしれませんし、諸近のような下民の証言は信じがたいこともありますが、対外関係について沈黙してしまうことはよいことではありません。

と申し上げます。

寛仁三年七月十三日

【史料2　副進の「内蔵石女等申文」の内容】（『小右記』同年八月三日の裏書）

内蔵石女等が申し上げることは、

　刀伊の賊徒にとらえられ、高麗国に向かうまでの海路での出来事や、日本に帰国するまでのことなどです。

①さて、石女は安楽寺所領の筑前国志麻（摩）郡板持庄の住人で、阿古見は対馬島の住人でした。私たちはとらえられ、各おの刀伊の賊船に乗せられました。その後も、賊船は各所で合戦し、私たちが捕虜とされた船では、賊徒五人が矢にあたりました。そして、対馬島に着いたときには皆死んでいました。他の賊船でも、次つぎと傷つき死んでいきました。

　高麗国沿岸に着くと、刀伊の賊徒は毎日未明になると上陸して、海辺や島々の家宅を襲い、物や人を奪い取りました。昼には島々に隠れ、体の強い捕虜を選びとり、老人や衰弱した捕虜は打ち殺しました。日本人の捕虜で病気の者はみな海に投げ入れられました。夜になると刀伊の賊徒たちは、船を漕ぎ急ぎ去っていきました。

　こうして二〇日ほどたった五月中旬のころに、高麗国の兵船数百艘が襲来して賊徒を撃ちました。賊徒も全力をあげて合戦しましたが、高麗軍の攻勢を前にして刃向かうことはできませんでした。高麗国の船体は高大で、たくさんの武器を備えており、賊船をひっくりかえし、賊徒を殺しました。賊徒は高麗軍の攻勢にたえられず、船中の捕虜を殺害したり、海に投げ入れたりしました。石女等も同じように海に投げ入れられ、波間をただよっていました。そのため、その後の合戦の様子はよく見ておりません。ほどなく高麗船にたすけられ、ねぎらいをうけて蘇生することができました。

②ただし、救われて乗せられた船の内部を見ると、広大で刀伊の賊船とは異なり、二重に造り、上に櫓を立

て、（中略）また他の船も長大で同じものでした。

③合戦が終わったあと、石女等といっしょに救出された三〇人余りは、各おの駅馬を与えられ、高麗国南部の都、金海府に至るまでの一五日の間、駅毎に銀の器でもてなされました。そのねぎらいはたいへんに豊かなものでした。高麗国の役人の仰せでは、あついもてなしはあなた方をねぎらうためだけではなく、ただ日本を尊重させていただくためである、とのことでした。金海府に着くと、まず白布が与えられて、各おのの衣裳とされ、さらにおいしい食事が石女等に与えられました。こうして六月の三〇日の間、金海府で安らかにすごすことができました。

④そうしていたところ、対馬島（国）の役人であった長岑諸近が、刀伊の賊徒に捕らえられ連れ去られた母・妻・子等を探すために、高麗国に密かに入国してきたのでした。母子の死亡を聞き、日本に帰国することにした諸近は、秘密裏の出国をとがめられることをおそれて、捕虜の救出のために出国したことにしようと、捕虜の女性一〇人とともに帰国することを高麗国に願い、許されたのでした。

⑤石女・阿古見を含む一〇人が諸近とともに、帰国するその日には、高麗国の朝廷から帰国に際しての食料として一人につき、白米三斗と干魚三〇枚、さらに酒が与えられたのでした。ただし、金海府に集められている日本人と、三か所に保護されている日本人捕虜三〇〇人余りは軍船に乗せ、のこる二か所に保護されている日本人が集められてから、日本に使者をつかわせ帰国させる、と日本の政府に伝えてほしいとのことでした。

以上が、捕虜として連れ去られてから、帰国するまでの出来事でございます。

寛仁三年七月十三日

多治比阿古見

内　蔵　石　女

【高麗国使への朝廷の対応】（『小右記』などより）

藤原道長から指示：対馬国に命じて、絹・米を給して帰らせよ。また、以前に新羅国が貢調した時の給物の例に従うように。

貴族Aの主張：高麗国使（鄭子良）を大宰府に呼んで、休ませ厚遇するとともに、疑問の点について問うこと。また、賊徒を大宰府解は「刀伊国」としていたが、高麗国牒には「女真国」とあり、このことについて大宰府に至急問うこと。

貴族Bの主張：高麗国使は早く帰国させるべき。ただし、二〇〇余人の送付を高麗国の謀略と推定することは根拠がない。

大宰府による高麗国使への聴取：高麗の使者三〇人が対馬島から筑前国に向かって乗船したが、漂没してしまい二艘しか到着しなかったとあるのみ。

最終的な対応：一〇二〇年四月、関白藤原頼通・入道藤原道長などの朝廷は、高麗国使鄭子良に返牒（返答の国書）と「禄物」*を与えて帰国させた。

『大鏡』の記述：「刀夷（伊）国のもの、にはかにこの国をうちと（討ち取）らんとやおもひけん」、「壱岐・対馬の国の人をいとおほ（多）く刀夷国にと（取）りていきたりければ、新羅（高麗のこと）のみかど（朝廷）いくさをおこし給て、みなうちかへしたまてけり。さてつかひ（使い）をつけて、たしかにこの嶋（壱岐・対馬）にをく（送）り給へければ、かの国のつかいひには、大弐（藤原隆家）、金三百両とらせてかへさせ給ける」とある。

＊「禄物」とは、『大鏡』では大宰府の藤原隆家が高麗の使者に渡した「金三百両」のこととなる。砂金三〇〇両は

約一二キログラムであり、現在の六〇〇〇～三〇〇〇万円くらいか。

2　発問―あなたはどう思いますか？

a　日本の大宰府や朝廷でははじめ「刀伊」を高麗人ではないかと疑ったようです。どうして疑ったのでしょうか。

b　その疑いはどのようにしてはれましたか。

c　『高麗史』、『小右記』、「大宰府解」、「内蔵石女等申文」、『大鏡』の記述はすべて信じてよいでしょうか。それぞれについて、どのような限界や問題点があるか説明しなさい。

d　「内蔵石女等申文」は、大宰府の役人が石女等から聞き出した内容を記したものと考えられます。石女等はどのようなことを証言していますか。またその証言にはどの程度、石女等の本心が書かれていると考えられますか。

3　課題―三人のクラスメートといっしょにグループで作業します。

a　一〇一九年（寛仁三）に女真海賊の捕虜となった石女や阿古見は、この事件を契機として、日本と高麗の関係はどうなったらよいと考えたでしょうか。それは、どんな証言からいえますか。

b　また、高麗政府の役人、対馬島（国）の役人、大宰府の役人、そして藤原道長や摂関政府の役人は、日本と高麗の関係についてどう考えていたでしょうか。

c　この事件は日本と高麗にどのような影響を与えたとあなたは考えますか。国の意識と民の意識のズレに注目しつつ、記述してみましょう。

d　あなたがたの記述にはどのような限界がありますか。また、その限界をより少なくするために、どのようなことができますか。

三　「民の意識」と「国の意識」―以前の実践から

二〇〇三年に千葉県立千葉高等学校で実践した内容と、その年の二学期末考査での論述問題の解答を分析してみたい。

この時の授業で主要教材としたのは、女真海賊に捕虜とされながらも、高麗の海軍に救出され日本に送還された二名の女性の証言であった。高麗軍が女真海賊を攻めるなか、海賊によって海に投げ込まれ漂っていたところを高麗軍に救出され、手厚いねぎらいを受け、いち早く帰国できた女性の証言と、のこりの三〇〇名余の救出された日本人捕虜が高麗国の使者によって送り届けられても、金三〇〇両を与えることで、高麗国が望んだ国交の樹立には応じなかった藤原道長・頼通政権の対応を比較する。そうすることで、日本と高麗の関係を民衆のレベルと国家のレベルから考えさせようとしたものである。

論述問題は、

次の史料（前掲史料2）は、一〇一九年（寛仁三）の女真海賊の侵略に際して捕虜とされながらも、高麗軍によって保護され、日本に帰ることができた二人の女性、内蔵石女と丹治比阿古見の証言である。この証言からわかる石女・阿古見らの民の意識と、高麗からの日本人の送還にたいする日本の王朝国家（＝摂関政府）の対応や意識の違いについてあなたの考えを、一〇行以内で論述しなさい。

というものであった。

あるクラスの解答を見てみよう。

SM：保護した捕虜への高麗人の態度は礼をつくしたものであり、石女・阿古見らの報告にはこのような扱いに対する感謝の念が感じられます。一方、日本では高麗人の捕虜は海賊ではないかと疑いをもって接し、更には捕虜の返還とともに外交を求めてきた高麗に、金を渡して終わりにしてしまいました。日本は終始、対外関係に消極的であり、古代からの先例を重んじる保守的な様で、そこには（ママ）一元的な見方のエスノセントリズムに根ざしています。一方高麗は、自国だけを重んじず、他国にも敬意を払い、誠意ある行動を取っています。このような多元的な世界観は、日本には理解のおよばないものでした。

OC：石女等の報告によると、日本人捕虜は保護された際に、高麗軍や高麗人から最上級の扱いをうけていた。「日本を尊重するため」に。これについて捕虜たちは深い感謝の意を示している。この友好的な「民の意識」に対し、日本は謝礼金を支払うという形式的な感謝をしたのみで、国交樹立には応じなかった。多元的な世界観をもちあわせていた高麗に対し、日本は一元的華夷思想にもとづいて行動していた。日本は積極的に外交政策を行うことができなかった。日本の「国の意識」は「民の意識」そして「高麗国の意識」とは異なったものであったということが言える。

この二名の解答は、私の授業の趣旨をみごとに汲んだものであり、石女らの感謝の気持ちから高麗への友好的な民の意識を確認する一方で、高麗の使者にたいして砂金を渡したことで、国交樹立には応じなかった摂関政府の閉鎖的な外交姿勢を見るものである。これにたいして、TA（以下、本文に引用していない解答は、章末に分類して収録）は、「高麗は日本との国交を結びたいが為に、元捕虜である人々を手厚く扱った訳だが、それは民間からすれば非常に有難いことであ」ったが、「日本の国家にとっては、大事ではなかったのではないだろうか」、「国家間の関係にとって、人々の意見・感謝の意などは、特に組み入れるべきことではないのであるから、その恩は、国家間のものとして、機械的に扱われてしまったのだろうと私は思う」と、客観的に読み解いてみせる。他方、ＮＫは、「捕虜にされた人々は、国家の概念を越えて純粋に、自分たちを救出した高麗に対して感謝の念を抱いている」という。

ＨＹは、石女らの感謝の意を確認したうえで、「高麗国もまた、役人の話からわかるように人道的な意志に基づいて日本人を保護したのではなく外交手段の一環であったようだ。ここには国家の枠にとらわれることなく流動的な民衆と、それらとは完全に分離した国との意識の二層分化がうかがえる」としている。ＮＨは、高麗の意図を『小右記』の中の高麗の役人の「ひとえに汝らを労うのではなく、ただ日本を尊重するためである」という言葉が高麗の意図を明確に示している。高麗は日本との交易を結びたかったのである。高麗の日本に対する思いを、石女らに託したのである」としている。高麗の意図と救出され保護された石女らの意識の関係をどう見るかはなかなか難しい問題である。

ＳＳ：石女・阿古見らの民の意識としては、高麗軍に助けられ、介抱されて生き返ることができた、といって、また最上級のもてなしをうけるなど、その扱いはすごく、日本を尊重するためといっている高麗軍に対して、国単位の意識をもっていることに対して、尊敬する意識があると思う。それに対して日本の王朝国家は積極的な外交政策がとれず、対外関係を大宰府に任せてしまうなど、国家単位の意識が足りないと思う。これでは日本の王朝国家の滅亡を早めてしまうことにもなりかねないし、国家争いもはげしいものになってしまう。

ＳＳは、この事件から石女らは高麗の「国単位の意識」を尊敬する意識があると見たうえで、日本の王朝国家（摂関政府）には「国家単位の意識が足りない」としている。また、ＫＫは「石女・阿古見らは日本人であるから刀伊の賊徒にとらえられ、捕虜としてつれさられてしまったことを自覚し、また高麗軍がおぼれていた石女・阿古見らを助けたのも、やはり日本人であったからだということを理解し、日本人としての民の意識が芽生えていただろうと思う」としている。ＫＫは、この事件で石女らに「日本人」としての意識が芽生えたというのである。

私の出題意図は、民の意識と国の意識の違いを具体的に考えさせることにあったが、生徒の解答からは、国と民という二面的な視点のみではなく、「帰国できた女性の思い」「高麗政府（役人）の考え」「聞き取りをした大宰府の役人の考え」「摂関政府の対応（考え）」など多面的な視点から、この事件について考えさせるとよかったことがわかる。また、ＳＭやＯＣの解答が典型的だが、生徒の多くの解答には、授業内容がそのまま反映してしまっており、生徒が主体的に「歴史」を組み立てていく、構築していくことは不十分なままであった。そこで、新たな授業のプランとして提示したものが、第二節の「授業の展開」例である。

おわりに

第二節のような授業が可能だとすると、その全体像は最早「国民の物語」としての「日本史（国史）」ではなく、「日本史」を超えることになろう。高校の歴史授業において国家を扱う場合、近現代では国民国家論を前提として近代国家の成立とその性格について考えさせること、前近代では、国の立場と民の考えの違いや、東アジアにおける国際関係としての華夷秩序を学ぶとともに、つねに中国を中心に東（北）アジア史を見るのではなく、北方世界の独自性に目を向けつつ、東北アジア史を考える必要があろう。そうすることで、多文化教育的観点から、「生徒が文化的、国民的、グローバルなアイデンティティの間に、微妙なバランスをうまくとれるように生徒を助けること」〔バンクス二〇〇六年〕ができるのである。

付記　第三節で引用した期末考査での「解答」は、大まかに分類する次のようになる。引用した以外で主なものを掲げる（全文引用済みのものはイニシャルのみ記載）。

【A型】二六名：民は高麗に感謝。国は高麗を「蕃国」扱い、あるいは閉鎖的外交。高麗は善意にもとづくとともに外交的な目的も。

SM：（本文参照）

OC：（本文参照）

TA：高麗は日本との国交を結びたいが為に、元捕虜である人々を手厚く扱った訳だが、それは民間からすれば非常に有難いことであり、この史料の後半からも分かる通り、高麗に対しとても感謝しており、好意を持っているのだろうと思われる。しかしそれも日本の国家にとっては、大事ではなかったのではないだろうか。高麗の望むところの国交樹立を、政策の一種としてこの捕虜奪還《ママ》を受けとめることにより、拒否することがまず大切だったのだろう。国家間の関係にとって、人々の意見・感謝の意などは、特に組み入れるべきことではないのであるから、その恩は、国家間のものとして、機械的に扱われてしまったのだろうと私は思う。

NK：捕虜にされた人々は、国家の概念を越えて純粋に、自分たちを救出した高麗に対して感謝の念を抱いている。（以下略）

【B型】六名：民の感謝は疑問。国も同上。高麗は政治的・外交的意図による。

HY：石女や阿古見らは自分たちを保護し最上の待遇を以って母国まで送還してくれた高麗国および高麗国の人々に感謝の

意を持っているが、送還された日本人を受け取る日本の国家としての対応は謝礼金の形であり、これを機に国交を開くことはなかった。高麗国もまた、役人の話からわかるように人道的な意志に基づいて日本人を保護したのではなく外交手段の一環であったようだ。ここには国家の枠にとらわれることなく流動的な民衆と、それらとは完全に分離した国との意識の二層分化がうかがえる。そしてこれは普遍的なものであり、今日でも下層の民衆の意識に重心を移すことで打開できる国際問題は多々あるのではないだろうか。

NH：『小右記』の中の高麗の役人の「ひとえに汝らをねぎらうのではなく、ただ日本を尊重するためである」という言葉が高麗の意図を明確に示している。高麗は日本との交易を結びたかったのである。高麗の日本に対する思いを、石女らに託したのである。しかし当時日本の権力を握っていた藤原氏は高麗との交易をしたくなかった。そのため高麗に人質返還のためのお礼として、多額のお金を払うにとどまり、交易を許可しなかったのである。もし高麗との交易をその時認めていたら、どうなったであろう。高麗に侵略されていたかもしれない。なんにしろ高麗勢力に対する危機感は武士の台頭を速めることは間《ママ》違いないと思われる。

【C型】六名：民には「国民意識」が。国には「国家意識」＝国家の役割が希薄。

SS：（本文参照）

KK：石女・阿古見らは日本人であるから刀伊の賊徒にとらえられ、捕虜としてつれさられてしまったことを自覚し、また高麗軍がおぼれていた石女・阿古見らを助けたのも、やはり日本人であったからだということを理解し、日本人としての民の意識が芽生えていただろうと思う。（以下略）

【その他】七名

SA：高麗軍は、賊徒の捕虜となった石女・阿古見達を、ただの「民」としてではなく、日本という「国」として扱った。

したがって日本を尊重する高麗は、二人を手厚くもてなし、日本へ送り、みやげまでもたせた。このような高麗の対応に対し、日本は、二人を日本の「国」としてではなく「民」ととらえ、高麗のもてなしも日本の国へではなく、個人の民へ対するものとしてとらえた。だから日本は、国として高麗に感謝したのではなく、「私の国の民がお世話になりました」という程度の対応をしたのであろう。ここに高麗と日本の「国」の意識と「民」の意識の違いがうかがえる。日本はあまり知的な国ではなかったといえよう。

【他のクラス】

OM：この証言には、高麗によって保護された石女・阿古見らが高麗からどんなに手厚い施与をうけたのかが詳しく説明されており、彼らが高麗国に深い感謝の気持ちを抱いていることがよく分かる。一方で日本の王朝国家は、高麗に対して謝礼の品は与えたものの、国交樹立に至ろうとはしなかった。日本国家は、あくまで華夷思想に基づいて高麗をも一番国として扱おうとしており、大陸での複雑な国際情勢の中で、隣国との関係に独自の思想をもっている高麗が日本国家との関係も重視して日本との友好な国交樹立を望んだことに対応しようとはしなかった。ここには、高麗の温かい保護に感謝して、高麗国に対して敬意を抱く民との意識の違いが感じられる。

KN：証言からわかる通り、石女・阿古見らの民の意識は、高麗国に助けてもらった恩義から、高麗に非常に感謝していた。高麗は、このような民の意識を利用し、日本の王朝国家に対しても恩義を感じさせることによって、日本と国交を結ぼうとしていた。しかし、それに対して日本の王朝国家側の対応は軽く、金などの礼をするだけにとどまってしまった。これには、当時の中国周辺の状況が深く関わっていた。というのは、当時中国は政治不安定で、八九四年には日本側が遣唐使を廃止している。このことから見て日本の王朝国家は中国の不安定な状況に巻き込まれないように、大陸との関わりを断ったのだ。これが意識の差である。

ＹＭ：筑前国の住人である石女と対馬島の住人である阿古見が、普通の女性であったにもかかわらず、このようなしっかりした対応ができたのは、おそらく、当時の九州地方において、対中国・朝鮮貿易が盛んであったからであろう。日頃から異国の商人達と交流を持っていた彼らは、同時に異国の脅威にもさらされていた。その経験を通して自然と外交感覚が養われていたと考えられる。しかし、京の都にいる政府の役人達は異国の襲来になれておらず、パニックにおちいり、有効な対策もたてられず、きちんと対応もできなかった。このことは、大陸の窓であった九州の民の外国に対する先見的意識と外国との関わりになれていない中央政府の閉鎖的意識を示している。

参考文献

有川宜博「刀伊の入寇」（朝日新聞福岡総局編『はかた学3　海が語る古代交流』葦書房、一九八九年）
片倉　穣『日本人のアジア観』（明石書店、一九九八年）
佐藤宗諄「「刀伊の入寇」と平安貴族」（『奈良女子大学文学部　研究年報』四一号、一九九七年）
J・A・バンクス／平沢安政訳『入門　多文化教育』（明石書店、一九九九年）
J・A・バンクス他著／平沢安政訳『民主主義と多文化教育』（明石書店、二〇〇六年）
鈴木哲雄「歴史教育再構成の課題」（『歴史評論』六七九号、二〇〇六年。本書第三章）
――――「高麗軍に救出された女性の証言」（『歴史地理教育』六九三号、二〇〇五年。本書補論2）
――――「内蔵石女等申文・考」（『史海』五〇号、二〇〇三年）
棚橋光男『大系日本の歴史4　王朝の社会』（小学館、一九八八年）
土田直鎮『日本の歴史5　王朝の貴族』（中央公論社、一九六五年）

村井章介「一〇一九年の女真海賊と高麗・日本」(『朝鮮文化研究』三号、一九九六年)
歴史教育研究会(日本)・歴史教科書研究会(韓国)編『日韓歴史共通教材　日韓交流の歴史』(明石書店、二〇〇七年)

※第二節の2の発問と3の課題は、J・Aバンクス『入門　多文化教育』の第五章「多文化的価値観を育てる授業」のなかの「コロンブス—授業の実際(1)」での発問と課題に学んだものである。

補論２　高麗軍に救出された女性の証言

１　東（北）アジア史の研究視角

最近の東アジア史あるいは東北アジア史という研究視角は、東シナ海や日本海あるいはオホーツク海などの海域世界の具体像を明らかにしており、「日本史」という枠組みが少なくとも日本列島史的な視点を確保せずには、成立しえないことを教えてくれている。

すでに多くの高校日本史の教科書には、こうした視点での記述がなされているし、中学校社会の歴史的分野の教科書にも取り入れられつつある。なかでも帝国書院の『中学生の歴史　初訂版』（二〇〇六年度以降使用の見本本）は、旧版をさらにバージョンアップしたものとなっている。たとえば、弥生時代のところには、「日本列島の多様な古代」という小見出しのもとに、北海道・南西諸島の歩みの年表や「貝とヒスイが結ぶ日本列島」という小コラム、それを示す図などとともに記述されている（教材化されているといってもいい）。こうした日本列島史的な視点は、現代のアイヌ文化振興法に至るまで貫かれているのである。

また周知のように、社会科教育や歴史教育の分野からは、異文化理解・国際理解教育や多文化教育、グローバル教育といった方法の重要性が早くから論じられ、実践が積み重ねられてきたのであった。こうした歴史研究や社会科教育・歴史教育における新たな動向は、学習指導要領にも一定度反映されており、小中高の歴史教科書は、一部を除いて系統的・通史的な教科書からテーマ学習的・比較史的な教科書へと脱皮しつつある。

こうした新たな状況のなかで求められているのは、児童生徒が「日本史(自国史)」を超えた歴史認識を具体的に深めることができる教材である。補論2ではこうした観点から、平安時代後期のひとつの史料を提示し、その史料の教材化の可能性について考えたいと思う。なお、提示する史料は、日韓歴史教科書シンポジウムでの歴史共通教材のひとつとして、議論を積み重ねたものである。

2　女真海賊の侵攻

その史料とは、高校の日本史Bの教科書のほとんどに載る、一〇一九年の「刀伊の入寇」(「女真海賊の侵攻」と呼ぶべき)にかかわるものである。「刀伊」とは、朝鮮半島の北の沿海州地方で、一〇世紀頃から勢力を拡大しつつあった女真族のことであり、女真族の一部は一〇世紀末からしきりに高麗国の東海岸に侵入し、海賊行為を行っていた。なかでも、一〇一九年四月の侵攻は大規模なものであった。女真海賊は高麗国に侵攻後、約五〇隻の船で対馬から九州北部へと侵入し、一二八〇人あまりの日本の住人と牛などの物資を奪い去っていった。

この時、都で実権をにぎっていたのは藤原道長・頼通父子であり、時代は摂関政治の全盛期であった。しかし、摂関政府は女真海賊の侵攻にたいして有効な対応策がとれず、九州の大宰権帥藤原隆家が北九州の武士を率いてやっと撃退したのであった。摂関政府は、侵攻してきた海賊の実態を掌握しておらず、海賊に捕虜とされていた高麗人の証言から、「刀伊」と認識したのであった。高麗では、女真族を夷狄として扱い、「刀伊」と呼んでいた。

女真海賊と戦った藤原隆家と親しい関係にあった、都の貴族藤原実資のもとには、九州の隆家からこの事件について詳細な連絡があり、実資は有名な彼の日記『小右記』にその内容を詳しく書き記したのであった。なかでも、実資は『小右記』の寛仁三年(一〇一九)八月三日条に、藤原隆家から書状がきたが、その内容は省略して、書状に書かれている「大宰府解案」（大宰府から朝廷への正式文書の写し）と「内蔵石女等申文案」とを、日記の裏に注記すると記載して、実際に日記の料紙の裏に「大宰府解案」と「内蔵石女等申文案」とを写し取ったのであった。『小右記』の自筆本は失われているが、現存する写本には「八月十日条ヨリ、八月三日条裏ニ亘リテ」この二通の文書案が書写されているのである。

ここで紹介する史料は、二通の文書案のうち後者の寛仁三年七月十三日付け内蔵石女等申文案である。以下に、私の意訳を掲げることにする。

（第八章の【史料2】参照。同じにつき略す）

3「民の意識」と「国の意識」

これらの史料を詳しく検討した村井章介は「日本史史料の醍醐味は、こんなにおもしろくてしかも信頼度の高い史料をナマのかたちで読むことができる点にある」と述べている。

一〇人の女性のうち、石女ともう一人が筑前国（福岡県）板持庄の住人、八人が対馬島（国）の住人であった。大宰府の役人は、一〇人に大宰府に出頭するよう求めたが、板持庄のもう一人女性は船中で病気になり、対馬島人のうち二人は病死、五人は病気のため対馬島に留まった。そのため、実際に大宰府に出頭できたのは二人にすぎず、それが石女と阿古見であった。

村井が指摘したように、この申文案に記された情報は石女と阿古見が語りたかったことというよりは、取り調べにあたった大宰府の役人が聞き出したかったことであった。たしかに、第八章の【史料2】の①以下の内容は、大宰府の役人からの質問に答え、石女らが捕虜とされてから救出されるまでに体験したことの証言にもとづいて記録されたと見ることができる。また、②以下には省略部分を含めて、高麗の軍船の構造や装備、そして兵士や兵器について詳しく書かれている。北九州の海に暮らした石女たちは、船の構造について相当に高い知識を有しており、その証言の詳細は省略したが相当に専門的なものであった。「刀伊」と高麗国の関係を疑った大宰府の役人たちは、高麗の軍船と刀伊の賊船との違いを執拗に問いただしたはずであり、石女たちの詳しい証言によって、「刀伊」が高麗と区別されることは明白となったのであった。

③以下からは、石女たち日本人捕虜が高麗国から最上級のねぎらいを受けたことが見てとれよう。ただし、高麗国の役人が救出した日本人捕虜をもてなす理由は、「日本を尊重」するためである、と述べたとも証言している。高麗国側の政治的な思惑を読みとることができるが、その思惑とは日本との国交の締結にあった。

④以下の内容は、自分たち一〇人が長岑諸近とともに先に帰国した事情を証言したものである。対馬島の役人であった諸近は、刀伊に連れ去られた母や妻子などの消息を訪ねて、密かに対馬から高麗国へと渡ったのであった。そして③や⑤からも、衰弱が激しかったと推測される石女たちへのもてなしの様子と、石女たちの素直な感謝の気持ちを読みとることができるのである。

のちに、高麗国側からのこりの日本人三〇〇人ほどが対馬島に送還されてきた。その際、高麗国からは、これを契機として国交を結ぶことの提案が実際にあったが、藤原道長・頼通の摂関政府はそれには応じず、金三〇〇両をお礼として渡すだけであった。その後も日本国と高麗国との正式な国交は開かれなかったが、漂流民をたがいに送りとどけることや、日本と高麗の商人による交流は深まっていった。そのため、日本の対馬や九州の博多、高麗の金海府は商人たちの貿易の中心地として栄えたのであった。この頃の東アジアには、東シナ海を中心とした東アジア交易圏が成立していたのである。

4　教材化の方向

紹介した史料は、たとえば小学校六年での「日本とつながりの深い国」として韓国を取り上げた際に利用すれば、日韓の歴史的な関係の一側面として教材化することができよう。また、中・高の歴史教材としては、「民の意識」と「国の意識」の違いについて注目するなど、多様な利用の仕方があるものと考えられる。ただし、女真族を一方的に悪者扱いしないように十分に留意する必要がある。

対立ばかりが際立つ日韓関係史のなかで、この史料は近世の通信使外交とともに、あるいはそれ以上に貴重な歴史教材ということができるのである。

参考文献

土田直鎮『日本の歴史5　王朝の貴族』(中央公論社、一九六五年)
有川宜博「刀伊の入寇」(朝日新聞福岡総局編『はかた学3　海が語る古代交流』葦書房、一九八九年)
村井章介「一〇一九年の女真海賊と高麗・日本」(『朝鮮文化研究』三号、一九九六年)
片倉　穣『日本人のアジア観』(明石書店、一九九八年)
鈴木哲雄「内蔵石女等申文・考」(『史海』五〇号、二〇〇三年)
――「変化する日本の歴史教科書」(『日本歴史学協会年報』一九号、二〇〇四年。本書第二章)

Ⅲ　多文化教育としてのアイヌ文化学習

第九章　アイヌ文化学習の課題――北海道内での現状

はじめに

千歳市立末広小学校にはじめて訪問したのは、たしか二〇〇五年九月のことである。北海道教育大学の教員となったのが前年の四月であり、まだ北海道に来て一年半も経たない頃であった。北海道のことなど何も知らない私が、アイヌ文化学習について学ぼうと考えるようになったきっかけは、千歳アイヌ文化伝承保存会長の中本ムツ子さん（故人）の講演であった。

中本さんの講演というのは、北海道教育大学札幌校の一年生向けのもので、正式には、二〇〇四年度前期の「教職ガイダンス」における八つほどの講演のひとつであった。四月に着任したばかりで、教職ガイダンスの趣旨もよく理解しないまま、一年生のあるクラスの副担任として、六月に行われた中本さんの講演を聴いたのである。中本さんのお話はじつに感銘深いもので、語りの手法としても素晴らしいものであった。それはどのような内容であったのか。学生のレポートの一部を紹介することで、中本さんの講演内容を確認しておきたい。

一　中本ムツ子さんの講演―学生のレポートから

私はこのレポートでは、中本（ムツ子）さんの講義について書きたいと思う。北海道で教員をする上でアイヌ文化やアイヌ民族への差別について学ぶことは避けて通れないことだと思うからだ。

中本さんの話は、子供時代にあらゆる場面で差別を受けてきたという話から始まった。特に友人や周りの人だけではなく、聖職者とまで言われていた学校の先生までもがアイヌだということに対して差別視していたことには驚いた。確かにこの話はその先生だけの問題ではなく、当時の日本の社会全体の問題点だったと言える。しかし、仮にも教育者たるべき存在である教師が差別していたということには、やはり憤りを覚えた。（中略）

中本さんの話は差別の話だけではなく、アイヌ民族だけが持つ独特な文化についての話でもあった。アイヌ文化に関しては、小学校の頃などに学校や校外学習などで少しだけ触れる機会があった。綺麗な織物で作られた服や、手で掘った木船などを見たり、熊祭りの話を聞いたりなど、少しではあるが知っていることもある。しかし、アイヌの唄を聞いたのは初めてだった。講義の中ではみんな恥ずかしがって歌わなかったりしていたが、中本さんの歌われた唄は、今まで聞いたこともないくらい繊細で美しかった。金持ちの子供と貧しい子供の昔話も聞かせていただいたが、初めて聞く話なのにどこか懐かしいような暖かい話だった。講義が終わってから、アイヌ文化はこんなに奥が深くて美しいものだということに感動した。中本さんはアイヌの唄を本当に綺麗な唄だとおっしゃっていたが、本当にその通りだと思った。そして、この唄を聞いたとき、こんなに美しい唄が歌える人たちを何故差別しなければならなかったのだろうかと感じた。それはすごく素直な感情で、おそらく子供たちもそう感じてくれるのではないかと思う。だからこそやはり、アイヌ民族やアイヌ文化に子供のうちから触れて欲しいと思うのだ。

最後に、自分が将来教職に就くということを考えたとき、教師は子供たちに対して、素直な感情を持ち、それを表現できるような環境で育ててあげなければならない、と思った。そのことは自分のことや他人のことを認めることの第一歩だと思うからだ。自分が感じたことや、考えたことをみんなが素直に交換しあえば、みんなが自分とは違うことを考えているということを実感し、人はそれぞれ違うもので、違っていることは決して悪いことではないということを認識できるとも思う。そして、そのように自由な感受性を持つことは、あの美しいアイヌの唄や、様々な民族の持つ様々な文化に対して、素直に受け入れることができるようになるために最も重要な要素だと思う。この中本さんの講義は、教師が子供にしなければならない大切なことのヒントになってくれたと思う。もし自分が実際に教師になれたとしたら、このとき考えたことを大切にして頑張りたいと思う。

（二〇〇四年度一年生Aさん）

Aさんのレポートは、中本さんの講演内容を要領よくまとめており、Aさんが「教師が子どもにしなければならない大切なことのヒントになってくれた」と強く受けとめたように、北海道（もちろん「北海道」に限定されない意味をもっているが）における教育において不可欠なものを含むものであった。中本さんの素晴らしい語りとAさんのような優れたレポートに出会ったことが、私がアイヌ文化学習について学ぼうと考えた直接的な契機となったのである。

翌年、学内の学術研究推進経費によるプロジェクト「多文化教育的視点にもとづくアイヌ文化の教材化に関する基礎的研究」（代表者：鈴木哲雄）が採択され、その研究の一環として、九月にはじめて末広小学校を訪問したのであった。

それ以来、末広小学校におけるアイヌ文化学習の授業観察を続けている。(1)

さて北海道において、アイヌ文化学習はどの程度実践されているのであろうか。教員養成系大学の社会科教育担当の教員として関東から北海道に来たばかりの私も、当初から知りたいことのひとつであった。また、北海道以外の方々も同じような思いを持っているであろう。まずは、私がこれまで調べることができた範囲でその点についてふれていきたい。

二　取り組みの地域的な偏差

着任した年の八月に、私は北海道教育庁からの委嘱で「教育職員免許法認定講習(一種免許状取得「小学校」教員課程)」の「社会科教育法」を担当することになった。小学校の先生方にどんな講習をすればよいのかわからないまま、二日間にわたって講師をつとめたのであった。私にできることは、地域学習や地域調査の方法ぐらいしかないので、「地域の地名を考える」「篠路(しのろ)周辺を歩く」「イシカリ(石狩)をあるく」など、ゼミでの地域調査にもとづく教材案を提示し、地域学習について考えてもらうことにした。もちろん、北海道で地域学習を深めていけば、当然アイヌ民族の歴史文化にかかわるわけで、中本ムツ子さんによるCD『「アイヌ神謡集」をうたう』(2)のイントロ音楽と「アイヌ神謡集」序の朗読、そして「第1話　シマフクロウ神の謡：シロカニペ　ランラン　ピシカン」を聴いてもらい(北海道教育大学札幌校の「教職ガイダンス」での講演で、中本さんが唄ってくださったのはもちろんこの謡である)、そして冒頭のAさんなどいくつかの学生のレポートを紹介したうえで、アイヌ文化学習の意義についても講習内容のひとつとした。

全道（渡島方面を除く）から五九名ほどの小学校の先生方が参加しており、北海道に来たばかりの私が、多くの教職経験をつんだ先生方に、アイヌ文化学習についての講習ができる立場にないことをあらかじめ断ったうえで、先生方には、アイヌ文化学習についての経験や現状などについて意見交換をしてもらった。そのうえで、二日間の講義内容を前提として、「今後、地域学習をどのようにすすめようと考えますか」という質問に答える文章を書いてもらった。先生方の記述内容は大変ていねいなもので、ほとんどが、アイヌ文化学習についてふれている。そのいくつかを紹介してみたい。ここから、北海道の小学校におけるアイヌ文化学習の一端がうかがえるように思うからである。

1 「他人ごと」という感覚

最初は胆振《いぶり》管内の先生方のものである。胆振管内には、知里幸恵の生まれた登別市や「アイヌ民族博物館」のある白老町が含まれる。

A先生：前任校では、全校的に「地域文化にふれる集い」として、取り組みがありました。（アイヌ）民族博物館の方々に来ていただいて、全校で舞をおどったり、低学年では文様づくり、中学年ではくらしについて、高学年ではムックリ作りをしたりして、文化にふれてきました。／自分自身、中学年を数回受けもたせていただき、その時には、チセ作り、刺繍、食べ物など、子どもの興味関心でグループを作り、活動をすすめましたが、どの子も生き生きと学習活動をすすめることが出来ました。その子達が高学年になった時も自主的にアイヌ文化について勉強を続けてきました。（中略）／昨年度、自分が初任者研修の講師をさせていただきアイヌ文化の学習について実践したことを発表させていただいた時には、やはり民族問題や差別問題についての話が多く出されました。やはりデリケートな問題なので、取りあつかいについては、十分気をつけなければなりません。自分の場合はクラスにもアイヌのお子さんが多くいますのでやはり気をつかいましたが、子ども達の前では自然にあつかい、今はアイヌの人に限らず、人はみな共生しているということを道徳や他教科を通して勉強し、子ども達に理解させてきました。

A先生の前任校とは、たぶん白老町の小学校だと思われる。その小学校では、「低学年では文様づくり、中学年ではくらしについて、高学年ではムックリ作り」というかたちでのアイヌ文化学習が実践されており、A先生自身が初任者研修会の講師をつとめるなど指導的な立場にあったようである。第一〇章で紹介するように、白老町は教育委員会主導でアイヌ文化学習に取り組んでいるが、A先生は現任校ではそうした実践はしていないようである。

登別市のB先生は、「登別市では、郷土資料館（知里幸恵さんの資料）や民間団体（アイヌ文化～鮭の儀式など）で、アイヌ文化関係のことを目にすることが多くあります。四年生の見学学習には、白老のアイヌ（ポロト）コタンへ出かけ、ムックリづくりやアイヌ料理の体験を行っています」と書いている。B先生の学校では、四年生で白老町のポロトコタン（アイヌ民族博物館）で体験学習を行っているようである。しかし、B先生が紹介している「郷土資料館（知里幸恵さんの資料）」（「知里幸恵　銀のしずく記念館」）や民間団体（アイヌ文化～鮭の儀式など）」は利用されていないのであろうか。

また、C先生も「総合的学習と社会科を絡めながら、四年生が「アイヌ民族博物館」への見学、体験を実施しています。ただ、中学年だけがアイヌ民族について学習しているのですが、やはり「他人ごと」という感覚で活動しているように感じます。北海道に住んで生きている限り、自分たちも何らかの関わりがある、身近なことという自覚をもってすすめられるように指導していきたい」と述べている。

他方、同じ胆振管内でも、D先生は「アイヌについて子ども達に具体的に教えたことはありませんでした。今回の講義を受けて、逃げずにきちんと真実を教えなければならないと思いました。実践されている先生方の方法を参考に、文化（住居、食べ物、遊び）を教えたり、体験させたりしたいです。社会科だけでなく、総合で取り組むのもよいと思いました」と正直に書いている。

アイヌ文化学習の実践は、同じ胆振管内でも、相当に地域的な偏差があり、学校による違いがあるようである。

2　昔のアイヌの人々

次に上川管内の先生方のものを紹介する。上川管内の旭川市内の近文《ちかぶみ》は知里幸恵が成長したところであり、近くに「川村カ子ト《カネト》アイヌ記念館」がある。

E先生：旭川という土地柄もあり、私の学校でもアイヌの方に来ていただき、何度も授業を行っています。今日、どなたかも言っていましたが、課題別に「歌・おどり」「食べもの」「服（紋様）」「言葉」「遊び」「住居」などに分けてやりました。／川村カ子ト記念館にも何度も行って調べたり、歌やおどりをならい、発表の時にはアイヌの方を招いて行いました（全道研の授業でした）。／アイヌの方が「『アイヌの人々のくらしを調べよう』とよく子ども達が調べているようですが、「昔しのアイヌの人々…」というようにしてほしいです」とおっしゃっていました。／授業の最後は、子どもたちが覚えたクマの踊りをアイヌの方も入ってみんなで踊りました。／言葉で楽しかったのは、子どもたちが簡単な会話を披露し、それをクイズ形式にして発表したり、「遊び」（グループ）の子が「アイヌの人たちも早口言葉であそんでいたようです」と覚えた早口言葉を発表したり、…「服」（グループ）の子ども達が紋様を写しとって刺繍したりと、本当に楽しい学習になり、今は中三になった子ども達ですが、今も会うとその時の話をして懐かしんでいます。／今年も四年生の担任なので、楽しみです。

旭川市のE先生は、何度もアイヌ文化学習を実践しており、今年も四年生の担任なので、楽しみだと書いている。E先生の学校でも、中学年でアイヌ文化学習を実践しており、「歌・おどり」「食べもの」「服（紋様）」「言葉」「遊び」「住居」などの課題別の調べ学習や発表を行っているとのことである。また、子どもたちは「川村カ子ト記念館」に何度も行って調べたりしたという。

同じ旭川市のF先生は、「前任校の旭川市立近文小学校は、「チカプミ」というアイヌ語から作られた地区であり、校区にアイヌ記念館もあり、児童にもアイヌ民族のお子さんがいました。地名からアイヌの文化について学習し、記念館でアイヌの方に話もしていただきました」と書いたうえで、「しかし、今年度異動した学校では、同じ市内でありながら、アイヌ文化の学習はごくわずかしかありません。地域性もあるとは思うのですが、「カムイコタン」から始まる旭川ですので、もっと教師もともにアイヌ文化を知る必要があると思います」と述べている。旭川市内においても、地域あるいは学校ごとの偏差が大きいのである。

有名な二風谷《にぶたに》のある日高管内はどうか。平取町二風谷には、「平取町立二風谷アイヌ文化博物館」や「萱野茂二風谷アイヌ資料館」がある。

G先生は「アイヌ文化に限りますと、上にも書きました（引用者注：地域学習には教科書が役立たない）が難しいです。町で作った副読本の三年生のところで、地域の歴史ということで、日高のアイヌの歴史が取り上げられていて、それを使って学習しました。今、私の学級は、二〇人の四年生ですが、一人だけアイヌの子がいます。その子は自分がアイヌということをかくしていませんし、親もオープンなのですが、担任の私が意識してしまっています（一人だけということに）。アイヌ文化の学習を避けようとは思いませんが、副読本以上のことを取り上げようとは考えていません」と書いている。「担任の私が意識してしまって」というところに、先生方の躊躇があり、実際の難しさがあるようである。これについては第三節でふれたい。また、平取町立二風谷小学校での実践については第一二章で紹介する。

3 アイヌ民族博物館での体験学習

石狩管内の先生方のものを見てみよう。石狩管内の真ん中に北海道での一極集中がすすむ札幌市がある。札幌市南区には「札幌市アイヌ文化交流センター・サッポロピリカコタン」（「ピリカコタン」は、アイヌ語で「美しい村」の意）があり、厚別区には道内の博物館の中心的役割をもつ「北海道開拓記念館」（現・北海道博物館）がある。また、「北海道開拓記念館」の近くには「北海道立埋蔵文化財センター」（江別市）もある。

H先生は「今回、地域学習は六年生の歴史学習でも取り組めるとわかったので、学校のそばにある「埋蔵文化財センター」や「開拓記念館」を活用して、北海道の歴史と教科書で習う本州の歴史の比較をしてみたいです。（中略）アイヌの人と和人の対立のみを取り上げるのではなく、アイヌ民族の自然に対する考え方や文化などを伝えるようにしています。今年度、修学旅行のコースにポロトコタン（アイヌ民族資料館）を入れ、ムックリ作成をしたり、博物館見学をしたりしてきたが、できるだけ実物などに接し、北海道の歴史を考える機会をつくっていきたいと考えます」と書いている。H先生の小学校でも、この年の修学旅行で白老町の「ポロトコタン（アイヌ民族博物館）」に行き、ムックリの作成や博物館見学をしてきたという。

胆振管内や石狩管内では、中学年の体験学習や六年生の修学旅行での体験活動に、白老町のアイヌ民族博物館を取り入れている小学校が多くある。冒頭にふれた石狩管内の末広小学校の場合も、修学旅行における「アイヌ民族博物館」での体験活動が、六年間のアイヌ文化学習のまとめに位置づけられている。

また、H先生は自分の実践として「アイヌ民族の自然に対する考え方や文化などを伝えるようにしている」という。

また、I先生は「札幌にいると(アイヌ資料館は南区の方にオープンしましたが)、アイヌ民族について、それだけ深く取り上げるには、なかなか子供にとっても身近な学習とはいかないため、先住民という形で他の少数民族の話(引用者注：北方民族なども含め)と共に理解していく形がよいのではと思いました」と書いている。第一〇章で述べるように、札幌市教育委員会による長年の取り組みにもかかわらず、札幌市内では少数の積極的な教員による実践はあっても、多くの小学校がアイヌ文化学習に積極的に取り組んでいるという様子はうかがえない。

もちろんこれらは、私が接触しえた道内のごく一部の先生方のものにすぎないが、アイヌ文化学習の実践状況には地域的あるいは学校間での偏差がたいへんい大きいのである。また、実践報告などが公表されている授業が、広く継承・発展されているというような状況もないようである(これは、道内のアイヌ文化学習にかぎった問題ではないが)。じつは、こうした状況は、別の検証方法によって早くから指摘されていることであった。

三　清水敏行による調査研究

北海道教育大学函館校(当時)の清水敏行による一連の研究がそれにあたる。一連の研究というのは、

(ア)「北海道の小学校社会科副読本における民族」(一九九六年)[3]

(イ)「小学校におけるアイヌ民族教育に関する調査」(一九九八年)[4]

(ウ)「学校教育におけるアイヌ民族教育の現状に関する調査」(二〇〇〇年)[5]

の三論考のことである。調査内容やその分析結果については、すべて紹介することはできないので、清水の研究の結論的なことだけ、かいつまんで紹介したい。

1　小学校社会科副読本のあり方

まず清水は、(ア)の論考において『平成五年北海道ウタリ生活実態調査報告書』(6)などによりながら、北海道あるいは「日本の社会にはアイヌの人達に対する差別や偏見が残っており、社会の差別や偏見が次世代に継承される場に、つまりそれらを学習する場に学校がなっているという事実を確認」している。

そのうえで、学校におけるアイヌ民族教育の現状について、札幌市教育委員会による一九八四年の市立学校教員（幼・小・中・高の教員七三三二名）にたいする「アイヌに関するアンケート」、同じく一九八七年の札幌市の五年生（一二九名）を対象とした「アイヌ観」についての調査(7)に関する分析から、子どもたちがアイヌに関する知識を主として学校教育を通じてわずかであれ習得している一方で、教師はアイヌに関する内容の授業をすることにためらいを感じている、という構図があることを指摘している。また、副読本の記述がまだまだ不十分ななかで、孤立的ではあるが創意工夫した授業を行おうとする教師も少なからず存在することは確実であり、こうした現在の教師の関心や意欲に応えうる副読本の記述や研修の充実などの教育政策が必要であるとしている。

そして、小学校社会科副読本をめぐる環境上の問題として、①文部（科学）省の学習指導要領のなかに「少数民族、先住民族についての但し書きなりの特別な記述があるならば」、教科書の記述も市町村の教育委員会などで編集・発行されている副読本の三年・四年の地域社会の学習のなかでのアイヌに関する内容を、もっと豊かにできる可能性が生ずることを指摘している。この点は、多文化教育の視点とかかわるので、第一二章においてまた検討する。

北海道では、一九八二～八三年度にかけてアイヌ教育研究協議会によって、道内の各市町村教育委員会の編集・発行の小学校社会科副読本の調査・分析が行われた。それまでの社会科副読本には、アイヌに関する記述内容（まったく記述されていないことを含めて）には多くの問題があったためである。北海道教育委員会は、そこでの調査・分析の結果を踏まえて、一九八四年に『学校教育指導資料　アイヌの歴史・文化に関する指導の手引き』（北海道教育委員会。高校向けは、『高等学校教育資料　アイヌ民族に関する指導の手引き』同教育委員会）を発行し(8)、各学校に配布した。それは「各学校においてアイヌの歴史や文化について正しい理解を図り、適切に指導が行われる」ことを目的に編集されたものであった。小学校の場合の概要は、

低学年：地域にみられるアイヌの歴史・文化等の具体的な事象に気付かせる。

中学年：北海道の先住民はアイヌの人たちであったことを理解させるとともに、アイヌ文化について関心を持たせる。

高学年：北海道のアイヌの人たちの歴史や文化について理解を深めるとともに人間尊重の態度を育てる。

というものであった。なかでも、中学年では、

三年：単元「わたしたちの市（町・村）のまわり」などで、身近な地域の地名はアイヌ語と深い関係があることに気付かせたり、単元「わたしたちの市（町・村）のうつりかわり」を指導をする際に、地域に見られるアイヌの人たちの有形文化財、無形文化財や伝統的行事を取り上げ、その歴史的背景に気付かせる。

四年：単元「開発のようすと人々のくらし」で、古くから北海道に住んでいたアイヌの人たちの昔からのくらしの様子や民族固有の文化及び本道の和人が移住してからのアイヌの人たちとの交易の様子などを扱う。

とし、「文化の取り扱いに当たっては、アイヌの人たちが自然とのかかわりの中で、すべてのものに神が宿るという独自の精神文化を築いたことに留意したい」と記述している。

清水は、こうした『指導の手引き』の内容を確認したうえで、渡島・檜山管内を中心に、道内の副読本がどのよう

に変化し、どのような内容が記述されたかを精査している。そして、精査の結果を踏まえて、三年・四年の副読本の構成と記述内容のさらなる方向性として、次の四点をあげている。

①地名の由来の説明を通じて、自分の町にもアイヌの人たちが暮らしていたこと、つまりアイヌ民族が先住民族であることを身近な事実を通じて理解させること。

②アイヌ民族の戦いの歴史記述を通じて、和人による侵略と抑圧の歴史について理解させること。

③アイヌ民族固有の文化の説明を通じて、アイヌの人たちが民族としての自己意識をもち、今も生きようとしていることを理解させることが望ましいこと。

④現在のアイヌの人たちがどのような困難を抱えているか、差別や偏見などについて考える機会をあたえること。

このような構成と記述内容を副読本がもつことが、先住民族であるアイヌの人たちと共生するための郷土意識形成の必要条件だと述べている。これは、「北海道アイデンティティ」とでもいうべきかもしれない。

ただし、②④については、小学校中学年(三年・四年)でどこまで扱うべきかは注意が必要であろう。清水が別の箇所で述べているように、この四点は小中高での体系的な枠組みのなかで、分担していくことがよいと思われる。

2　教員の戸惑い

(イ)の論考は、一九九六年四月の「ウタリ対策のあり方に関する有識者懇談会」の答申の「新しい施策の展開」のなかに「教員の養成、研修から学校教育の現場に至る流れの中で活用しうる教材等の作成、配付が望まれる」とあることから、道内の小学校では実際にアイヌ民族の歴史や文化がどのように取り扱われているかを調査したものである。

調査対象は、函館市教育委員会の協力をえて同市内の小学校教員の内、三年生以上の担任(三八八名。回答数三一二名で、回答率八〇・四％）の先生方であった。

清水は、調査結果を次のようにまとめている。

①アイヌ民族についての教育経験は、学校にアイヌの児童が在籍していたことと密接に関連してはいるが、在籍の有無が教育経験を左右する要因であるとまではいえないこと。

②教育経験のある教員は四二パーセントにすぎないが、教育の必要性は積極的に認めていること。

③学年について、五年・六年が望ましいとする教員が二〇％近くいることは、アイヌ民族について児童に適切に教えることの難しさのためではないか。三年・四年の副読本であれもこれも教えてしまうのは無理で、三年から六年に向け、さらに中学校に至る体系的な段階を踏まえることが必要であること。

④一九八四年の道教委の『指導の手引き』は、教員にほとんど利用されてはいないが、市町村教育委員会等作成の社会科副読本に影響を及ぼしていることから、結局は副読本が利用されているかどうかがポイントになること。

⑤しかし、副読本は一般には教員に広く利用されているが、アイヌ民族を取り扱う際には、あまり利用されていないこと。

ようするに、アイヌ民族について、一体どこまで、どのように取り扱うものなのか、教員自身がわからないままになっている。学校教育のなかでの位置づけが不明であるため、多くの教員は判断できずにいる、と清水は分析しているのである。また清水は、現場の教員は総論としてアイヌ民族について取り扱うことに賛成しているが、各論となると消極的になりがちである。それは制度的な環境整備が一向にすすんでいないからであるとし、アイヌ民族教育の取り組みが、そもそもネガティヴな形で始まったという出発点の姿勢がいまだ転換していないためである。こうした政策的な裏付けのとぼしさが、副読本の記述量のまずしさにつながり、現場の教員の戸惑いをまねいている、と的確に指摘しているのである。これは第二節でふれた先生方の躊躇やためらいともかかわろう。では制度的な環境整備はどのようにすすめられるべきなのであろうか。

3 アイヌ文化振興法の成立

(ウ)の論考は、一九九七年の「アイヌ文化の振興並びにアイヌの伝統等に関する知識の普及及び啓発に関する法律」(以下、「アイヌ文化振興法」と略す)施行後の北海道の教育行政では、学校におけるアイヌ民族教育に向けてどのような取り組みがなされてきたのか、その現状を調べたものである。

ここで清水は、アイヌ文化振興法までの北海道教育委員会による取り組みの経過として、一九九六年四月の「ウタリ対策のあり方に関する有識者懇談会」の答申の「アイヌの人々に対する理解の促進」にかかわって、次の二点を再確認している。

①教師自身がアイヌ民族とアイヌ文化にたいする正しい知識と理解をもつようにすること。
②教員が授業において児童・生徒に教えるうえで役立つ教材等を作成し配付すること。

そして、もうひとつの経過として、一九八九年三月の学習指導要領の改訂について取り上げている。小学校中学年の社会科授業時数の大幅な削減にともなって、アイヌ民族を扱う時間が減らされるかもしれないとする一方で、総合的な学習の時間において、異文化理解ということでアイヌ民族の文化や歴史についての授業が可能になるかもしれないと指摘し、「総合的な学習との相互調整を行い、アイヌ民族に関する授業を、(社会科から)総合的な学習の時間にスライドさせ、総合的な学習の中で社会と連携を図りながら、系統的に学習させていくことが将来的には望ましいかもしれない」としている。この点こそが、アイヌ文化学習に取り組んでいた各学校が実際に四苦八苦したことであったと思われる。ちなみに末広小学校の場合は、総合的な学習の時間にすべてスライドさせ、さらに充実させることに成功した典型例といえるであろう。

一九九七年五月のアイヌ文化振興法の成立にともなって、同年一一月に設立された財団法人アイヌ文化振興・研究推進機構（以下、「アイヌ文化財団」と略す）による事業として「小中学生向け副読本の作成・配付」が行われることになった。それに先だって作成され、二〇〇〇年三月に発行されたのが『アイヌ民族に関する指導資料』(9)であった。清水は、この『アイヌ民族に関する指導資料』が「本書のねらいと留意点」のなかで、これまでの社会科副読本の記述やアイヌに関した授業実践が、伝統的なアイヌ文化がいまも続いているという誤解を児童に与えていないか、と繰り返し述べていることに注目している。

清水はもうひとつ、北海道教育委員会の『心豊かに学び　新世紀のふるさとを拓く人を育む―二一世紀の北海道教育長期プラン―第三次北海道教育長期総合計画』（一九九八年）にある、次のような文言に注目している。

・アイヌの人たちの歴史や文化などについての理解を深めるため、アイヌの人たちを講師に招いたり、アイヌ文化を体験するなど、多様な教育活動を促進します。

・子どもたちや地域の人々がアイヌの人たちの歴史や文化、アイヌ語などについて学習したり、アイヌの人たちと交流する機会を充実します。

ここに道教委とアイヌ文化財団との連携の構図があるとし、両者による「制度的な環境整備」に期待を表明している。

むすびとして清水は、一九九八年当時の末広小学校教諭佐々木博司さんからの聞き取りとして、末広小学校での各学年にわたるアイヌ文化学習の実践について、「本物を使った体験学習を重視」した取り組みであり、アイヌ文化学習として傑出していると評価している。[10] 末広小学校での実践内容については、末広小のアイヌ文化学習を支援する会編『さぁアイヌ文化を学ぼう！』の第Ⅰ部「実践集録「末広小のアイヌ文化学習」」に詳しく報告されている。[11]

さらに清水は、アイヌ文化財団で作成されている副読本が「どのような使われかたをするのか、果たして使われるのか」と心配し、教育実践上の指針が必要だとしていた。このアイヌ文化財団作成の副読本については、第一〇章でまたふれることにする。

清水が的確な検証のうえで、指摘したアイヌ文化財団を中心とした「学習環境の整備に向けた政策」は、二〇〇八年六月の「アイヌ民族を先住民族とすることを求める国会決議」もうけて、さらに充実するものと考えられるが、学習環境の整備の要は、「アイヌ文化学習」の教育実践上の積極性なのである。清水が、ネガティヴなかたちで始まったアイヌ民族教育の転換が必要だとしたことである。それは「多文化教育としてのアイヌ文化学習」への転換であると私は考えている。

おわりに

第二節での道内でのアイヌ文化学習の実践状況は、二〇〇四年段階のものである。それから一〇年以上過ぎての状況はどうかといえば、道内でのアイヌ文化学習実践のための教育的な環境は改善されつつあるように思われる。しかし、「アイヌ文化学習」が道内の学校で積極的に実践されているかといえば、そうはなっていないようである。

次章以降でも述べるが、やはり制度的な改革が必要である。政府の第八回アイヌ政策推進会議の政策推進作業部会報告（二〇一六年五月一三日）の中心は、二〇〇九年七月の有識者懇談会報告で提言された「民族共生の象徴となる空間」（国立アイヌ民族博物館〔案〕）の具体化と、北海道外アイヌの生活実態調査を踏まえた全国的見地からの施策の展開にあるが、報告の第三として、国民理解を促進するための活動について述べている。

二〇一五年秋から一六年春にかけて、内閣府政府広報室及び内閣官房アイヌ総合政策室において、国民全体とアイヌの人々を対象とした「国民のアイヌに対する理解度についての意識調査」の結果として、国民全体とアイヌの人々との意識の差はいまだ大きいとし、四つの課題をあげている。その二番めに、「アイヌの歴史と文化の理解を促進する取組の強化（特に学校教育）」がある。

調査結果にも示されているとおり、アイヌの歴史・文化に関する国民の理解を促進する上で、学校教育の重要性については論を俟たない。／有識者懇談会報告以降、小学校・中学校・高等学校の新学習指導要領に対応した教科書の多くで、アイヌの歴史・文化に関する記述が増加し、大学入試センター試験での出題など様々な取組によって、学校教育でアイヌの歴史・文化を学ぶ機会が増加しつつあるとは言えるが、その成果が調査結果に現れるには至っていない。／当作業部会としては、引き続き学校教育等の場におけるアイヌの歴史・文化に関する教育機会の増加に向けた取組を求めるとともに、特に、教員に対する理解促進の重要性を強調したい。（中略）当作業部会としては、我が国の先住民族であるアイヌについては、北海道内外にかかわらず、全ての教員が学ぶべきことであり、そのための更なる工夫と善処を求めたい。例えば、次期学習指導要領の改訂とそれを踏まえた新たな教科書作成のタイミングを捉え、教科書会社に対する説明会や道内外における教員向け研修の充実、道外でも利用可能な教材の作成等を図ることが重要である。(12)（傍線引用者）

傍線部からわかるように、学校教育に求められているのは、まずは教員が学ぶこと（教員の研修）であり、学校教育で利用可能な教材の作成であるという点は、全国の教育関係者に共有される必要がある。そのうえで、多方面からの課題への取り組みが求められているのである。

注

（1）二〇〇八年度からは、「教育フィールド研究Ⅳ」という授業での学校実習として、二〇名前後の「社会科教育講座」に属する三年生に、ガイダンスを含めて二日間ではあるが末広小学校において「アイヌ文化学習」を体験させていただいている。
（2）CD『「アイヌ神謡集」をうたう』（発行：片山言語文化研究所、発売元：草風館、二〇〇三年）。
（3）清水敏行「北海道の小学校社会科副読本における民族」（『北海道教育大学僻地教育研究施設　僻地教育研究』五〇号、一九九六年）。
（4）同「小学校におけるアイヌ民族教育に関する調査」（『同右』五二号、一九九八年）。
（5）同「学校教育におけるアイヌ民族教育の現状に関する調査」（『同右』五五号、二〇〇〇年）。
（6）『平成五年北海道ウタリ生活実態調査報告書』（北海道生活福祉部、一九九四年）。
（7）『アイヌの歴史・文化等に関する（指導）資料2』・『同指導資料3』（ともに札幌市教育委員会、一九八六年・一九八八年）。
（8）『学校教育指導資料　アイヌの歴史・文化に関する指導の手引き』（北海道教育委員会、一九八四年）。高校向けは、『高等学校教育資料　アイヌ民族に関する指導の手引き』（同右、一九九二年）。
（9）『アイヌ民族に関する指導資料』（アイヌ文化財団、二〇〇〇年）。
（10）末広小学校での「アイヌ文化学習」の創出・構築過程については、主導的役割を果たした佐々木博司と田中美穂による『アイヌ文化を全校で「チセ」のある学校』（クルーズ、二〇一一年）を参照。

(11)　末広小のアイヌ文化学習を支援する会編『さぁアイヌ文化を学ぼう！―多文化教育としてのアイヌ文化学習』（明石書店、二〇〇九年）。

(12)　第八回アイヌ政策推進会議「政策推進作業部会報告」（二〇一六年五月一三日）。

第一〇章　札幌市教育委員会や白老町教育委員会・アイヌ文化財団の取り組み

はじめに

小学校での体系的なアイヌ文化学習のためには、教育委員会による政策的な支援が必要であることは論を俟たない。北海道教育委員会の取り組みついては、第九章でふれたように清水敏行の調査研究で検討されたので、本章では、「札幌市アイヌ文化交流センター・サッポロピリカコタン」のある札幌市教育委員会と、「ポロトコタン(アイヌ民族博物館)」のある白老町教育委員会の取り組みついて確認し、そのうえで財団法人アイヌ文化振興・研究機構(以下、「アイヌ文化財団」と略す)の活動について改めて紹介してみたい。

なお、札幌市教育委員会の取り組みについての検討は長くなるが、それは札幌市教育委員会の取り組みを跡づけることで、「北海道においてアイヌ文化学習がどのように進められてきたのか」の一端を詳しく検証することができると考えたからである。

一　札幌市教育委員会の取り組み

1　指導資料の検討

政令指定都市の札幌市教育委員会では、どのような取り組みがなされてきたのであろうか。のちにふれるように、本田優子の検討がすでにあるが、ここでは札幌市教育委員会が発行した以下の五冊の『アイヌの歴史・文化等に関する指導資料』の内容を紹介しつつ、札幌市教育委員会の取り組みについて検討していきたい。

①『アイヌの歴史・文化等に関する指導資料1』（一九八五年）[1]

②『アイヌの歴史・文化等に関する資料2　札幌市立学校教員（幼・小・中・高）のアイヌに関するアンケート―集計結果とその分析―』（一九八六年）[2]

③『アイヌの歴史・文化等に関する資料3　学校教育とアイヌ理解―今　問われるアイヌ理解とは―』（一九八八年）[3]

④『アイヌ民族の歴史・文化等に関する指導資料4』（一九九四年）[4]

⑤『アイヌ民族の歴史・文化等に関する指導資料5』（二〇〇八年）[5]

（以下『指導資料1～5』と略記）

『指導資料1』の初版は、一九八五年に発行されている。教育長による序文によれば、数年前に市内のある小学校や道立高校でアイヌ差別問題が起こったが、その原因はアイヌの歴史・文化等に関しての教員の理解不足と人間尊重の精神の欠如にあった。そこで札幌市教育委員会は、北海道ウタリ協会（現、北海道アイヌ協会。二〇〇九年四月にもとの「北海道アイヌ協会」にもどす）札幌支部とも話し合いながら、いくつかの方策について合意したのであるが（後述、二三一頁参照）、それにかかわって「学校において少しでも正しいアイヌの歴史・文化等に関しての手がかりとなる資料が必要である」との議論があり、それを受けて作成されたものが『指導資料1』であるとしている。『指導資料1』はその目的にしたがって、市内の全教員に配付されたという。

そのため『指導資料1』の前半には、「アイヌの歴史・文化等を取り扱う際の基本的な考え方」として、次の四点が示されている。

・人間尊重の精神に基づくこと
・学校や地域の実態に応じて行うこと
・指導の機会を可能な限り設定すること
・発達段階を十分考慮し、教科、領域との関連を図ること

などとあるが、この段階ではまだ一般的な観点しか示すことができていない。

しかし、指導の機会に関しては、「社会科学習を中心とする教科だけでなく、学芸的行事、遠足・旅行的行事等の特別活動や道徳においても積極的に取り上げることが大切である」とするとともに、校内研修をすすめるように求めており、札幌市教育委員会では早くから全校的な取り組みを奨励していたのである。

また、アイヌの歴史・文化等の取り扱いの現状として、六年生の修学旅行に、白老町のポロトコタンや旭川市の川村カ子トアイヌ記念館等の見学が約四割の学校で行われていることや、学芸会(学習発表会)や自由研究等で取り上げられていることをあげて、一部だがアイヌの歴史・文化等への関心が高まりつつあると評価している。もちろん、修学旅行における見学での学習内容が重要であるが、その点については残念ながらふれていない。

さらに、具体的な指導にあたっての配慮事項が詳しく述べられている。「社会科の授業研究や校内研修には、アイヌの歴史や文化を取り上げ、全教職員で学び合うようにする」と再度記載され、関係資料や図書の購入、図書室・職

員図書の整備を求めていることが注目される。また、副読本等の記述の問題点が指摘され、アイヌの歴史・文化等に関連する用語等の基本的なおさえ（正しい理解）が具体的に記載されている。『指導資料1』はアイヌの歴史・文化等に関する基本的な事項について、教職員の共通理解を求めたものであり、アイヌ文化学習を実践するために当面必要な事柄を示したものであった。

2　子どもはいい子ばかり

『指導資料1』の後半には、教育委員会が行った教員向けの講演会（研修会）での講演内容が載せられている。講演者は、北海道ウタリ協会理事長（当時）の野村義一さんと二風谷アイヌ文化資料館館長（当時）の萱野茂さんであった。野村さんは同理事長として、のちの一九八七年八月ジュネーブの国連先住民会議において、アイヌが日本の本州北部や北海道、サハリン南部、千島列島に居住した先住民であると報告した方である。萱野さんは、周知のように著名なアイヌ文化の研究者であり、のちに参議院議員となっている。

「北海道におけるアイヌ民族」をテーマとした野村さんの講演は、北海道ウタリ協会のことや北海道におけるアイヌ民族についての基本的な歴史・文化に関するものであった。最後のところで野村さんは、「これからのアイヌ民族」について話している。

だから、私どもの子孫が、五〇年、一〇〇年生きぬく時代の中で、完全に、私ども日本民族（ママ）の一員です、と言って胸を張って威張れるような時代を作って、その中で、その子ども等が、私どもの血の中にアイヌ民族の血があって、その先祖の文化があり、文学があると喜んで誇りにして、みんなの中で自然に唱える環境というものが創られるようにしなければいけないと思います。そうするためには、やっぱり、何としても、教育の現場の先生方のお力によって、いろいろ力を作りあげてもらわなければならないと思っています。

もちろん、三〇年以上前の講演であり、そのまま引用することには留意すべきことがあるかもしれないが、私にとっては、野村さんの当時の率直な考えとして心うたれるものである。

萱野さんの講演は「アイヌ文化と学校教育」と題するものであった。萱野さんの話の内容は、萱野流の語り口によって（残念ながら、私は実際の講演を拝聴したことがないが、テレビなどでの話ぶりを思い出しながら）、「アイヌ」と「シサム（和人）」の用法的な意味やアイヌ語に宿る言葉の命、「カムイ（神）」とアイヌ、民話（ウウェペケレ）とアイヌの教育などについて、わかりやすく説かれたものであった。

萱野さんは、最後にアイヌ社会での教育についてふれたあとで、

やっぱり、子どもを教える先生方は、子どもをもっと信じてほしい。うちの図書館は、私設で私立の図書館です。蔵書数は四千冊以上五千冊近くになりましたが、鍵は朝から夜になっても一回もかけたことがありません。貸出しも返却も自由にしています。子どもたちが毎日自由に本を持っていって家で読んでいるように、はなから子どもを私は信じております。ですから、先生方も是非、子どもを信じて「うちのクラスの子どもは本当にいい子どもばかりだぞ！」と子どもと接してほしいと思います。（傍点引用者）

と語っている。

二人の講演は、聞かれた先生方の心に響くものであったと想像される。傍点部の「うちのクラスの子どもは本当にいい子どもばかりだぞ！」という子どもへの積極的な肯定的態度は教師の基本である。

講演記録の次には、「アイヌ史の要点（抄）」がおかれており、アイヌの位置づけ、形質と文化、言語的特徴、歴史、カナ表記などについての基本的な事項を記載するとともに、参考図書をあげて、教職員の研修に役立つように工夫し

ている。そして「あとがき」には、今後は「より確かで学校教育の中で実際に使い得る指導資料の編集に努め」たいとある。

3　教員へのアンケート

翌年に発行された『指導資料2』(一九八六年)は、一九八四年に実施された札幌市立学校教員のアイヌに関するアンケートの集計結果と、結果にたいする分析や考察を行ったものである。

市内の小中高の教員七三二二名を対象としたもので、序文で教育長は、

このような〝差別〟の根源的なことや、〝(アイヌ)民族〟というものの考え方を正面にすえた調査を行うことはもとより、教員の意識について全員を対象とした調査は、全国的にもはじめてのことであると伺っております。

としている。内容としては、

①アンケート実施の背景や経過、集計結果と分析
②アンケートに付せられた教員の意見や感想
③北海道ウタリ協会札幌支部による「アンケートについての考察」
④資料:「アイヌの生活実態について」・「北方領土について」・「教科書の記述について(抗議書)」
⑤講演記録:河野本道「「北海道旧土人保護法」とその歴史的背景」

が収録されている。

調査の契機としては、『指導資料1』にもあった一九八〇年のN小学校でのアイヌ差別問題があり、それをうけて、北海道ウタリ協会札幌支部との話し合いなどによって、札幌市教育委員会は、

1　（アイヌ）民族教育担当指導主事（二名）をおく（一九八〇年より実施）。
2　ウタリ教育相談員をおく（一九八一年より実施）。
3　教員対象の民族教育に関する反復研修の実施（一九八二年より実施）。
4　教員対象の意識調査の実施（一九八四年六〜七月に実施）。

を合意しており、一九八四年に実施されたアンケート調査は4にあたる。

設問の作成はウタリ協会札幌支部が中心となり、専門家や教育委員会が協力し、集計作業は教育委員会が行い、その分析は「アンケート検討委員会」（北海道ウタリ協会札幌支部より九名、小・中学校教員より二名、教育委員会より四名の計一五名によって構成）によって行われた。

アンケートの集計結果のなかで、私が注目した点にふれておく。

設問【8】は「あなたは、いままでに、学校教育の中でアイヌに関することを学んだことがありますか。」というものである。「ある」の回答者は四八・二％で、約五割の教員が、教員になる前の「学校教育」で何らかのかたちで「アイヌに関すること」を学んだ経験があり、設問【9】の「【8】で「ある」と答えた方は、あてはまる学校（小・中・高・大）をすべて選んでください。」の問では、小学校が三八・四％、中学校が二八・〇％であり、学習経験者の約四割が小学校での経験であった。

他方、設問【24】の「あなたは、今までアイヌに関する内容で授業をしたことがありますか。」では、「ある」が三九・三％、「ない」が五八・二％であり、授業したことのある教員は約四割にすぎないが、小学校教員に限定すると五一・七％が「ある」と回答している。また、小学校教員の担当教科別（主なる研究教科）のデータでは、社会科の教員では六二・三％、理科の教員が五七・八％、体育科の教員が五六・三％となっている。ここでは、おもにどの教科で授業をしたのかを問うと良かったと思うし、【8】と【24】のクロス集計が知りたいところであるが、データはないようである。

設問【27】の「アイヌ史やアイヌ文化について、あなたはどの程度の知識をもっているとおもいますか。」については、「良く知っているとおもう」と「ある程度のことは知っているとおもう」を合わせて二九・一％、「あまりよく知らないとおもう」と「まったく知らないとおもう」を合わせると六八・八％となる。もちろん、謙虚な姿勢で回答した可能性も考える必要があるが、後者の割合が七割近いことはやはり問題であろう。

設問【39】の「あなたは、学校教育のなかで、アイヌの歴史や文化を児童生徒に教えることについてどう思いますか。」については、「もっと積極的に教えていくべきだ」が二二・一％、「ある程度のことは教えるべきだ」が六八・九％であり、「あまり教える必要がない」が五・八％、「教える必要がない」が一・〇％、「無答」が二・二％、となっている。この数値にも問題があるように思う。「もっと積極的に」ではなく、「ある程度」というのは、明らかに消極的な選択というべきであろう。アイヌ文化学習の発展のためには、第九章で取り上げた清水敏行も述べていたように、もっと前向きな理屈が必要なのである。

4　アンケートの分析と考察

次に「アンケート検討委員会」による「分析」と、北海道ウタリ協会札幌支部による「考察」についてふれておく。

まず「分析」で注目されるのは、設問【30】の「あなたが現在または今後、アイヌについて、特に学んでみたいと思うことがあれば、その項目をすべて選んでください。」についてのものである〔資料1〕。

「分析」では、「歴史及び口承文芸が比較的高いのは、現行の学校教育の中では、社会科、国語科の中でアイヌ民族

資料1　【30】あなたが現在または今後、アイヌについて、特に学んでみたいと思うことがあれば、その項目をすべて選んでください。

1. アイヌ語	1,618人	8.0%
2. 住　居	827	4.1
3. 人種論	1,459	7.2
4. 知　識	1,170	5.8
5. 紋　様	1,114	5.5
6. 衣	522	2.6
7. 宗　教	1,432	7.1
8. 口伝文芸	2,861	14.1
9. 地　名	1,361	6.7
10. 通過儀礼	503	2.5
11. 歴　史	3,339	16.5
12. 生　業	671	3.3
13. 食	720	3.6
14. 芸能・娯楽	867	4.3
15. 交通・通信運搬	535	2.6
無　答	1,241	6.1

選択総数　20,221（『指導資料2』p.16）

資料2　【31】現在のアイヌの生活実態について、あてはまると思うものをすべて選んでください。

1. 昔ながらの生活が多い	90人	0.6%
2. 昔ながらの生活をしている地域もある	622	4.5
3. 農業漁業等、第一次産業に従事している人が多い	1,870	13.4
4. 北海道における一般的な職業実態とあまり差異がない	2,707	19.4
5. 季節労働者等、比較的不安定な職業に従事している人が多い	2,054	14.7
6. 観光に関する職業に従事している人が多い	4,412	31.6
7. 定職をもたない人が多い	466	3.3
8. 生活保護受給率が非常に高い	1,317	9.4
無　答	424	3.0

選択総数　13,962（『指導資料2』p.17）

の歴史・文化・文芸などが教材として出てくるところからきているのではなかろうか」とし、「アイヌ文化について、この設問に挙げられた項目をみて、こんなにたくさんの観点があることを知り、それに対する興味がまんべんなく散っていることは、今後、教材化するためのスタートになり得るだろう」としている。

また「考察」でも、設問【30】において、歴史・口承文芸・アイヌ語など多くの項目が選択されていることは、「ある程度の関心の高さを示すものであります」とし、「さらに、設問【44】でも、社会科以外で、国語、図工・美術、音楽などにアイヌのことを取り上げた方がよいと回答し、設問【41】の教科書記述の問題点指摘とともに、積極的な回答であり、前向きな姿勢がうかがえ歓迎できるものです」としている。

多くの教員が、アイヌ民族やアイヌ文化を多面的に理解したいと思っているのであり、そうした理解ができたところで授業が可能になると考えているというわけである。「考察」は、続けて「これらの積極的な考え方をもっている先生方を中心にして、各学校において、アイヌのことが教科学習や児童生徒の活動等に取り上げられる輪が広がるよう願っております」としている。

設問【31】の「現在のアイヌの生活実態について、あてはまると思うものをすべて選んでください。」についての集計は資料2のようなものであった。

「昔ながらの生活が多い」「昔ながらの生活をしている地域もある」という項目を選択した回答は、割合としては少ないが、実数は「分析」にあるように七〇〇人以上であり、実際には「このような生活実態は北海道のどこにもないことであり、選択した教師の理解は、現状のアイヌの生活実態と大きくかけはなれている」もので、「このアンケート全体のなかで示された課題のなかの重要な一項目であろう」としている。また「考察」は、この「七〇〇名余の教員の回答はアイヌに対する無知からきた回答なのです」とある。

また、設問【32】の「あなたは、現在和人によるアイヌに対する差別があると思いますか。」の問については、「思う」が四四・八％、「思わない」が二八・二％、「わからない」が二六・一％である。

「分析」では、「思わない」「わからない」を合わせると五四・三％で、「思う」の四四・八％をうわまわっているのは、「差別の実態を知らないし、知ろうともしないのではないだろうか」とし、「札幌市立学校の事件、札幌市にある道立高等学校の事件等は比較的近い時期に起こったことであり、マスコミにも大きく取り上げられているにもかかわらず、「思わない」と回答した人が二〇〇〇人を越えている」と書いている。

前掲の設問【39】について、「考察」は、「あまり教える必要がない」(五・八%)、「教える必要がない」(一・〇%)と回答している教員が、「無答」(二・二%)を加えると六〇〇名余になるとし、これらの方々には「「正しい内容」を学ぶことは、差別を起こさないために不可欠のことと確信します」と「強くこのことを訴えざるを得ません」としている。

「考察」は続けて、「教師が、アイヌを差別する社会的要因を容認するから、つまりアイヌ差別をするから、アイヌ差別をする子どもたちが育てられ、正しい人権意識をもった子どもたちは育てられないのであります」とまとめている。

5　アイヌから学校教育に望むこと

『指導資料3』(一九八八年)は、『指導資料2』の二年後に刊行された。前年にA小学校問題(修学旅行のしおりのなかに、アイヌのことを十分理解していない児童が書いたアイヌに関する資料が載せられていた)が起こり、それが『指導資料2』のアンケートの集計結果にあった「昔ながらの生活が多い」あるいは「昔ながらの生活をしている地域もある」との回答が市内教員の七一二名(五・一%)にも及んでいたこととかかわること、つまり、アイヌの優れた生活の工夫を理解せず、はるか昔のことが現在も続いているという偏見と誤解にもとづいた認識の教員が現在も教育にあたっているという現状を憂慮して編まれたものであった。

したがって、その趣旨は、アイヌ民族を正しく理解し、偏見と誤解を取り除くための総合的な資料を作成して、充実したアイヌ民族教育のための参考にすることであった。

その内容は、

第1章　座談会「アイヌから学校教育に望むこと」

第2章　「アイヌ民族に関する法律（案）」の制定に向けてのウタリ協会を中心とするアイヌの人たちの活動
第3章　「アイヌに関する法律（案）」の紹介（解説）
第4章　アイヌ民族と国際連合
第5章　アイヌの生活に関する実態調査（北海道民生部の調査より）
第6章　札幌市民族教育研修会　講演記録「教科書のなかのアイヌと小学生のアイヌ観」（講師竹ヶ原幸朗）
資　料　ウタリ問題懇話会（知事の諮問機関）の答申

というものである。

第1章の座談会は、当時の北海道ウタリ協会理事長野村義一さんほか五名によるもので、戦後の一九四六年「北海道アイヌ協会」の成立から、一九六一年「北海道ウタリ協会」への名称変更、そしてその後の同協会の活動の概略と主要な課題について語り合われたものである。A小学校問題から間を空けずになされた座談会であり、座談会の内容は北海道ウタリ協会や同協会札幌支部が目指してきたことが率直に語られていて、市内の教職員向けのアイヌ民族教育の「入門」として大変に理解しやすいものであったということができる。以下、座談会での学校教育に関する要点を、抜き出しておきたい。

たとえば野村さんは、アイヌ民族としての基本的な要求として、

・政府は日本国民のなかにアイヌ民族がいることをきちんと認め、民族の特質を自由に発揮できる社会を作りなさいと言っているんです。

・アイヌが自分たちの衣装を着て歩いても、食文化や住居などについても、日本のなかでアイヌの人たちは自分たちの文化を営んでいるのだなと、互いに認め合える社会を早く作り出さないといけないと考えています。

と発言している。

札幌市ウタリ教育相談員の小川隆吉さんは、教育でアイヌ民族を扱う場合は、アイヌは北海道の先住民であり、現在もちゃんと生きている民族であって、未来に向かって永遠に存在する民族であることを何よりもしっかりと確認してもらいたいとしている。この確認があれば、

〝幕末から一〇〇年以上たつのにアイヌの人口はどうして増えていないのか?〟

という疑問を提示して、子どもたちにアイヌの歴史を考えさせるような授業の組立が可能となろう、と具体的提案をしている。

他の出席者を含めて、座談会では「アイヌに関する教育研究機関」の設立について提案している。「アイヌ民族教育研究所的なもの」ともいわれており、学校教育や社会教育・家庭教育においてどのように扱うべきなのかを調査研究する機関が必要であるとされている⑹。

また、アイヌの子どもたちや親がふたつの道を選べる学校教育を望みたいとも話している。ひとつは混合教育のなかでアイヌと和人が共同で学校生活を送り、現在の教育の質を高める道、もうひとつは、「アイヌ民族学院」をつくり、アイヌ語の教育を含めてアイヌ文化そのものを育てていくための伝統教育を中心としたレベルの高い国際性をもった学校をつくることである、としている。

次の議論も重要だと思われる。学校教育の場でも社会教育や家庭教育の場でも、アイヌの子どもたちがおかれている現状は悲惨であること、他方、困っているのはアイヌの子どもたちばかりではなく、和人の子どもたちも、アイヌの子どもたちに、いわゆる日本人（和人）としてどうかかわっていいのかわからないのではないか。それは、多くの市民・道民・国民にもいえるのではないか、といった議論である。

他方、教育の内容は、国・道・市という上からの指導ではなく、教育現場の教職員自身がその地域・現場で自主性において考えるべきことが原点であることも確認されている。さらに、教員向けの「どんな質問にはどう答えると良いか」といった対話の手引き、問答集があるとよいのではないか、との提案もなされている。

第2章の「「アイヌ民族に関する法律(案)」の制定に向けてのウタリ協会を中心とするアイヌの人たちの活動」では、座談会で概略が語られた北海道ウタリ協会の活動について、改めて要領よくまとめられており、第3章では当時、最大の課題となっていた「アイヌに関する法律(案)」の全文と解説が記載されている。また第4章では、北海道ウタリ協会などが国際連合等の国際機関においてどのような主張を行い、活動しているのかを紹介している。

つまり、第2～4章を教職員が読めば、北海道ウタリ協会の活動やアイヌ民族の立場の基本について十分に理解できるものとなっているわけである。また第5章では、「昭和六一(一九八六)年度北海道ウタリ生活実態調査」(北海道民生部)の主な項目の調査成果を掲載して、アイヌ民族の生活実態についての教職員の理解を深めようとしているのである。

6　竹ヶ原幸朗の講演

そして、第6章には竹ヶ原幸朗による「札幌市民族教育に関する研修会講演記録」(一九八七年一〇月二八日)として「教科書のなかのアイヌと小学生のアイヌ観」が収録されている。竹ヶ原の講演記録は、座談会や関係資料を別の観点から補うものであり、たいへんに興味深いものである。(7) 簡単に紹介しておきたい。

竹ヶ原は、まず一九八七年度から使用される中学校用社会科教科書(一二種)の問題点を、

①現代(史)に生きるアイヌの姿が描かれていないこと、

②同化政策を「圧迫された」と表現して、その本質をぼかし実態を正しく記述していないこと、③現代のアイヌにたいする差別問題について記述量が不十分であること、などにあると指摘する。そのうえで、講演の前半には、今後のアイヌ問題学習のあり方を考察する第一歩として、近代国民教育の基礎に位置づけられていた明治時代後期の「国語教科書（読本）」におけるアイヌ教材の扱われ方について考察している。

一八八七年から一九一〇年にかけての「国語教科書（読本）」に、「北海道の土人」や「蝦夷錦」「あいぬの風俗」などのアイヌ教材があったことに注目した竹ヶ原は、まずこれらの教材における「アイヌ像」が、①アイヌの存在とその歴史を未開性におきかえた「土人」イメージを強調したものであり、②描かれるのは非歴史的・非日常的なアイヌ像であって、そこに日常的なアイヌの姿はないこと、③しかも日本人の眼から見たアイヌ習俗であり、アイヌの精神的営為にふれていないこと、に特徴があるとし、こうした「アイヌ像」は、アイヌ問題の本質を歪曲し、歴史の真実から児童の眼を遠ざけようとするものであり、そこに支配者の意図がうかがえるとする。

そして、こうしたアイヌ教材は、一九一八年からの第三期国定国語教科書からは姿を消すが、その背景には明治国家によるアイヌ同化政策が浸透した結果、アイヌ問題が国民意識から欠落し、「見えない」問題に転化していったからであるとしている。近年の国民国家論にもかかわる重要な指摘である。(8)

そのうえで、

アイヌ問題学習は、日本人児童及びアイヌ児童がともにアイヌの人、歴史、文化が個性的な存在であることを知り、それによって日本人児童にはアイヌを他者として尊敬し、かけがえのない人間、民族であるという認識を形成すること、また、アイヌの児童には自民族の存在に誇りを持たせ、歴史の主体として、たちあがらせることにその意味がある。ところが、近代初等国語教科書所収のアイヌ教材では、前者には昔が今に生きている遅れた生活文化観と滅びゆく民族であるというアイヌ観を植えつけ、アイヌに対する差別と偏見を助長し、後者には、自らの出自をいやしめさせる結果しかもたらさないであろう。このようなアイヌ教材の基底を流れるアイヌ認識は、その初出から一〇〇年経過した今日においてもほとんど変わっていないように思えるのである。竹ヶ原によるこの指摘は、まさにアイヌ文化学習の問題点の本質をついたものであった。

後半では、清水もふれた札幌市内の小学校五年生のアイヌ観に関する調査結果の分析を紹介している。それによれば、小学生の知識は、「日本人とは異質な生活、文化を軸に構成されて」おり、それも「日本人の眼から見たアイヌ理解の方法によっている」こと、そして「固定化されたアイヌ像」であり、「うちの近くにいる」という回答があっても、「日常生活のなかにおける隣人としてのアイヌの姿は浮かびあがってこない」としている。

そして竹ヶ原は、こうした札幌市内の五年生のアイヌ認識は、社会科副読本『わたしたちの札幌』(三年下・四年下)の記述内容にしたがったものだと厳しく批判している。

このような記述内容と教材の配列では、日本人児童には、アイヌをおくれた存在ととらえる認識を形成させ、アイヌ差別の意識を助長し、何よりもアイヌ児童にとってはアイヌとして生きる意欲を奪ってしまうであろう。

と書いている。

では、アイヌ差別の意識を克服する授業を創造していくにはどうしたらよいのであろうか。竹ヶ原は、

①現代のアイヌ問題を導入に扱い、児童に自己とのかかわりで問題意識を持たせること、

②体験学習やアイヌへの聞き取りなどの手法を取り入れ、アイヌ問題学習の視点をこれまでの日本人の見方からア

イヌのそれへと変えること、が必要であるとしている。そうすることで、

日本人とアイヌの児童がともにアイヌの人、歴史、文化が個性的存在であることを学び、双方のこれまでのアイヌ観を変革することにつながっていく。

のだというわけである。学ぶべき議論であることは明らかである。

以上のように、竹ヶ原の講演記録は、学校教育においてどのようにしてアイヌ理解をすすめるかを話し合った座談会の内容をよく補うものであり、現在においても学校教育関係者にとって必須の事柄を指摘したものといえよう。

二　札幌市教育委員会による実践例の提示

札幌市教育委員会では、『指導資料４・５』において本格的な授業展開の実践例を提示している。これは多くの学校で実際に授業が行われるようにするための取り組みということができる。以下では、提示された実践例に重きをおいて『指導資料４・５』の内容を紹介していくことにしたい。

1　国際先住民年（一九九三年）を迎えて

『指導資料4』（一九九四年）は、『指導資料3』の六年後に発行された。前年の一九九三年は「国際先住民年」であり、これまでの『指導資料1〜3』を踏まえて、アイヌ民族の歴史・文化等に関する授業展開の実践例の紹介を中心としたものとなっている。

教育長の序文には、アイヌ民族に関する問題が国際的な広がりと連帯を持つという大きな時代の流れのなかで、「わたしたちは、アイヌの人たちのアイヌ新法の制定に向けての粘り強い行動を理解する必要があ」り、「学校教育にはこれまで以上に広い視野からアイヌ民族の歴史や文化等に対する正しい理解と実践が求められて」いるとしている。構成は次のようになっている。

第Ⅰ章　アイヌ民族と国際先住民年
第Ⅱ章　「アイヌ民族に関する法律(案)」の制定に向けて
第Ⅲ章　アイヌ民族の歴史・文化等に関する指導実践例
第Ⅳ章　札幌市アイヌ民族教育研修会　講演記録
第Ⅴ章　北海道ウタリ協会の組織及び活動

第Ⅰ・Ⅱ章では、国際的な視点からアイヌ民族の活動や「アイヌ民族に関する法律(案)」(アイヌ新法)の制定に向けての活動と政府の対応などについてわかりやすく紹介しており、教職員の理解に役立つように配慮したものとなっている。また、第Ⅰ章には、「先住民等に関するQ＆A」がおかれ、関連用語が平易に解説されている。これは、『指導資料3』の座談会での、「どんな質問にはどう答えると良いか」といった対話の手引きや問答集があればよいのではないか、との発言に応じたものと思われる。

このように札幌市教育委員会は、『指導資料1～4』において、北海道ウタリ協会札幌支部などとの協議等を踏まえて、教職員向けのアイヌ民族に関する指導資料を誠意をもって作成してきたということができる。もちろん、多様な立場からさまざまな意見や批判があるのだと思うが。

第Ⅲ章では、前半にアイヌ民族の歴史・文化等の指導に関する基本的な考え方や配慮事項などが示されている。まず「北海道に住む私たちにとって、本道の歴史・文化等を学習する時、アイヌ民族の歴史・文化等の正しい理解と認識の必要性」があること、そして「アイヌの人たちの北海道の自然や風土とともに生きることからうまれた自然観や宗教観、人間観等は、自然と人間の在り方について貴重な示唆を与えるものである」として、アイヌ文化学習の積極的な意義について述べている（後述するように、本田優子が批判するステレオタイプの面があるにしても）。

そして、アイヌ民族の歴史・文化等に関する指導にあたって、これまでは身近に適切な資料がなかったことや、教師のそれらにたいする理解や認識が十分でなかったため、「どうしても消極的になりがちであり、そんことがアイヌの人たちに対する偏見や差別問題につながっているとも考えられる」と現状における問題点を確認し、

今後、教師自身がアイヌ民族に対する正しい理解と認識を深め、差別や偏見をなくしていくことが必要である。

としている。そして、

アイヌ民族教育は、学校教育全体で行うことが肝要であり、特に、各教科、道徳、特別活動の三領域の特質をふまえるとともに、その関連を図りながら実践することが重要である。

とする。「学校教育全体で行うこと」、「各教科などとの関連を図ること」という指摘は、アイヌ文化学習を実践するにあたっての要点であり、すでに『指導資料1』にもふれられていたが、一九九四年の『指導資料4』に明記されていることを確認しておきたい。

また配慮事項としては、「具体的な指導場面では、アイヌ民族に対する差別や偏見につながるような言葉などに十分配慮する」、「アイヌ民族の過去の生活状況や変遷などについて、歴史的な事実を正しく把握するように指導するとともに、現在のアイヌ民族の状況について正しい認識をもたせるように配慮する」とし、「具体的な指導場面では、アイヌ語に親しむように配慮する」とも書かれている。

2　小学校におけるアイヌ民族教育

第Ⅲ章の後半には、「小学校におけるアイヌ民族教育に関する指導計画表（例）」と「小学校社会科の学習内容の関連図」が示され、そのうえで、以下のような「小学校社会科における実践例」が提示されている（なお、中学校については割愛）。これらは「これまでのグループ委託で研究実践を積み重ねてきた」「具体的な実践例」にもとづくものだという。

三年　小単元２　札幌市の人たちのくらしのうつりかわり
①アイヌの人たちと昔の札幌（教材＝「札幌の昔の地名」（白地図））
②アイヌの人たちの生活と子供たち（調べ学習＝アイヌの人たちのくらし
③アイヌの子供たちの遊び（体験活動）
四年　小単元１　アイヌの人たちの生活と文化
④オリエンテーション（三年時の学習の想起、教材＝実際の生活用具）
⑤サケの捕り方や利用の仕方(1)（教材＝マレクの使用）
⑥サケの捕り方や利用の仕方(2)（教材＝サケの皮とチェプリケ）
⑦住居（チセ）や集落（コタン）の様子（教材＝チセのつくり方）
⑧熊おくりやユーカラ、踊り（教材＝熊送りのＶＴＲ）
五年　小単元２　北海道の伝統工芸
⑨アツシ織りの素材（教材＝アツシ織りの着物、図『樹皮を剝ぐアイヌの人たち』）

・アツシ織りの作り方（実践例なし）

⑩アツシ織りの文様（文様調べ、文様作り）

六年　小単元4　士と農工商の世の中のくらし

⑪交易の実態と不平等な交換比率（交易の実際―米＝鮭の交換比率の変化）

⑫和人の横暴とアイヌの人たちとの争い（コシャマインの戦いとシャクシャインの戦い）

同年　小単元2　憲法をくらしの中にいかす

⑬差別意識と基本的人権（教材＝『イランカラプテから』・『7割をこえる被差別体験』）

・アイヌ民族の歴史と文化（実践例なし）

合わせるとほぼ一五時間分にあたり、そのうち一三時間分（①〜⑬）の授業の展開例が掲載されている。先行の実践についてはふれていないが、第一一・一二章で検討するような実践が多く前提とされているものと考えられる。上記の実践内容については、『指導資料5』のところで具体的に検討することにするが、基本的な考え方のところで「各教科、道徳、特別活動の三領域の特質をふまえ」、「その関連を図りながら実践することが重要である」としていたにもかかわらず、実際の実践例は社会科のみであることは残念な感じがする。第一一章で検討する井上司編著『教育のなかのアイヌ民族』（あゆみ出版、一九八一年）には、すでにいくつもの実践例が示されていたのであるから。

ちなみに、割愛した中学校の実践例には、国語・美術・音楽などでの興味深いものが掲載されており、これらも工夫しだいで小学校で実践できるように思われる。

3 さまざまな民族の生活と文化

『指導資料5』(二〇〇八年)は、『指導資料4』から一四年後のものであり、アイヌ文化振興法の成立後の新たな状況のなかでの『指導資料4』の改訂版ということができる。教育長の序文によれば、二〇〇七年九月の「先住民族の権利に関する国際連合宣言」などの最近の動向を踏まえて、アイヌ民族の歴史・文化等に関する教育の一層の充実を図るために刊行したもので、「アイヌ民族をめぐる動向やアイヌ民族の歴史・文化等に関する指導に必要な基本的事柄についてまとめるとともに、学校研究委託事業等におけるこれまでの研究成果を踏まえた授業実践例や体験的な活動等を行う際の参考資料を掲載」したものだとある。構成は、

第1章　アイヌ民族の歴史・文化等に関する指導を行うに当たって
第2章　アイヌ民族の歴史・文化等に関する指導実践例
第3章　アイヌ民族の歴史・文化等に関する体験的活動と関連施設等の活用
第4章　札幌市民族教育研修会における研修について
第5章　北海道ウタリ協会の活動等について

となっている。

第1章では、札幌市立学校における指導の原則として、「札幌市教育推進の目標」を踏まえた重点策のなかの、「学校教育の今日的課題」としての「人間尊重(人権)教育」と「国際理解教育」の観点から、アイヌ民族の歴史・文化等に関する指導が行われるべきことが、まず確認されている。具体的には、「多民族・多文化社会の中で活躍できる、国際感覚を身に付けた子どもの育成」とか、「アイヌ民族をはじめとする様々な民族の生活や文化等の価値を理解し認め合う子どもの育成」などと、アイヌ文化学習の積極的な意義を述べたことは高く評価されるべきものと思われる。

ただし、アイヌ民族に視点をおくならば、「国際理解教育」よりも「多文化教育」の用語がより相応しいと考えられる。

次に指導にあたっての基礎知識として、「アイヌ文化振興法の制定と人権問題等に関する国内外の動き」が『指導資料1～4』を踏まえて要領よくまとめられており、「アイヌ民族の歴史・文化」の基本的な事項が記述されている。さらに関係法令・法令案も付して、便宜を図っている。

つまり第1章は、札幌市教育委員会が市内のすべての教職員にたいして、「アイヌ民族の歴史・文化等に関する指導」において目指すべき方向を示すとともに、最低限理解すべき事柄をまとめたものとして画期的な意味をもっている。もちろん、『指導資料4』の改訂版ともいえる『指導資料5』を発行するまでに一四年も要したのはなぜなのかといった批判もあろうが、札幌市教育委員会が『指導資料5』で示した姿勢や記載内容は、初心者にもよく理解できるものでもあり、評価すべきものと考える。

第2章に載る「指導実践例」こそが、『指導資料5』の主題にあたる。『指導資料4』と同様に、はじめにアイヌ民族の歴史・文化等に関する基本的な考え方や配慮事項、指導計画表例がおかれている。なお『指導資料5』では、高等学校(市立高校)の記載もあるが、中学校とともに原則としてここでは取り上げない。

「基本的な考え方」と「配慮事項」は、一四年前の『指導資料4』とほぼ同じであるが、新たな視点や記載内容としては、次のようなことがある。ひとつは、『指導資料4』では「アイヌ民族教育は、学校教育全体で行うことが肝要であり、特に、各教科、道徳、特別活動の三領域の特質を踏まえるとともにその関連を図りながら実践することが重要である」とあったところが、「学校教育全体で行うことが肝要であり」の次に、「教科等の特質を踏まえ、その関連を図りながら、国語、社会(地理歴史、公民)、音楽、美術などの教科や道徳、特別活動、総合的な学習の時間等で実践することが重要である」と修正していることである。『指導資料4』のところで私があえて批判した点は、『指導資料5』では修正され、社会科のみではなく、教科を広げているのであった。じつは、このことはアイヌ文化学習にとって必須の要件なのである。

「配慮事項」については、教科書や副読本の活用にかかわって、アイヌ文化財団発刊の『アイヌ民族に関する指導資料』および副読本『アイヌ民族：歴史と現在』なども十分活用することが明記され、アイヌ語について『指導資料4』では「具体的な指導場面では、アイヌ語に親しむように配慮する」とのみあったところを、「アイヌ語地名やユーカラ等の教材により、アイヌ語に親しむようにする」と修正し、「授業でアイヌ語を扱う(教育課程への位置づけ)ことはアイヌの方々が望んでいることでもあり、アイヌの方を招いて授業を行うなど、授業づくりを工夫する」と補足している。

そのうえで、「アイヌ民族の児童生徒に対する配意事項」というコラムがおかれ、そこには、

・アイヌ民族の児童生徒への差別やいじめが起きないよう、十分に配慮する必要がある。

・アイヌ民族の文化や自然観は、自然と人間の共生の在り方について貴重な示唆を与えるものであり、児童生徒がアイヌ民族の文化や自然観等を尊重する態度を身に付けるよう指導を工夫する。

・アイヌ文化に見られる生活様式は、昔のアイヌ民族の生活様式であることをおさえ、児童生徒がアイヌ民族に対する偏見をもたないよう指導する。

・アイヌ民族の児童生徒の心情に十分配慮し、アイヌ民族に関する学習を行う前にはアイヌ民族の児童生徒や保護者との話合いにより共通理解を図るとともに、学習後の児童生徒の状況についても確認する。

と記載されている。「アイヌ民族の文化や自然観等を尊重する態度」を育て、「児童生徒がアイヌ民族に対する偏見を

もたないよう指導する」とともに、「アイヌ民族の児童生徒の心情に十分配慮」するように、としているわけである。

4　アイヌ文様を切り絵にしてみよう

『指導資料5』の第2章で紹介されている「小学校における指導実践例」は次のようなものである。

三年（総合）

①アイヌ語地名で昔がわかる

・いろいろな文様をつくろう（実践は①に含む）

四年（社会）

②アイヌの人たちの生活と文化（自然の中で生きる／カムイチェップ＝神のおくりもの／共に生きる）

五年（国語）

③読書の世界を広げよう―アイヌの民話を味わおう

・環境を守る―アイヌの人たちの自然観（実践例なし）

・つくっておいしく食べよう―コンプシトをつくろう（実践例なし）

六年（社会）

④憲法とわたしたちの暮らし

・世界の音楽めぐり―ウポポ（唄）・ムックリ（口琴）

・芸術家の心にふれて―北海道遺産アイヌ文様

『指導資料4』では、社会科のみであったものが、三年は「総合的学習の時間」で、五年は「国語科」で教材化されている。この指導実践例にしたがえば、アイヌ文化学習は小学校において多面的に実践されることになろう。具体的に見ていきたい。

三年の実践例①「アイヌ語地名で昔がわかる」は、「総合的な学習の時間」での六時間扱いの単元とされている。その構成は、「アイヌ語地名を調べよう」(三時間)、「アイヌ文様を切り絵で学ぼう」(三時間)であり、前者の三時間目の展開例が示されている。アイヌ語地名を教材としたこの展開例「アイヌ語地名をもっと調べて、札幌の昔の様子を考えよう」は、『指導資料4』の実践例①とほぼ同じもので、単元の後半の「アイヌ文様を切り絵で学ぼう」は、『指導資料4』の五年の実践例⑩「アッシ織りの文様」を三年用に組み替えたものとなっている。

板書例や資料(「アイヌ語起源の札幌の地名」、「札幌市の白地図(アイヌ語地名を書きこもう)」、「アイヌ文様を切り絵にしてみよう」)が掲載されており、「アイヌ文様の切り絵」の作成例が写真で示されている(別掲図)。この単元は、札幌市内の小学校ですぐに実践できるものとなっている。

四年(社会)の実践例②「アイヌの人たちの生活と文化」は、『指導資料4』の三年の実践例②③、同じく四年の実践例④〜⑧、そして五年の実践例⑨という、三学年にわたって配置されていた八時間分の授業を、四年の社会科の六時間の単元にまとめたものとなっている。四年社会科の学習指導要領や教科書に例示された単元「昔の暮らしとまちづくり」を、「アイヌの人たちの生活と文化」という単元に改良したものといえよう。単元の具体的な構成は、

・昔のアイヌの人たちはどんな暮らしをしていたのかな(一時間)
・なぜアイヌの子どもたちは投げ輪突きや魚突きで遊んでいたのかな(一時間、展開例A)
・どうして昔のアイヌの人たちはサケの皮で靴をつくったのかな(一時間、展開例B)
・昔のアイヌの人たちはなぜオヒョウの木の皮を少ししかはがさなかったのかな(一時間、展開例C)

◆アイヌ文様を切り絵にしてみよう（作成例）◆

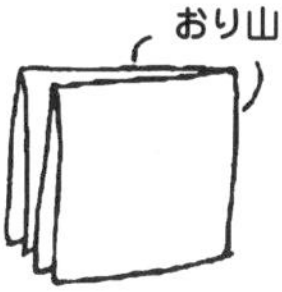

①　折り紙の色のついた面を内側にして、正方形になるように四つ折りにします。

②　折り目の位置に気を付けて、文様を写します。

③　文様の線にそって切ります。

折り目の位置を確認してから、作業を始めましょう。

④　広げると、できあがりです。

⑤　できあがったら、色画用紙などに貼るときれいな掲示物になります。

破れないように広げます！

のり付けも丁寧に！

完成です！

慣れてきたら、発展的で複雑な文様に挑戦してみるとよいでしょう。

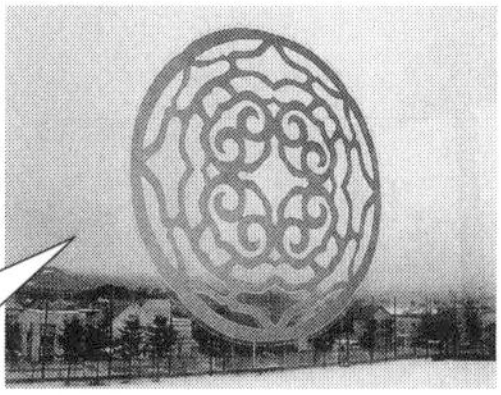

窓に貼るのもきれいです！

（『指導資料 5』p. 41〜42）

・昔のアイヌの人たちの暮らしが分かる新聞をつくろう（二時間）

となっている。一時間分の授業の展開例については、Ａ・Ｂ・Ｃの三時間分を提示している。

ここでも展開例Ａ・Ｂ・Ｃのほか、板書例・諸資料が掲載されている。教材例のひとつである「図　アイヌの人たちの暮らし」は、この単元の導入時の教材で、上段の「コタンの絵」に、下段の「耕す人」「遊ぶ子ども」「赤ちゃんをおんぶする女性」「弓を引く男」「穀物をツク女性」「マレックでサケをとる男」の各図を張り付けるようになっている。「コタンの絵」が狭すぎるようにも思うが、授業で教員がすぐに使用できるように工夫している。他にも、授業用の参考図書・道具（教材）や視聴覚資料の貸出方法、ゲストティーチャー（講師）の依頼方法なども記載されている。至れり尽くせりともいえよう。

五年（国語）の実践例③「アイヌの民話を味わおう」は、五時間分の単元とされている。単元の構成は、「アイヌの民話を読もう」（二時間）、「アイヌの民話を読んで帯紙を作ろう」（三時間）となっている。展開例は二時間目のもので、「アイヌの民話「アイヌとキツネ」を味わいながら読んでみよう」である。板書例、他にどんな「アイヌの民話・お話」があるか、また四〇冊単位で学校が借り出せる寄託図書の借り出し方も記載されている。

六年（社会）の実践例④「憲法とわたしたちの暮らし」は、五時間分の単元となっている。アイヌ民族に直接かかわる授業は、展開例の「えっ。アイヌの人たちは今でも差別されているの？」という資料『アイヌ文化　生活実態調査』を教材としたものである。やはり、板書例、資料『差別・格差の歴史』、資料『アイヌ文化　生活実態調査』、他にも「伝統的生活空間（イオル）の再生」「法律」の移り変わり」「参考文献」が記載されており、発展的な授業の資料となりうるものである。

中学・高等学校の指導実践例は割愛するが、中学校の歴史的分野の実践例である「アイヌの人々がになう北東アジアの交易」が語る「交易者としてのアイヌ」は、小学校でも簡略化して教材化するとよいのではないか。小学校六年の社会科で扱うであろう「和人による不平等な交易」の前段に、「交易者としてのアイヌ」を知ることで、小学生の「アイヌ像」は大幅に修正されるように思うが、どうであろうか。また、美術科での実践例にある「世界の伝統文様」と「アイヌ文様」の比較の授業も、「和人の文様」を入れることで簡単なかたちで小学校の図工科や家庭科の授業に変換できるように思われる。

なお、多くの実践例集などに見られることであるが、先行の実践報告が引用あるいは紹介されていないことは残念な点である。

5 ピリカコタンや開拓記念館の活用とウタリ教育相談員

『指導資料5』の第3章「体験的活動と関連施設等の活用」には、①「札幌市アイヌ文化交流センター・サッポロピリカコタン」と、②北海道開拓記念館の活用方法が説明されている。サッポロピリカコタンは、「札幌アイヌの方々が製作した数々のアイヌ民族伝統工芸品を、その場で見て、触れて、体験できる日本初の先住民族の施設で」あり、実物を見て、触れて、体験できるという、まさにアイヌ文化学習の殿堂ともいってよい教育施設である。

札幌市の中心部からは少し離れているが、こうした学習の場が市の施設として存在することは、ほんとうに素晴らしいことだと思われる。『指導資料5』は、ピリカコタンの基本情報を記載したうえで、体験活動の事例として、「展示室を探検しよう！」「屋外展示を探検しよう！」「体験しよう！アイヌの伝統、アイヌの文化」を紹介し、さらに「小・中・高校体験プログラム事業」の概要（基本プラン＝約二時間）を解説している。このプログラムで、子どもたちにどのような活動をさせることができるかは、市内小学校の著名な実践家である佐藤広也が「ピリカコタンで〝サザ

エさん〟を踊ろう」という実践報告で紹介している。(9)

北海道の中核的博物館である道立の北海道開拓記念館(現、北海道博物館)も市内にある。『指導資料5』には、北海道開拓記念館の活用法やアイヌ文化学習とかかわる展示内容について解説されている。また、他の市内施設についても紹介している。そして、アイヌ文化学習にあたってのゲストティーチャー(講師)の依頼方法についても説明している。ひとつは札幌市教育委員会による「ウタリ教育相談員の学校派遣」(二〇〇四年四月からは「アイヌ教育相談員」)、もうひとつはアイヌ文化財団の「アイヌ文化活動アドバイザー」についてである。

第4章には、一九八二年から行われている「札幌市民族教育研修会」の趣旨・目的及び経緯などが説明され、第二三回から第四七回までの研修会の講師名や、二〇〇三年度～二〇〇七年度の研修会の概要が書かれている。二〇〇四年度には、初めて実践発表が行われ、二〇〇五年度からは、教育センター主管の研修会は初任者研修に位置づけられ、指導室主管の研修会は、「体験実習」を主としたものとなったことが説明されている。

また第5章には、北海道ウタリ協会の組織や活動等の要点を記載するとともに、アイヌ文化財団や北海道立ウタリ総合センターについての紹介も載せている。そして、北海道ウタリ協会札幌支部の組織と活動についてふれている。

このように、『指導資料5』は、「アイヌ民族の歴史・文化等に関する指導」を市内の教職員が実践するにあたってのマニュアルともいうべきものであり、識者から見ればまだまだ課題の多いものかもしれないが、市内教職員が基本的に身につけておくべきことや具体的な実践の方法を委細を尽くして記述したものとして、くり返しになるが高く評価されるべきものである。

6　札幌市教育委員会による取り組みの評価

以上のように、札幌市教育委員会は一九八五年から二〇〇八年の足かけ二四年間で、教職員向けのアイヌ文化学習についての指導資料を五分冊作成してきている。『指導資料1～3』は、おもに教職員が知っておくべき「アイヌ(民族)の歴史・文化等に関する」基本的な事項について整理し、さらに北海道ウタリ協会の立場や活動について記述することで、「現在のアイヌ」を理解できるように解説したものであった。

そして、『指導資料4・5』では、それらを整理したうえに、「指導実践例」を授業の展開例を含めて掲載し、教員がすぐに実践できるように配慮している。なかでも二〇〇八年刊行の『指導資料5』は、先述のように教職員にとって「アイヌ文化学習のマニュアル」ともいうべきものである。こうした札幌市教育委員会のこれまでの取り組みや姿勢について、もちろん批判すべき点もあろうが、私は肯定的に評価すべきものと考えている。

もちろん、『指導資料5』のような素晴らしいマニュアルを手にすることができた市立学校のすべての教職員は、『指導資料1～5』が繰り返し書いていたように、学校単位でこのマニュアルを活用した実践を行う義務を負ったことになる。他方、札幌市教育委員会は制度的・政策的に学校ごとの実践を支援する体制を整え、実際に支援していく必要があるのであり、その成果が大いに期待されるところである。『指導資料5』の実践例を参考とした実践を各学校ですすめること、そしてこの実践例を超えていくことが求められいる。

『指導資料4』に書かれていたように、札幌市教育委員会ではグループ委託研究として「アイヌ民族の歴史や文化理解についての実践的な研究」などをテーマに実践研究をすすめてきており、『指導資料4・5』の指導実践例などは、こうした実践研究にもとづくものであった。私も二〇〇六年一〇・一一月に、札幌市教育委員会指導室の紹介をうけて、平成一八年度学校研究委託事業・研究ベース校：課題「アイヌ民族教育」にもとづいたふたつの小学校での授業を観察する機会があった。

ひとつは四年の総合的な学習の時間での「食から考えるアイヌの人々の自然との共生」という授業であり、もうひとつが同じく四年の「アイヌの人たちの生活と文化―アイヌ紋様づくりの活動を通して、アイヌ文化のすばらしさを―」というものである（ともに講師は札幌市教育委員会ウタリ教育相談員の松平智子さん（当時））。後者の授業は、まさに『指導資料5』の三年の「アイヌ文様を切り絵にしてみよう」に準じたものであり、前者は、『指導資料5』の「指導計画表例」において五年の家庭科の授業「つくっておいしく食べよう―コンプシトをつくろう」に準じたものであった。

ウタリ（アイヌ）教育相談員の松平（光野）さんと担任の先生が協力して、楽しい授業が展開されていたが、こうした単発のアイヌ文化学習では、授業の本来の目的の半分にも達しないといわざるをえない。二〇〇校を超える札幌市内の小学校において、ウタリ（アイヌ）教育相談員の協力をえながらアイヌ文化学習を『指導資料5』の実践例のとおりに行うだけでも、いかに困難が多いかは一目瞭然である。しかし、「アイヌ民族教育は、学校教育全体で行うことが肝要」（『指導資料4・5』）なのであり、学校全体での取り組みと実践の積み重ねを改めて期待したいと思う。[10]

三　白老町教育委員会・アイヌ文化財団の取り組み

1　白老町教育委員会による「職員研修」

ここでは、白老町教育委員会が教職員向けに作成した小冊子『アイヌ民族に関する教育の充実を求めて[11]』の内容と、同教育委員会による「平成一八年度アイヌ文化を学ぶふるさと学習事業」の概要を紹介しておく。

まず教職員向けの小冊子（七頁）の一頁目には、「発刊にあたって」（教育長）として、これまでもアイヌ民族に関する学習に取り組んできたが、「平成一五年九月の町内の教職員を対象に実施した調査では、多くの教職員が、児童生徒への指導に対して、その在り方・方法に戸惑いや難しさを感じていることがわかりました」とし、具体的な戸惑いや難しさとして、次の四点をあげている。

①アイヌの方々にたいする認識不足から、教材として扱うことで、民族感情を損ねてしまうのではないか心配である。

②自分の学級にアイヌの子弟がいる場合、他の生徒との人間関係等を考えると、どの程度まで指導してよいのかわからない。

③過去の話、どこか違う所での話なら指導もしやすいが、現実に学級のこととなると、指導しにくい。

④アイヌ民族の文化、生活や歴史など自分自身の勉強不足を痛感する。

こうした教職員の戸惑いは、白老町に限られた問題でないことは、第九章で検討した私の免許法認定講習を受講した先生方の発言や文章からもわかるし、清水敏行は「教師のためらい」や「教員の戸惑い」と表現して、それを克服するためには現在の教師の関心や意欲に応えうる副読本の記述や研修の充実などの教育政策が必要であるとしていた。⑫白老町教育委員会の取り組みは、まさに「教師のためらい」「教員の戸惑い」を真摯に受けとめ、教職員を支援しようというものである。

そのうえで、アイヌ民族にかかわる学習をすすめる目的を白老町教育委員会は、次のように記載している。

アイヌ民族の歴史や文化を学ぶことによって、

(1)アイヌの人たちへの差別や偏見を解消するとともに、基本的人権を尊重する態度を養うこと、

(2)アイヌの固有の文化や伝統の特性を理解するとともに、それらを尊重する態度を養うこと、

(3)一人一人の違いを理解するとともに、その違いを尊重する態度を養うこと、にある。

そして、こうした学習の目的にもとづいた目標として、

《小学校低学年》では、アイヌ民族の存在について知り、アイヌ文化に親しむこと、

《高学年》では、アイヌの人たちの生活や文化の特徴、歴史を知ること、

《中学校》では、アイヌ民族の歴史や民族文化の意味を知ること、

の三点をあげている。具体的には、さまざまな体験的な学習(ムックリ〔口琴〕の製作・演奏、アイヌ文様彫刻体験、刺繍体験、伝統料理体験、古式舞踊体験)を窓口に、体験的な学習をすすめことでアイヌ民族の文化にたいする理解を広げていくことが必要であるとする。

小学校での学習では、こうした体験的な学習が有効なことは、第一二章で取り上げる千歳市立末広小学校や平取町立二風谷小学校での実践からも明らかなわけで、白老町教育委員会では、体験的な学習をアイヌ文化学習の入口として大切であるとしている。

そのため、「平成一八年度アイヌ文化を学ぶふるさと学習事業」としての「教職員研修」(平成一八年八月二一・三・四日)では、「アイヌ民族の歴史」「アイヌの文化」「アイヌ民族の現在」などの講座とともに、体験学習として「ムックリ製作」「文様刺繍」「コースター製作」「伝統料理に挑戦」「はじめてのアイヌ語」「ワークショップ：何を教えるべきか―これだけは教えよう―」などが準備されている。まずは先生方に体験学習をしてもらおうというわけである。末広小学校での体験的な学習の多くは、講師主導のものが多いのであるが、こうした教職員への研修を重ねることで、教職員自身も何らかのかたちで、子どもたちの体験的な学習に直接かかわれるようになるであろう。それが大切であ

る。こうした意味で白老町教育委員会の「教職員研修」は大変に重要であり、すべての道内の教育委員会が取り組むべきものであると考えられる。

2　アイヌ文化財団の活動

次にアイヌ文化財団の活動について紹介しておく。周知のように、アイヌ文化財団は一九九七年七月に施行されたアイヌ文化振興法にもとづき、同法に規定された業務を行う全国を通じて唯一の法人として札幌市に設立されたもので、東京八重洲にはアイヌ文化交流センターがおかれている。

アイヌ文化財団では、一九九七年七月の事業開始以来、アイヌ民族について小・中学校で教育を行うための教材となる『アイヌ民族に関する副読本（仮称）』を作成する準備をすすめてきた。その準備過程で作成されたのが、『アイヌ民族に関する指導資料』（アイヌ文化財団、二〇〇〇年。編集委員長は奥田統己、委員には本田優子も）であった。

ただし、『アイヌ民族に関する指導資料』とはいっても、その内容のほとんどは「アイヌ史」の記述になっている。その理由は、冒頭の「本書のねらいと留意点」に記載されている。たとえば、「アイヌ民族の歴史を、日本史のなかの過去の一時期に付属するものではなく、独立して成立するものとしてとらえる」とか、「和人の文化と対比して特徴的な部分だけに着目するのではなく、アイヌ文化を全体的にとらえる」、さらに「『伝統的アイヌ文化』を時代から切り離されたものとして固定的に提示するのではなく、アイヌ文化の歴史的な変化の流れのなかに可能な限り位置づける」と書いているように、これらは「アイヌ史」のための方法を簡潔に記述したものとみることができる。

つまり、アイヌ文化財団が当初作成しようとした副教材が、いわゆる「日本史」にたいする「アイヌ史」たろうとしたことがよくわかる。そのため、私などのように、小学校での教育実践のための「指導資料」だと考えて本書をめくっていくと、当てがはずれるのである。ただし、教育実践の視点からみて注目される記述もある。それは、最後の方の「近代・現代の文化」や「アイヌ語」に関するものである。前者には、近現代を生きた人々として、大川原コビサントク・山本多助・知里真志保・山丸武雄・平三雄といった人物についての詳しい記述があり、後者には「アイヌ語」がどんな言語であるのかという、教材として興味深い解説がある。

しかし、札幌市教育委員会の『指導資料2』のアンケートの分析にあったように、多くの教師は、アイヌの歴史のみではなく、アイヌ民族の多様な姿を知りたいのであり、それこそが教材として必要であると考えているように思われる。『アイヌ民族に関する指導資料』にたいして、私が批判めいたことを書くのは、本書の作成にかかわった方々の労苦を否定しているのでは決してない。「アイヌ史」はどうしても必要なことであるし、教育においても中核に位置づけられるべきものである。[13] しかし、小学校の教材としてどのようなものが相応しいかは、別に検討する必要があるのである。

3　副読本『アイヌ民族：歴史と現在』

二〇〇一年三月に待望の副読本『アイヌ民族：歴史と現在―未来を共に生きるために―』(小学生用・中学生用、ともに四五頁)が完成し、発行された。これまで整理してきたように、この副教材こそが北海道においてアイヌ文化学習をすすめるための決定打となるはずのものであった。そのため、道内のすべての小学校四年生と中学校二年生に配布されたのである(その後も毎年、同学年に配布されてきた)。「小学生用」の目次を示しておく。

はじめに

Ⅰ．土器を使い始める前の時代

Ⅱ・縄文時代の文化
Ⅲ・7～13世紀の政治・社会―東北地方の蝦夷―
Ⅳ・1～13世紀の文化
Ⅴ・13～17世紀の政治・社会
Ⅵ・13～17世紀の文化
Ⅶ・17～19世紀の政治・社会
Ⅷ・17～19世紀の文化
Ⅸ・明治・大正から戦前までの政治・社会
Ⅹ・現代の政治・社会
Ⅺ・近代・現代の文化
Ⅻ・アイヌ語
XIII・北海道のヒト―骨の特徴から考える―

じつはこの目次は、前年の『アイヌ民族に関する指導資料』の目次とほとんど同じものであった。もちろん、記述の内容には多数の図版や写真が付されており、各章の記述はたいへんに高いレベルが維持されながらも、わかりやすいものとなっている。しかし、実際に小学校四年からの社会科副読本として活用するとしても、六年の歴史において補助的に使用することが精一杯であったと推測される。

実際の授業でこの副読本で利用できるのは、やはり「Ⅺ・近代・現代の文化」（前掲の五名の人物）や「Ⅻ・アイヌ語」、「XIII・北海道のヒト」であったのではないか。もちろん、六年の歴史で利用された可能性は高いが、実際には編者の意図に反して、「和人の文化と対比して特徴的な部分だけに着目する」かたちで利用する以外にはなかったのではなかろうか。

副読本の前提であった『アイヌ民族に関する指導資料』のねらいに、「本書の編集の段階では「児童・生徒にわかる範囲」に視野を限定せずに考える。児童・生徒に配布する副読本の編集にあたっても可能な限り広い視野に立つことを目指すが、現時点で教材化・教育が困難だと判断される点については、指導資料の段階の記述にとどめることもありうる」との姿勢が示されており、副読本が「アイヌ史」として編まれることは必然的なことでもあったわけである。

副読本の「はじめに」は、次のように書かれている。

　この本は、アイヌ民族について小学生のみなさんに知ってもらうために作られました。／今の日本の社会科の教科書に書いてあることは、ほとんどが和人(注は省略)の社会や文化についてです。しかし、日本には和人だけが暮らしてきたのではありません。アイヌ民族も、昔から日本列島に住んできました。そこで、アイヌの社会や文化のうつりかわりについて教科書に書いてあることを補うのが、この本の役目です。(中学生用もほぼ同文)

あとでふれるが、本田優子が多文化(主義)教育の議論から、アイヌ民族についての歴史叙述のなかに、和人と同じ量の時の流れと空間が存在していることが保障される必要があると主張したことの第一歩と見ることができるし、いまなおアイヌに関する教育研究活動の前提となるとした、井上司による「アイヌ略史」[14]に代わる位置づけをもつ「アイヌ略史」と見てもよいものである[15]。

しかし、この副読本が教育現場でどのように活用されたかが重要である。先述のような推測ではなく、詳細な調査が必要ではあるが、現在の小・中学校の教育課程のなかに、この副読本をこのまま教材とすることには相当に無理があろうと考えるのは、私だけではなかろう。もちろん、一義的には、この副読本が利用できるように教育課程を改善することが重要であるが、早期の実現は難しい。そうだとすれば、教育課程の実践的な修正とこの副読本自体の修正＝「教材化」が必要なのである。

4　改訂版『アイヌ民族：歴史と現在』

実際にアイヌ文化財団では、二〇〇八年三月に改訂版の副読本『アイヌ民族：歴史と現在―未来を共に生きるために―』（小学生用四八頁、中学生用四六頁。編集・執筆委員には、奥田や本田は抜け、実践家でもある平山裕人などが入る）を発行している。目次をあげておく。

地名

1. アイヌ民族の文化

1アイヌ語の地名／2衣服／3食べもの／4住まい／5信こう／6歌とおどり／7楽器／8文芸

2. アイヌ民族の歴史

1縄文文化からアイヌ文化へ／2コシャマインの戦い／3シャクシャインの戦い／4クナシリ・メナシの戦い／5漁場ではたらくかげで／6北海道の「開拓」とアイヌ民族／7北海道旧土人保護法／8アイヌ協会を作る／9先住民族として

3. アイヌ民族の文化と現代社会

1いろいろな文化が共に生きる社会に／2アイヌ文化の精神を今に生かす

導入（扉）としての「地名」に次いで三部構成をとっている。「歴史」は2部に一九頁と大幅に縮約され、1部は

「文化」で一六頁、３部の「文化と現代社会」は六頁となっている。形式的には、アイヌ民族の文化や現代社会を重視した構成に改訂されたといえる。

すでに釧路管内標茶町の千葉誠治が、旧版にたいして改訂版はどのように変わったのかを検討している(16)。千葉は、まず旧版について「旧石器時代から現代まで、今までの研究の成果をある程度網羅した内容ですが、はじめて扱う人にとっては難解な部分も少なくありません。ましてや、社会科の専門外が多い小学校の教師が取り扱うことを考えると、使いこなすことはできません。（中略）したがって、全道の学校に配られても、使われることはありませんでした」と書いている。

そのうえで改訂版については、「小学校ではじめて扱う、あるいは授業を行う教師を意識して、アイヌ民族の文化と歴史に分け、写真や挿絵等も豊富で、使いやすい内容となっています」とし、「改訂版は、現場の教員が参加したこともあり、アイヌ民族のことをよくわからない、教えたくても適切な資料がないと思っている教師が教えるには、とても参考になると思います」と評価している。

ただし、千葉は「しかし、実際の指導では、アイヌ民族だけ特別扱いしないことが求められます。それぞれの民族の生活基盤の違いによって文化等が違うことや、昔は和人もアイヌも自然に頼る生活をしなければ生きていけなかったことを、合わせて指導する必要があると思います」と年来の考えを述べている。

おわりに

二〇〇八年八月、北海道教育大学札幌校で行われた国連大学グローバル・セミナー第八回北海道セッションでのセミナー「グローバル時代の文化と言語」において、講師をつとめた奥田統己は「アイヌ：言語／文化の復興と歴史の抑圧」という講義を行っている。[17] 当日は講義の資料として「『アイヌ民族：歴史と現在―未来を共に生きるために―』新旧の対照」が配布された。[18] まず要旨には、副読本の「初版は、縄文以前から現代までの時間軸に沿って、固定観念に限定されず歴史的な変化を追いながら、アイヌ民族の歴史と文化を提示していた。（中略）新版では、まったく正反対に、固定観念に基づく像だけがアイヌ文化として提示され、アイヌ文化の時代は一三世紀から一九世紀までだけに限定され、現代のアイヌ文化はアイヌ語を学び、手工芸を作り、舞踊や音楽を演じる活動などだけによって例示されている。この改訂版が「親しみやすく、教えやすい」という方針のもとに編集されたことに、もう一度注意すべきである」と新版を批判している。

次章でふれる本田優子の議論とも共鳴する奥田の考えが、理屈としては正論だと考えるが、小・中学校の副読本＝教材としては教育実践的な戦術が必要なのである。

奥田が作成した「副読本の新旧の対照表」にもふれておく。奥田は、アイヌ文化を学ぶ意義にかかわって、旧版では「はじめに」の記述を含めて、「文化を特定の価値観で測る記述を避けている」が、新版には「アイヌ文化の精神が今の時代に必要とされているわけをいっしょに考えてみましょう」、「子どもやお年寄りが大切にされるアイヌの社会」、「物を大切にし、自然とともに生きるアイヌ民族」などと述べ、「文化を特定の価値観で測っている箇所がある」としている。

また、ねらいと難易度に関しては、『北海道新聞』（二〇〇八年三月九日朝刊）が、旧版について「「内容が難しい」「教え方がわからない」などの反応が多かった」が、新版は「子供たちにとって親しみやすく、誰でも教えやすい内容を心がけた（関係者）」としたことを引用し、旧版には図版も少なく、小学生には難しい記述も少なくなかったと認めつつも、「異文化は学ぶべきだが容易に語るべきではない。教える難しさを回避してはいけない」と反論し、新版には「なぜ、アイヌの人たちがアイヌ語ではなく、日本語を話すのか。なぜ、アイヌの人たちは、サケやシカをとる生活をやめたのか。なぜ、今、アイヌ語やアイヌ文化を守り、広げようとしているのか」（「歴史の学習のはじめに」）という誰にとっても難しい発問が示されているし、これらは「アイヌの人々が歴史上直面した諸問題を単純な発問として示」したもので、「これらの問いを想像する訓練は必要だが、「教えやすい」答えを導こうとする授業実践は偏見を育てるだろう」としている。

この議論は、教育の方法上の問題とも関連するものであり、新版の評価については別の機会に論じてみたいと思う。ここでは、千葉の整理と奥田の批判を紹介しておいた。もちろん、重要なことは新版（改訂版）が教室でどのように使用されるのかにあり、今後も注目していきたいと考える。

注

（1）『アイヌの歴史・文化等に関する指導資料1（改訂版）』（札幌市教育委員会、一九八六年。初版一九八五年）。
（2）『アイヌの歴史・文化等に関する資料2　札幌市立学校教員（幼・小・中・高）のアイヌに関するアンケート―集計結果とその分析―』（同右、一九八六年）。
（3）『アイヌの歴史・文化等に関する資料3　学校教育とアイヌ理解―今　問われるアイヌ理解とは―』（札幌市教育委員会、一九八八年）。第2集と第3集の表題には「指導」の語がない。
（4）『アイヌ民族の歴史・文化等に関する指導資料4』（同右、一九九四年）。
（5）『アイヌ民族の歴史・文化等に関する指導資料5』（同右、二〇〇八年）。第4集と第5集の表題は、「アイヌ」ではなく「アイヌ民族」とされた。

（6）「アイヌに関する教育研究機関」に関連する研究機関としては、一九九四年六月に開設された「北海道立アイヌ民族文化研究センター」がある。同センターは、アイヌ文化の調査研究と、その成果の普及を目的とした。なお、同センターは、二〇一五年四月に北海道開拓記念館（一九七一年開館）と統合されて北海道博物館として開館し、同博物館の内部組織「アイヌ民族文化研究センター」とされた。なお、同センターの活動には、この座談会で強調された「教育」の面についての活動は十分には位置づけられていないようである。

（7）この講演記録は一部しか収録されていない。なお竹ヶ原幸朗の研究は『竹ヶ原幸朗研究集成』全二巻（社会評論社、二〇一〇年）としてまとめられている。

（8）国民国家論については、B・アンダーソン（白石隆・白石さや訳）『定本　想像の共同体』（書籍工房早山、二〇〇七年。初版一九八三年）、西川長夫『国民国家論の射程』（柏書房、一九九八年）、今西一「国民国家論と「日本史」」（『岩波講座　日本歴史第22巻』岩波書店、二〇一六年）をあげておく。

（9）佐藤広也「ピリカコタンで〝サザエさん〟を踊ろう」（『歴史地理教育』七四二号、二〇〇九年）。

（10）札幌市教育委員会による「アイヌ民族に関する指導についての教員研修―札幌市民族教育に関する研修会―」については、札幌市のホームページ内の「アイヌ民族に関する教育」に概要が掲載されている。この研修会は、本文でもふれたように札幌市立学校教職員を対象に、アイヌ民族の歴史・文化等について理解を深め、指導力の向上に資するために一九八二年から実施されている事業で、指導室所管の研修会（教職員対象）と教育センター所管の研修会（初任者教員対象）であり、年二回実施されている。

（11）『アイヌ民族に関する教育の充実を求めて』（白老町教育委員会、奥付はないが二〇〇四年秋に刊行か。二〇〇六年に入手)。

(12) 清水敏行「小学校におけるアイヌ民族教育に関する調査」(『北海道教育大学僻地教育研究施設　僻地教育研究』五二号、一九九八年)。第九章第三節参照。

(13) 二〇〇九年七月のアイヌ政策のあり方に関する有識者懇談会(有識者懇)の『報告書』は、本文四二頁のうちの二頁から一七頁にわたって「1今に至る歴史的経緯(アイヌ史)」を詳しく報告している。「アイヌ史」を前提とせずには、アイヌ政策も成立しないことは共通理解となっている。

(14) 井上司「アイヌ略史」は、同『地域・民族と歴史教育』(岩崎書店、一九七八年)に「アイヌ史概説」として収録されている(初出「アイヌ略史」は一九七二年)。

(15) 本田(米田)優子「学校教育における「アイヌ文化」の教材化の問題点について―一九六〇年代後半以降の教育実践資料の整理・分析を中心として―」(『北海道立アイヌ民族文化研究センター研究紀要』二号、一九九六年)。本書第一一章第二節参照。

(16) 千葉誠治「小中学生が学ぶ副読本はどう変わったか」(『歴史地理教育』七四二号、二〇〇九年)。なお、千葉の実践については第一二章で検討する。

(17) 国連大学グローバル・セミナー第八回北海道セッションで、鈴木はプログラム委員の一人として、奥田に講師を依頼する立場にあった。なお、セミナー「グローバル時代の文化と言語」の要旨は http://www.unu.edu/gs/archives/gs2008.html#hokkaido で見ることができる。

(18) 冊子『国連大学グローバル・セミナー第8回北海道セッション　報告書』(国際連合大学、奥付はないが二〇〇九年)。

第一一章　アイヌ文化学習の実践とその方向性

はじめに

小学校での「アイヌ文化学習」がどのようになされてきたのか、を考えるもうひとつの方法は、実践報告を見ていくことである。しかし、これまでの実践報告をすべて収集することも、またそれをすべて読んで体系化することも即座にはできないので、ここではまず、北海道の高校教員であり、北海道歴史教育者協議会会長などをつとめた井上司の編著『教育のなかのアイヌ民族[1]』を取り上げてみたい。井上の前著『地域・民族と歴史教育』に収録されている「アイヌ史概説（初出「アイヌ略史[2]」）」は、本田優子が一九九六年に「いまなお、アイヌに関する教育研究活動上、重要なものの一つだ[3]」と紹介したもので、井上は戦後一貫してアイヌ民族に関する教育について先駆的・指導的な立場にあった。

すでに三〇年近くも前の書物であるが、当時のアイヌ民族についての教育の現状と課題を見据えたもので、教育実践に即した議論と小中高の教材案が示されている。すでに絶版となっているので、小学校に視点をおいて、少し詳しく紹介したい。

一　井上司編著『教育のなかのアイヌ民族』から

『教育のなかのアイヌ民族』は、「Ⅰ現状と課題」「Ⅱアイヌ民族の教育プラン」「Ⅲ教育実践」の三部構成になっている。「Ⅰ現状と課題」では、冒頭にいわれなき差別の体験を淡々と綴った「少女の訴え（中学一年生の作文）」がおかれ、次いで一九七〇年代から八〇年代初頭に、道内の小学校・中学校・高等学校・大学の一部（小＝二一校の四〜六年生、中＝四校、高＝一一校、大＝一校）や、東京の小学校・中学校・高等学校・大学で行われたアイヌに関するアンケート（子どもたちの「アイヌ」認識）の集計結果を分析することで、当時の「現状」を把握している。そのうえで、「アイヌ父母の教育要求」が示され、教育上の課題が議論されている。

1　アイヌ父母の教育要求

たとえば、小川早苗さんは、小学校の教科のなかに位置づけてほしいこととして、次のようなことをあげている。

国語：アイヌ語の時間をつくる。民話の読みきかせ。ユーカラ（叙事詩）、イソイッタク、ツイタック（昔話）。

社会：アイヌ語地名調べ（言葉の意味）。生活との関わりなど。アイヌの歴史、生活史、アイヌ民族略奪史など。アイヌの儀式―宗教生活などもふくむ。

算数：アイヌ数詞の応用。

理科：食物の保存法。自然生活者の知恵。

音楽：ウポポ（歌）、ムックリ（口琴）。

体育：リムセ（輪舞）、皆んなで楽しみながらおぼえる。
図工：アイヌ文様の切絵。アイヌ文様の彫刻。ウコロ彫。
家庭科：アイヌ文様の刺しゅう。衣服の歴史。和人との対比など。

そして、「右の内容がもっと具体的に専門家の手で研究実践される事を望んでいる」としている。「教育・教師のなかの「アイヌ」」では、まず当時の教科書での記述を検証したうえで、「アイヌ父母の教育要求」とかかわって、北海道教育委員会による取り組みは、一九七三年以降のことであり、「ウタリ指導に関する協議会」が設置されてからであった。この協議会では、「郷土読本」（小学校三・四年の副読本）に記載された「地名のいわれ」「昔のアイヌの生活」にかかわって、学校では教科書や副読本で「どのように、アイヌがとりあげられているか」「その指導はどうなっているか」を検討したという。第一〇章でふれたように、札幌市教育委員会が一九八〇年春のN小学校問題を契機に、一九八〇年度より「（民族教育）担当指導主事」をおいたことを明らかにしている。また、教師の取り組みが本格化したのは一九六〇年代からであったとし、その経過を詳しく記述している。

当時の「現状と課題」をこのように把握したうえで、井上は「高校卒業までに学んでほしい基礎的な知識」を概括し、「アイヌ民族の教育計画（社会科）」と教材案を示している。ここでは小学校の教材案について、紹介しておく。

井上は、まず低学年では社会か国語で「お話」（読みきかせ）をし、体育などで「遊び（おどり）」をさせたらよいという。そして読みきかせ用の本（絵本）などとして、一年生には『カンナカムイのたたかい』や『かわうそどんのくじらとり』を、二年生には『白鳥のコタン』や『日のかみさまとモレンマ』『きんいろのつののしか』を紹介し、教育的な視点から話の内容を記述している。また、踊りとしては、「燕のおどり」「ねずみとりの踊り」「鶴のおどり」「きつねの踊り」などがよいとする。

中学年の社会では、一・二年の「読みきかせ」の延長上の「お話」教材として、『木のぼりのオオカミ』『風の神とオキクルミ』『オキクルミのぼうけん』(ユーカラから)を、さらに社会のしくみとのかかわりを教えることができる教材として「とんちの繁次郎」(『日本の民話2』講談社)、『小さなトムトム』、『ふるさと民話8　ハナとひげじい』(アイヌと開拓農民)、『シャクシャインのたたかい』(山下国幸などの実践)などを紹介している。また、社会科としては、別に地名調べ(ほとんどがアイヌ語からきている)があり、図工科・音楽科では、ムックリの演奏や「アイヌ文様」(切紙・彫刻)ができるとし、後者は家庭科でもよかろうとする。

高学年では、地理学習の社会科の五年で、

①日本には和人系日本人のほか、アイヌ系日本人など(少数民族)がいること。
②アイヌ系日本人の人口は二・五万人いること。
③仕事も、生活も、言葉もまったく同じで、観光地にいる人はその一部であること。
④民族的権利がおかされ、アイヌへの偏見や差別があるので、生活が苦しく、高校進学率も低いこと。
⑤しかし、民族の文化と誇りを守って生きてゆこうという人がふえていること。

をわからせたいという。六年の歴史学習で、各時代の北海道、アイヌ民族の生活をイメージ豊かに語ること、「シャクシャインのたたかい」を「島原の乱」のあとでじっくり取り上げることがよいとし、『怪鳥フリュー』(カムイ・ユーカラより)や『ポイヤウンペ物語』などの「お話」も教材としたらどうかとしている。

また井上は、低学年からの民主的学級集団づくり＝学級活動が不可欠であるとし、修学旅行での留意点にもふれている。井上の教育プランは、先の小川早苗さんの「教育要求」によく対応したものになっているのである。

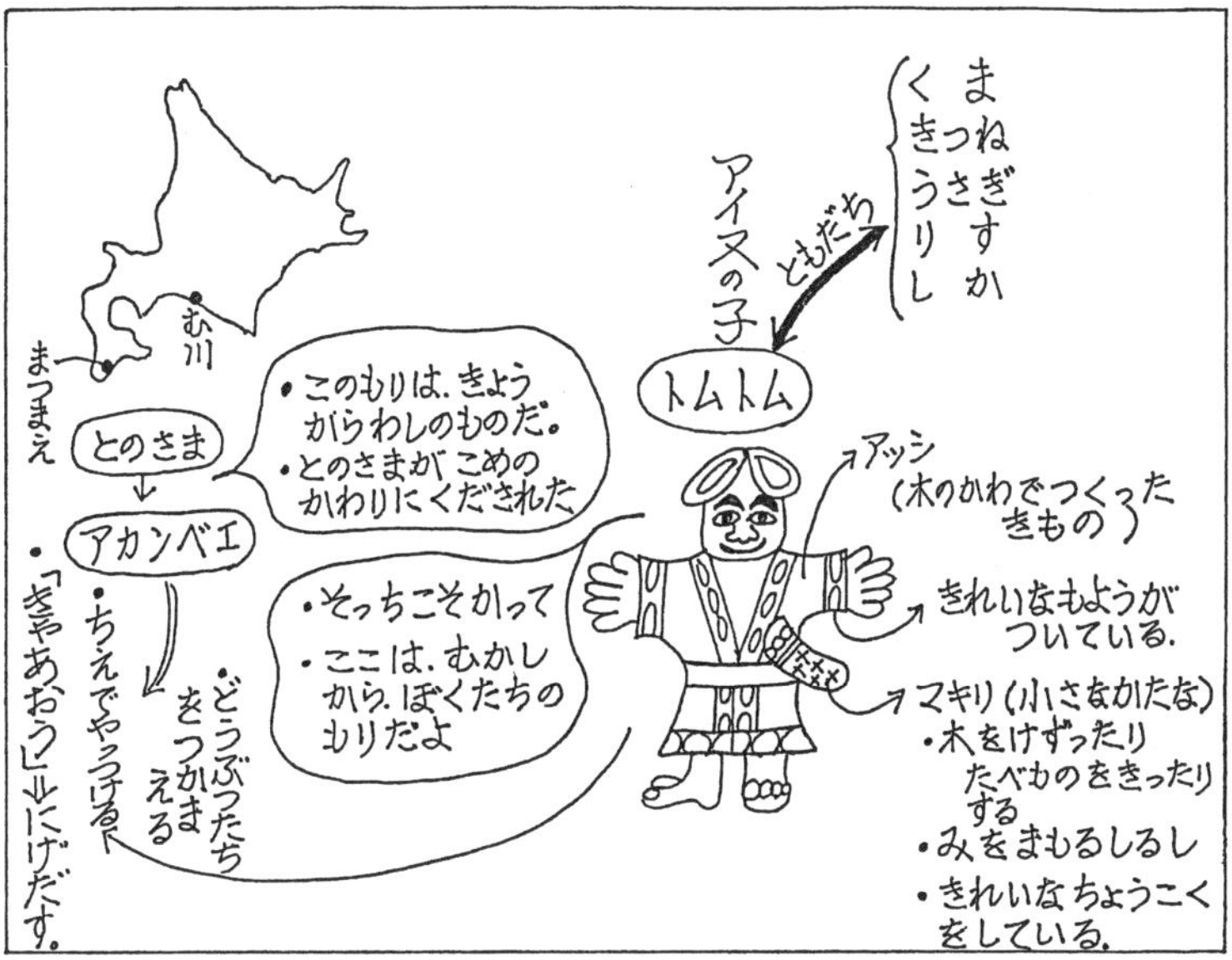

あらかじめ、トムトムの絵を書いておいた模造紙を用意しておき、お話の経過にしたがって書きこんでいく。

図1

2　小学校の実践

井上は、先の教育プランにそった教育実践のいくつかを紹介している。

①二年社会科：「絵本『小さなトムトム』を使って」（田村末信の実践）

『小さなトムトム』は、主人公のアイヌの子「トムトム」が、友だちの動物たちといっしょに、征服者の松前のさむらい「アカンベエ」をやっつける創作童話。トムトムの絵、北海道の白地図、文図（まとめ）のための名前を書いた模造紙（図1参照）を用意し、読みきかせをしつつ、途中で解説や話し合いをしながらすすんでいく授業。

②二年社会科：「アイヌの四季—絵本『白鳥のコタン』を使って」（山下国幸の実践）

『白鳥のコタン』は、戦乱でひとり生き残ったイクレシュを、アイヌ娘に姿をかえた白鳥の女神が養い育てるが、それに怒った雷の神の怒りを鎮めるために女神は沼に身を投げるという、ユーカラからの

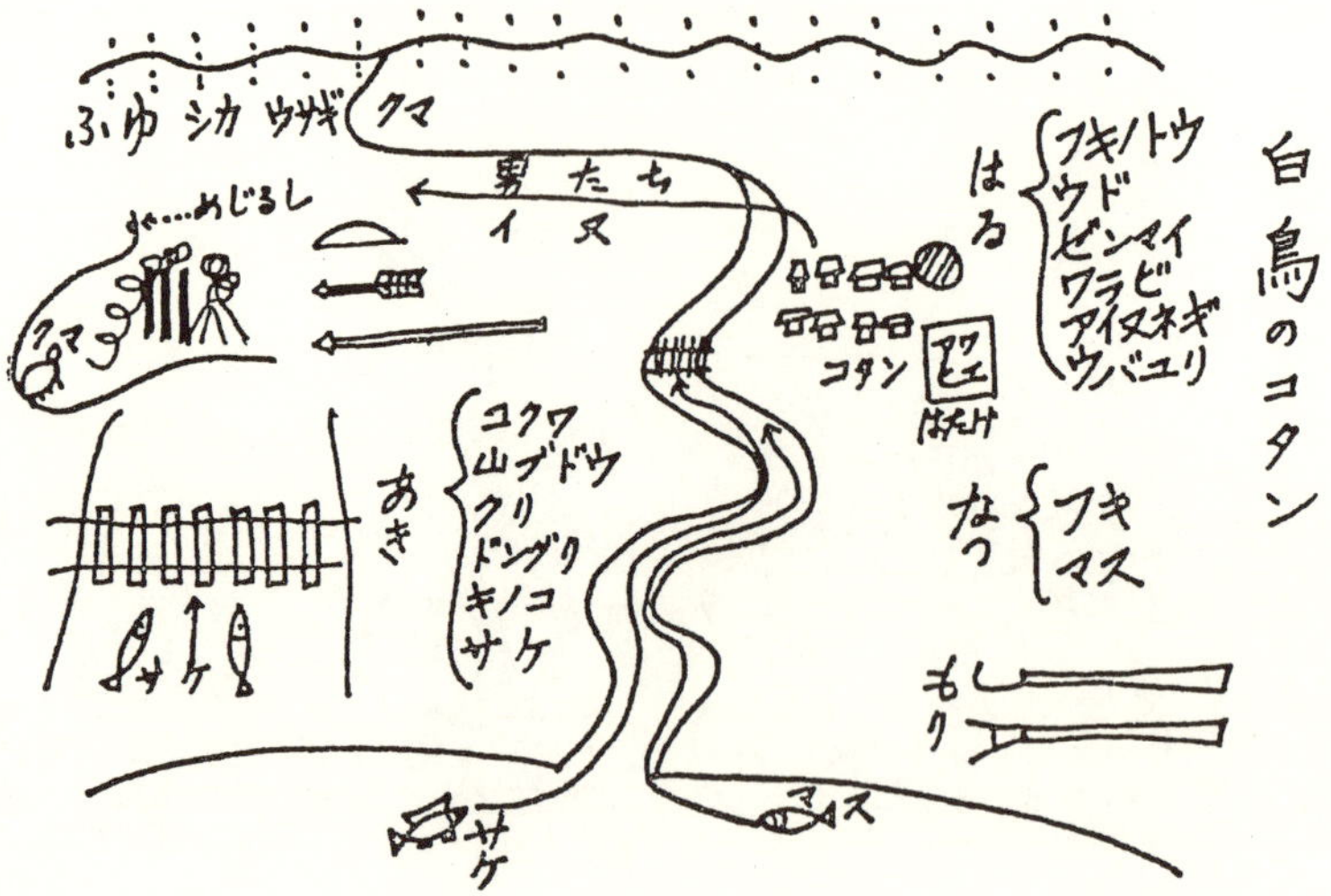

図2

話。この話を二時間にわたって、丁寧に読み聞かせたあとに、黒板に書いた「白鳥のコタン（村）」（お話にあった沼をもつ）の四季の生活を子どもたちと考え、黒板に描いたコタンの周辺の様子（アイヌの生活、図2参照）を復元していく授業。

③3年社会科：「地名をよりどころにした「アイヌの生活」について」（田村末信の実践）

小学校のある勇払郡追分のアイヌ語地名を図示し、意味を知り、その意味を踏まえてアイヌの人々の五～六〇〇年前の生活を具体的に理解していくという授業。

3　アイヌ文様にふれさせて

④五年図工科：「アイヌ文様にふれさせて」（木村剛の実践）

木村剛は、四年の社会科でアイヌについて学習したのに、五年になって調べてみるとクラスの七割以上の子どもたちが「今でもアイヌは、山おくで狩りをしたり、木の実をとって生活している」と思っていることを反省し、こうした未開の原始人としてのアイヌという誤ったイメージを打ち破るためには、アイヌの正しい歴史や文化にふれさせることが大切だと考えて、「アイヌ文様」

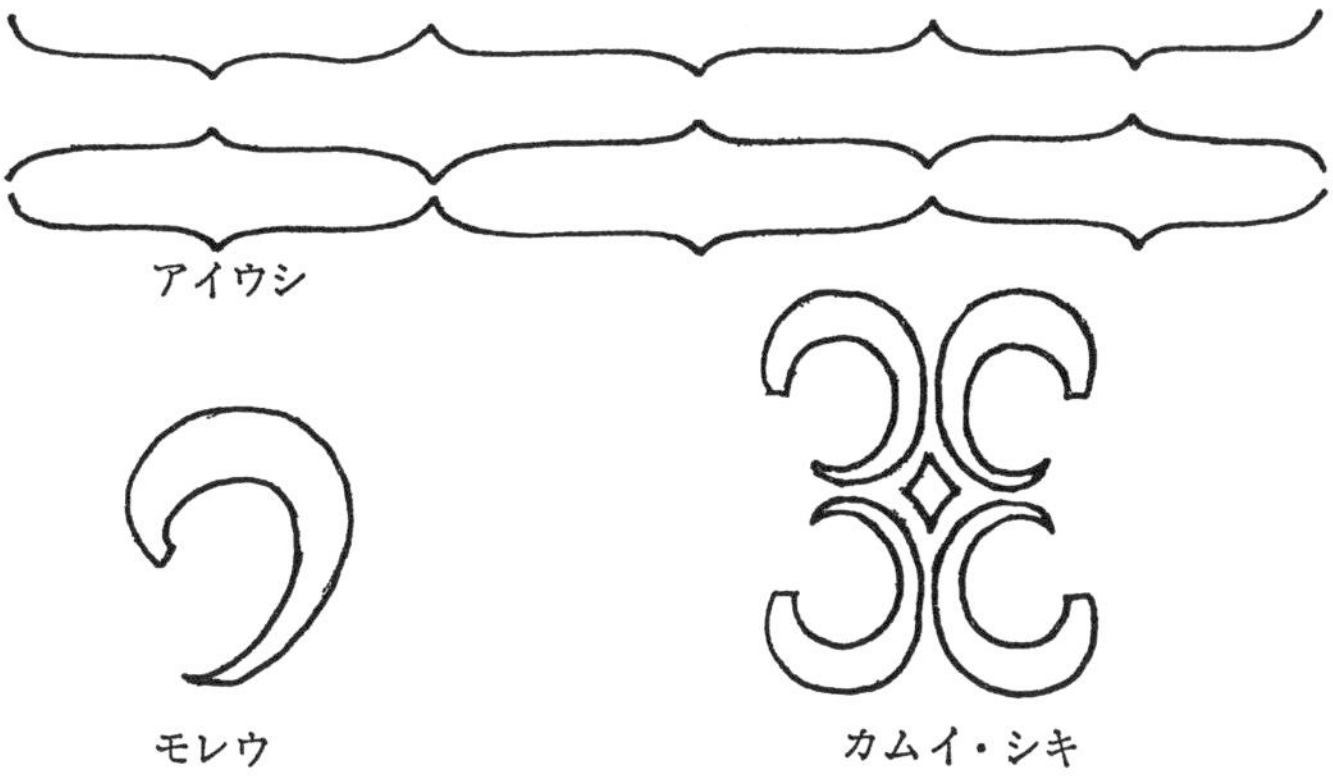

図3

にふれさせる授業を実践したという。

　アイヌ文様の基本は図3のように、「アイウシ」(括弧文様、トゲのあるツル草を文様化したもので、体に魔物が入り込めない)、「モレウ」(渦巻き文様)、モレウを左右対称につなぐと「カムイシキ」(神の目、魔物をにらんで人間(アイヌ)を守る)となる。第一時では、この三種類のアイヌ文様の基本を学び、第二時では、折り紙とハサミを用意させて、四つ折りにした折り紙に「モレウ」を描き、それを切り抜いていくと「カムイシキ」になる。工夫によって個性的な「カムイシキ」ができる。切り取ったものと切り残ったものを黒の画用紙に貼る。そして、第二・三時には、「カムイシキ」の文様のまわりに「アイウシ」などを描き込ませたうえで、この切り絵文様を土台にして木版画を作製するというもの。

　井上が、取り上げたこれらの実践は、歴史教育者協議会に所属する先生方などに継承され、別のかたちで実践報告されたりしているし、本書第一〇章で検討した札幌市教育委員会の『指導資料4・5』の実践例を含めて、その後の「アイヌ文化学習」に大きな影響を与えたということができる。

　なお本田優子は、木村実践をアイヌ文様の切り絵を取り入れたもっとも早い事例であろうとし、効果的教授方法の創造的開発として評価しつつも、「切り絵をアイヌの「伝統文化」の中に位置づけているわけではな」く、「ある種の精神性が加味されつつ、現在のように「アイヌの伝統的切り絵文様」として流布されることに対しては、アイヌをとりまく状況の中に生じつつある共通の問題性を感じざるをえない」としている。「ある共通の問題性」とは、次にふれるように、「エコロジカルなステレオタイプとしてのアイヌ像を抄出する風潮」（本田）のことである。(4)

二　本田優子による批判的な検討

1　固定観念（ステレオタイプ）のアイヌ像

「アイヌ文化学習」についてふれた論考として、どうしてもはずすことのできないものは、何度もふれるが一九九六年に『北海道立アイヌ民族文化研究センター研究紀要』に発表された米田（本田）優子の「学校教育における「アイヌ文化」の教材化の問題点について―一九六〇年代後半以降の教育実践資料の整理・分析を中心として―」である。(5)

周知のように、本田は大学卒業後に平取町二風谷に移り住み、二風谷アイヌ文化資料館長だった萱野茂さんに師事した研究者で、著書『二つの風の谷』は上記の論考とほぼ同時期に書かれたもので、アイヌの文化や社会を学ぶための最適の入門書である。(6)

さて本田の論考は、本田ならではの視点から、それまでの「アイヌ文化学習」のあり方について検討したものである。的確な批判内容は、現在でも克服されていないのではないか。ちなみに本田は、それまでのアイヌ文化学習のあり方を批判的に検討するために、「かつてのアイヌ社会における文化」という意味に限定して「アイヌ文化」にカッコを付して使用している。(7)

まず本田は、一九六〇年代後半以降の教育実践資料を対象としたこの論考の目的が、次の三点にあることを明らかにしている。

①アイヌ文化学習の位置づけ：学校教育におけるアイヌに関する教育全体のなかで、「アイヌ文化」についての学習がどのように位置づけられ、どの程度の比重をもって教授されているかをまとめ、問題点を指摘すること。

②アイヌ文化学習の主題の変遷：「アイヌ文化」への関心がどのような教育動向のなかから生まれてきたものなのかを、アイヌに関する教育運動の主題の変遷を追ったうえで考えること。

③多文化教育との関連：アイヌに関する教育に関連して近年主唱されるようになった「多文化教育」の位置づけとその妥当性について検討すること。

この三点について、本田は詳細な検討を行い、各々について次のようにまとめている。

まず本田は、小・中・高等学校におけるアイヌに関する教育のほとんどは、「アイヌ文化」についての内容で占められており、大学における「アイヌ文化」の授業例でも、ダイナミズムに欠け矮小化された「アイヌ文化」イメージが教授されているという。それはアイヌ民族の歴史文化について、体系的な枠組みが示されておらず、教員の個人的な関心や資質に強く依存した授業が行われているためだとしている。

多くの「アイヌ文化」についての教育実践が〝神々と共存する世界観〟〝自然と共存するエコロジカルな生活様式〟などを過度に強調する傾向が強く、

アイヌの「伝統的世界観」を現代的な環境保護思想と安易に結びつけ、結果としてエコロジカルなステレオタイプとしてのアイヌ像を創出する風潮は、過去ばかりでなく現代のアイヌ社会に対しても様々な誤解を生み出しており、しかもそれが教育の名のもとに急速に広まりつつある。

と問題をえぐりだしている。そして、一九七七年の北方史研究者の榎森進の提起⑧を引用したうえで、一九九六年現在、

「アイヌ社会を「固定的・非歴史的」あるいは「心情的一面的にみるような傾向」は克服されるどころか、ある面ではむしろ強まっているようにさえ感じる」というのである。

この指摘は、それまでのアイヌ文化学習にたいする深刻な問題提起であった。ちなみに、本田は『二つの風の谷』において、マスコミの取り上げ方についても同様の問題点を指摘しているし、学校教育での学習内容にかかわって、こうした授業は、

圧倒的多数のシャモ(和人＝引用者補)の子どもたちに、「原始的だけど自然とともに生きている美しい人びと」というステレオタイプのアイヌ像を植えつけるだけでなく、多様な感性や考えを持つ現代のアイヌの子どもたちにたいしてもそれを押しつけ、生身の人間が呼吸できない聖域へと彼らを追いつめることに等しい。

といい、「最近ではアイヌの歴史にかんする記述も教科書のなかでふえてきている。もちろんそれ自体を否定するつもりはない。けれども、突然降ってわいたような登場の仕方は、主流であるシャモの歴史や文化にたいして、アイヌの歴史や文化がマージナルな(辺境的な)存在であるということを、アイヌの子どもたちに突きつける瞬間になるということも、教員は知る必要があるだろう」と書いている。私自身も教員の一人として、本田の発言をしっかりと受けとめたいと思う。

2　アイヌ文化学習の主題

本田は、アイヌに関する教育が公の場で唱えられ、戦後の民主主義教育運動のなかでの位置づけが提起されるようになったのは、一九六〇年代半ばであったことを確認する。当時の中心課題は現実的なアイヌ差別をどう解消するかにあり、「解放へのたたかい」の第一歩として、差別の実態に目を向けさせることを中心とした授業が行われたが、

この取り組みはアイヌの子どもたち自身にとって、むしろ苦痛を伴うものとなっていた。そのため、その後は単に差別を指摘するだけでなく、アイヌの文化や歴史を教材化する試みが重ねられたのだとしている。こうした動向に大きな影響を与えたのが、前にふれたように、井上司による「アイヌ略史」(のちの「アイヌ史概説」)であり、この論考は今なお、アイヌに関する教育研究活動上、重要なもののひとつだとしている。

そして、一九七四年以降には、それまで階級闘争の一課題だととらえられていたアイヌ問題が、日本国内の少数民族の問題であると位置づけなおされたことによって、「アイヌの伝統的生活文化」に注目と関心があつまっていった。また、北海道ウタリ協会を中心とする運動が民族復権運動として認識され、学校教育にたいする期待も強くなるなかで、七〇年代以降の環境保護思想の社会的関心の高まりの影響もうけ、自然と共生するアイヌの「伝統的世界観」が注目され、「アイヌ文化に学ぶ」、「アイヌ民族のすばらしさがでる授業」が目指されたのだと、その変遷を明らかにしている。

つまり、主体的なアイヌ史やアイヌ語教育などの民族教育的要素を提示しきれない状況のなかで、アイヌの子どもたちに「誇り」を持たせ、しかも教員にとっても「やり易い」テーマとして「アイヌ文化」の教材化が注目されたのだというわけである。

他方、和人の子どもたちのアイヌにたいする誤った理解を正すための教育の必要性が唱えられ、そのための教材化が試みられていき、その実践の蓄積過程で副読本の記述の問題が指摘されたことを契機に、教育行政レベルでの動きが本格化したとしている。この点は、清水敏行の研究(第九章参照)に詳しい。本田は札幌市の例を取り上げて、一九八六年度からの札幌市教育課程基底編(社会科)において、三年生から六年生まで、二～三単位時間ずつアイヌに関する学習が組み入れられ、各校で実践されはじめたことを紹介している。

このように、アイヌに関する教育がカリキュラムに組み入れられていくにつれて、多数派（マジョリティー）である和人の子どもたちにとっての教育的必然性が問われることになったのであり、その結果、「郷土の歴史や文化を学ぶ学習」という位置づけや、環境教育と結びつけることに「アイヌ文化」学習の積極的な意義を見いだそうとする傾向が強まった。それとともに、教員が歴史研究（『北海道史』）の成果を取り入れるための条件が整備されていないために、アイヌの歴史を取り上げることにためらいや恐れが生じていたことなどの要因から、和人の子どもを対象とするアイヌに関する学習のなかでも、「アイヌ文化」が中心的位置を占めるようになったのだというのである。

こうして「アイヌの「伝統的世界観」を現代的な環境保護思想と安易に結びつけ、結果としてエコロジカルなステレオタイプとしてのアイヌ像を創出する風潮」と結びついた、「アイヌ文化」学習が成立したというわけである。もちろん、次章で紹介する「千歳市立末広小学校のアイヌ文化学習」も、本田の批判から自由なわけではない。しかし、先ほどの木村剛の実践にたいする問題の指摘とともに、本田の問題提起は、小学校・中学校・高等学校・大学ごとの教育実践的な役割分担などにも考慮しつつ、前向きに受けとめるべき課題である。私が本章でおもに検討している小学校でのアイヌ文化学習には、本田の批判に十分留意しつつも独自の役割があるように思われる。

ではどうすればよいのか。本田は、アイヌに関する教育を「アイヌ文化」学習に限定することは、かつての「アイヌ文化」こそが堅持すべきアイヌの文化であるとし、そこへの回帰を強要することにもつながっているといい、歴史叙述のなかに同じ量の時の流れと空間が存在していることが保障されないアイヌの歴史や「アイヌ文化」の学習は、既存の枠組みへの付け加えにすぎず、結局はアイヌの子どもたちをマージナルな領域へと追いやる危険性をはらんでいることを認識すべきだ、ともう一度問題をとらえなおしている。

そのうえで本田は、関口礼子編著『カナダ多文化教育に関する学際的研究(9)』などの多文化（主義）教育に関する議論を引用したうえで、学校全体の雰囲気として総合的に多文化主義精神を涵養し、最終的に国民的アイデンティティと各民族間の文化的差異性を調整することを課題とするなら、アイヌに関する教育も、当初から多文化教育の理念にもとづいた全体的な教授計画が必要となるはずであると指摘している。

本田によるこのような教育実践の整理と分析は、現在でも有効なものであり、アイヌの歴史文化の教材化を考えるにあたって、前提とすべき必須の研究であることは明らかである。しかし、本田は、多文化教育の理念についてはふれているが、アイヌ文化学習の実践的な方向性までは示していない。「多文化教育の理念にもとづいた全体的な教授計画」が、簡単にできるわけではないとすると、これまでもそうであったように、これからも地道な実践活動とともに新たな方向性を見いだしていくしかないのである。

三　平山裕人の研究

1　平山の研究と北教組教研レポート

次に小樽市の小学校教諭平山裕人の研究を紹介する。平山は、次のような著作のあるアイヌ史の研究者であり、「アイヌ教育(学習)」に関する研究・実践家として活躍している。

①『アイヌ史をみつめて』(北海道出版企画センター、一九九六年)
②『アイヌの学習にチャレンジ―その実践への試み』(同右、二〇〇〇年)
③『アイヌ史のすすめ』(同右、二〇〇二年)
④『ワークブック　アイヌ・北方領土学習にチャレンジ』(明石書店、二〇〇五年)[10]

①と③は「アイヌ史」の専論であり、④は「ワークブック」なので、ここでは②の『アイヌの学習にチャレンジ』の内容について、本章の視点から紹介していくことにする。

『アイヌの学習にチャレンジ』の構成は次のようなものである。

第1編　アイヌ学習を考える

現代アイヌ略史

アイヌ学習の用語の考え方

現代アイヌ教育史

アイヌの歴史・文化を教育の場へ

第2編　アイヌ学習を実践する

アイヌ語地名とアイヌの住む地

アイヌの衣服

数のしくみ

縄文・擦文・アイヌの各時代の住居

アイヌ史入門

コシャマインの戦い

シャクシャインの戦い

「開発」と先住民・自然

アイヌに自然保護という考えはない

授業を進めるにあたっての解説

『アイヌ学習を実践する』・参考文献

平山は第1編で、「アイヌ学習」に関する課題や諸問題、そして戦後の「アイヌ教育史」を論じ、第2編では「アイヌ学習を実践する」と題した「授業書」を示している。

第1編で注目されるのは、「現代アイヌ教育史」と銘打った北海道教職員組合(北教組)による合同教育研究全道集会(全道教研)のレポート(教研レポート)からみた「アイヌ教育史」である。北教組教研レポートからみた「アイヌ教育史」は、第九・一〇章で整理した道内での「アイヌ文化学習」の現状や、先にふれた井上司や本田優子による整理を別の観点から相対化するもの、あるいは補足するものとなっている。

平山は、一九五〇年代から八〇年代までの北教組教研レポートを四期に時期区分している。

第1期　差別と戦うアイヌ教育

第2期　アイヌ教育の広がり

第3期　民衆史教育とアイヌ

第4期　アイヌ史の見方を考える

平山がおもに取り上げたレポート名は次に一覧にしておいた。なお、平山は、基本的には手持ちのレポートと全道教研の要旨が載る『北海道の教育』を利用している。

【平山の取り上げた北教組教研レポート】

第1期

54年　日高（特殊）「日高・胆振地区に於ける「アイヌ系児童・生徒」をめぐる実態とその対策」
67年　胆振「アイヌ系児童をとりまく差別の実態」
69年　日高「民族教育―その視点と現実」
71年　胆振「差別の告発」
　　日高「アイヌ系住民をとりまく差別の現状と私たちのとりくみ」
　　胆振「アイヌ系日本人の指導について」

第2期

72年　日高「アイヌは日本を告発する」
　　十勝「アイヌ差別と闘う教育労働者のとりくみ」
73年　旭川「小学生の頭に残るアイヌ人」
　　釧路「釧路地方におけるアイヌ系の実態と問題」
74年　胆振「アイヌ系日本人の学習について」
　　日高「アイヌ系住民の差別の潜在化について」
　　釧路「アイヌ系日本人の差別の歴史とその授業化」
75年　日高「アイヌがアイヌであるために」
　　同（高校）「アイヌ系住民の差別を考える」
76年　札幌「北海道の歴史を正しく教える」

第3期

75年　網走「オロッコの人権と文化」
77年　釧路「民衆史掘り起こし運動と教育」
78年　日高「アイヌ民衆の歴史を社会科教育のなかに正しく位置づけるために」
75・78・79・81年「ウイルタの歴史的掘り起こし」
第4期
83年　網走「よくわかる歴史学習をめざして」
　紋別市「対アイヌ問題にどうとりくむか」
84年　旭川「小学校社会科副読本におけるアイヌの記述について」
　同　『アイヌ教育研究協議会　研究協議経過報告』における問題点の検討」
　釧路「アイヌ語地名を授業で使って」
85年　旭川「児童の人権意識について」
　網走「教師自身が省みるアイヌモシリ史」
　釧路「アイヌ問題の現状と教育実践」

2　アイヌ文化の収奪

第1期の一九五四年、日高地区特殊研究グループのレポート「日高・胆振地区に於ける「アイヌ系児童・生徒」をめぐる実態とその対策」は、日高・胆振地区の「アイヌ系児童・生徒」の「長期欠席を初めとする学習不振」や「反社会的行動」(いまではこうした問題意識自体が問題―平山)をいかに解決するかというものである。平山は、こうした教育問題の解決のためには、「地域社会の人達と手を取り合って」いこうという視点がすでにあったこと、に注目している。

一九六六年の「国民教育運動をどう進めるか」という分科会では、地方教育局が「本町はアイヌの関係で学力遅進児が他に較べて多い」と主張するなかで、「知能検査」の結果がデタラメであり、「アイヌが「劣っている」ということが何の根拠もない」ことを示そうとした日高支部のレポートがあったという。また一九六七年には、同分科会で、胆振支部のレポート「アイヌ系児童をとりまく差別の実態」が取り上げられた。「アイヌの子どもの体位が小さい」という「事実」「の根源は非常に根深い民族差別に起因し」ており、これは人権の問題であって、被差別部落や在日韓国・朝鮮人への差別問題とつながると指摘されたとしている。アイヌの子どもたちを取り巻く、社会状況の深刻さが見て取れる。

「北海道百年」の一九六八年には、「人権と民族」という分科会が登場し、一九六九年には、レポート名は不明であるが、胆振支部では小学校三年の社会科郷土学習において「土人学校」を取り上げたこと、さらに四年の国語では教材「ふきの下の神様」を通して北海道「開拓」でのアイヌの役割を、五年の社会では「白老アイヌコタンの観光について」が実践されたという。

また同年の日高支部の「民族教育―その視点と現実」、一九七一年の胆振支部の「差別の告発」、日高支部の「アイヌ系住民をとりまく差別の現状と私たちのとりくみ」などのレポートでは、アイヌの職業や経済・家庭状況が問題とされ、「アイヌ系住民をとりまく差別の現状」にたいしてどのように取り組むべきか、教師たちによる住民運動の取り組みが紹介されたという。しかし、一九七一年の日高支部のレポートで紹介された内容は、「これほどまでに一生懸命、差別と取り組んでいる教師集団がなぜアイヌによって糾弾されなければならないのか」と平山が思わざるをえないほどに、教師たちの取り組みはアイヌの人たちの激しい反発をかうものであったという。

このレポートについては、本田も詳しく取り上げており、本田が「解放へのたたかい」の第一歩として、差別の実態に目を向けさせることを中心とした授業が行われたが、この取り組みはアイヌの子どもたち自身にとって、むしろ苦痛を伴うものとなっていた、ととらえたことと同じ事態を指している。(11) 潜在化した差別を掘り起こすことに、教師たちは最後まで責任を取ってくれるのか。そして取れるのか。問題はここにあったようである。

一九七一年の胆振支部のレポート「アイヌ系日本人の指導について」は、教研レポートとしては最初の体系的な実践報告であったという。学年などが不明であるが、構成は「アイヌの伝承と暮らし」に五時間、「前近代の歴史」に四時間、「近代の歴史」に三時間、まとめとして差別について話し合う、というものである。

平山によれば、このレポート以降、教研では何度もアイヌの「正しい」歴史・文化の実践報告がなされたという。平山は、ここで「正しい」とは、

1、アイヌは自然に育まれ、平和に生きてきた。

2、日本人が侵略してきて、その生活を破壊した。

3、その歴史によって、現在の差別がある。だから、差別は歴史的なもので根拠がない。悪いのは、一貫して日本人である。

というものであったとしている。平山は、この歴史観はわからないわけではないが、これは「日本人がアイヌの文化を奪ってきた歴史であって、アイヌの歴史」のすべてではないとし、「ひとつの民族の歴史は多様である」としている。

この指摘は、本田が一九六〇年代後半以降の「アイヌ文化」学習を「エコロジカルなステレオタイプとしてのアイ

ヌ像」を教授するものであったと批判したことを、「アイヌの歴史」学習の面から指摘したものということができる。平山は、第1期のこうした実践は根強い差別と闘うために、「日本人がアイヌの文化を奪ってきた歴史」を明らかにしようしたものであった、とまとめている。

3　アイヌを主語にして語る

第2期の一九七二年、日高支部のレポート「アイヌは日本を告発する」は、「アイヌが日本人の侵略にどう対応したか」を誇張なくおさえ、六〇年代後半から七〇年代初頭のアイヌの内から沸き起こった活動（阿寒でのアイヌと大学生の連帯、萱野茂さんの民族文化資料館、ヤイ・ユーカラ民族学会）に目を向けたものである。アイヌを主語にアイヌを語る試みとして、第1期とは画するものであった。

第1期のレポートは日高・胆振支部が中心であったが、一九七二〜七三年には十勝・釧路・旭川支部からもレポートされるようになる。一九七三年の旭川支部のレポート「小学生の頭に残るアイヌ人」は、旭川市内二〇の小学校五年生・六年生へのアンケートを分析したものである。そこでは、アイヌの人たちの生活について、三割の児童が「私たちと違う生活」＝「狩猟採集、独特な服を着て、わらの家に住み、違う言葉を使っている」と考えており、そうした「小学生の頭に残るアイヌ人」像は、観光地で見る「アイヌ文化」のイメージそのものだと指摘し、「アイヌの昔の一面をのみ強調せず、ありのままの現在の姿をもう少し紹介してほしい」とし、「なぜ差別されたか、なぜ今もその差別が残っているのかにふれてほしい」と主張するものだった。

他方、同年の釧路支部のレポート「釧路地方におけるアイヌ系の実態と問題」は、ある小学校の三年生〜六年生へのアンケート調査の結果から、三年生〜五年生はアイヌの生活を「私たちと違うもの」とするものが多かったが、六年生にはそうした答えがないというものである。平山は、アイヌにたいする偏見が教育によって変えられる事例だと評価している。

一九七四年の胆振支部の「アイヌ系日本人の学習について」は、全校一三五人中「アイヌ系日本人」が六三人という小学校での実践報告である。一年〜六年の読書指導でアイヌ関係の本を読ませ、それをもとに実践された授業や、二年の『小さなトムトム』(山中恒作)を題材とした五時間の授業実践が報告されたとのことである。『小さなトムトム』の授業は、先にふれた井上司の編著に取り上げられていた実践に結びつくものであろうか。

一九七四年の釧路支部の「アイヌ系日本人の差別の歴史とその授業化」は、アイヌ学習の観点として、

①自然の摂理に順応するアイヌ文化の精神文化の高さ、

②単一民族説の幻想、

③アイヌにたいする侵略は朝鮮・満州侵略と同一であり、アメリカ・カナダの「インディアン」対策と同じ、

④沖縄・「部落」問題とともに、偏見と差別にしいたげられている現実の掘り起こしが必要、

という四点を指摘したものであった。平山は、「その先見性には驚くばかりである」としている。

さらにこのレポートでは、『アイヌの人々』という副読本を作成したことが報告されていた。平山は、内容的には日本人による「アイヌ侵略史・アイヌ衰亡史」だが、「アイヌ史」の副読本を独自に作成し、授業を組み立てようとしたことは注目に値するとしている。

一九七六年の札幌支部の「北海道の歴史を正しく教える」は、

①北海道の歴史の自主編成を呼びかけ、

②教師自身の現状認識の不足を指摘し、

③北海道庁の「同和(同化)」政策や隠したりすることから問題は起きている、と明快に勇ましく主張したものであった。平山は、具体的な教育実践のない運動論的主張より、実践の積み重ねが重要であると書いている。

そして平山は、七〇年代までは国も北海道も、アイヌの教育についても差別の問題についても無関心であり、それまでのアイヌ教育は、「教室での差別を解消したいという」切実な問題に直面した教師たちからはじまったものであったとまとめている。これは重要な指摘である。

4　民衆史教育とアイヌ

第3期の特徴は、階級闘争論にもとづくアイヌ教育から「民衆史掘り起こし」運動のなかにアイヌ教育が位置づけられたことにあるとしている。北海道における「民衆史掘り起こし」の嚆矢は、一九七三年の北見支部(小池喜孝)による著名な「常紋トンネル白骨死体の発掘」であり、一九七五年の網走支部のレポート「オロッコの人権と文化」では、アイヌ・「オロッコ」(ウィルタ)の歴史が掘り起こされ、民衆史として話し合われるようになったという。

そして、「厚岸町アイヌ民族弔魂碑建立実行委員会」の活動を報告した七七年の釧路支部のレポート「民衆史掘り起こし運動と教育」は、アイヌ教育の地域的な広まりを決定づけたものであったと平山は述べる。この運動で「北海道の先住民はアイヌであり、日本人がアイヌ居住圏を侵略して現在がある、という常識ができあがった」のであり、「少なくとも、罵声をあびながら、細々とアイヌ史を教えるという状況が少なくなった」と評価している。

一九七八年には、はじめて中学校社会科教科書に「アイヌ史」が登場する。一九七七年の釧路支部や一九七八年の日高支部のレポートは、中学校社会科教科書のアイヌ記述を検討し、さらに中学校社会科の「歴史的分野」のなかに、

「アイヌ民衆の歴史」を正しく位置づけるための具体的な教育課程も示された。また、一九七五・七八・七九・八一年に「ウイルタの歴史的掘り起こし」が連続して報告されたことも第3期の特徴だったようである。

また、本田は一九七六年から教育運動において「アイヌ系日本人」ではなく「アイヌ民族」という呼称が用いられるようになったとしている[12]。

第4期には、社会科副読本の記述内容が問題とされた。先にもふれたように、一九八二・八三年にはアイヌ教育研究協議会によって道内の小学校社会科副読本の調査・分析が行われた。平山は、ここである種の「言葉狩り」が行われたという。「アイヌ教育(学習)について、無視し続け、ときには、差別の発言地であった行政が、世論の風を受けると、たちまち「正義」の側にたって、副読本や現場を批判するというパターンが、この後、何度も見られる」という、「そのとき、行政は自らの過去を省みて、反省することは、まったく見られない。矛先は、常に副読本や教育現場であり、そこで使っている用語や、学問的な不完全さを、有識者に批判させる形を取る」と批判している。第一〇章での私の検討のように、あとになって行政の側から刊行されたものを材料として、「アイヌ文化学習」の変遷を調べることの危険性を教えてくれる。

一九八三年の網走支部のレポート「よくわかる歴史学習をめざして」は、清里町の副読本の改訂作業の苦労を報告したものである。副読本の作成者は社会科に詳しい者ばかりではなく、そこには現場の教師の大変な労力があるのであり、上からの視点で副読本をやり玉にあげるのはいかがなものか、と指摘しつつ平山は、教科書とちがって副読本の「内容選択は、ずいぶん現場に任せられており、ここにアイヌの歴史を大きく取り上げることが可能になった」としている。

同年の紋別市支部の「対アイヌ問題にどうとりくむか」は、「アイヌを虐げてきた悪い和人」対「心やさしい自然を愛したアイヌ」という枠組みや、「日本人」への贖罪意識のうえつけ、文化にたいする優劣判断を持ち込むことは、かえって「優れた部分がなければ差別されてもしかたない」ということになりかねないとし、アイヌ文化の優秀性のみを取り上げることに警鐘をならす報告であった。また、一九八四年の旭川支部の「小学校社会科副読本におけるアイヌの記述について」では、各地の副読本についての事実の間違いや、アイヌにたいして固定観念をいだかせる表現や差別を助長するような表現がチェックされていたという。

一九八四年の旭川支部の『アイヌ教育研究協議会　研究協議経過報告』における問題点の検討」は、一九七三〜八〇年までの研究協議にもとづく『同経過報告』(13)に、「この成果に従ってアイヌの歴史や文化等が、学校教育において正しく取り扱うよう指導に努めたが、その後も学校における指導が必ずしも適切でないとの指摘があった」と現場を批判したことを受けて、そんな指導を受けた覚えもないし、仮に通達があっても、それで指導したことにはならないと反批判したものである。そして、同年の教研『平和教育・人権と民族』分科会では、『同経過報告』について、「アイヌに対する偏見をもった内容であり、極めて問題が多いうえに、問題の責任を現場教員に転嫁しようとしているものであると判断する」という決議文を採択したのであった。

平山は自分の体験も語りながら、北海道教育委員会の無責任な対応を批判するが、同レポートには「批判のための批判」もあると実例をあげ、こちらは同意できないとしている。

『同経過報告』をもとに、北海道教育委員会は『アイヌの歴史・文化に関する指導の手引き』(14)を作成した。第九章でふれたように、その内容についてはすでに清水敏行が詳しく検討していた(15)。平山は「それは副読本の用語を批判されないために作られたものにすぎず、アイヌ史の内容には、たくさんの誤りがあった」と具体的に指摘している。「アイヌ史の基本的事実さえわからず、原史料にさえ当たろうともしない道教育委員会。その間違いにまったく気づかない有識者やマスコミ」を厳しく批判している。

なお、上の三つのレポートの趣旨は、アイヌ学習は社会構造的・階級的問題としてとらえるべきで、文化だけを扱うことは問題であるというものであった。そして、一九八四年の釧路支部の「アイヌ語地名を授業で使って」は、アイヌ語地名を本格的に授業化したはじめてのレポートであり、一九八五年の「児童の人権意識について」(旭川市)、「教師自身が省みるアイヌモシリ史」(網走市)、「アイヌ問題の現状と教育実践」(釧路)では、アイヌ問題では現代をもっと教えること、教師自身が資料を集め活動すること、学校だけでなく地域とアイヌの三者共同ですすめるべきことなどが報告されたようである。

最後に平山は、現代アイヌ教育(学習)は一九五〇年代以来の教室での実践のもとに築かれたものであり、八〇年代後半から、突然、開始されたものではなく、さまざまな議論と実践の積み重ねのうえに築かれてきたものであるとまとめている。

おわりに―平山の「アイヌの歴史・文化」教育論

以上のように「現代アイヌ教育史」を整理したうえで、平山は「アイヌの歴史・文化」教育の観点について論じている。

まず、「今、なぜアイヌ学習か」について、平山は「国民国家の存在に疑問がもたれる中、それまで覆い隠されてきた文化と歴史が明らかにされてきたため」だとしている。そのうえで、「アイヌ史学習(歴史教育)」と「アイヌ文化学習」の方向性について語っているが、ここでは前者については割愛して(平山の主題はこちらにあるが)、「アイヌ文化学習」について見ていきたい。

平山は、アイヌ文化学習には、

①アイヌ語地名の学習、

②かつてのアイヌの文化の学習、

③「アイヌ文化から学ぶもの」＝異文化理解、

の三つの方向があるとしている。

①の地名については、アイヌ語地名の学習のみではなく、そこから「アイヌの居住圏」を考えることが必要だとする。

②の「かつてのアイヌの文化」については、日高管内平取町での実践内容を『二風谷アイヌ文化博物館シンポジウム一九九九（資料）』から紹介し、その方向性を指摘している。これは、一九九三～九六年にかけて平取町で継続的に実践されたものである。授業例としては、

「生活」（アイヌの遊び）／国語（カムイ・ユカラ）／音楽（ウポポ）／体育（リムセ）／家庭（アイヌ文様・アイヌ料理）／図工（アイヌ文様）／算数（20進法）／社会（アイヌ語地名）

というものである。

平山は、こうした「アイヌ文化学習」を一般化するにあたっては、次のような点に留意すべきだとしている。

ア、狩猟・採集民の見方：狩猟採集経済の多様性・豊かさを見出すこと。そして、進歩史観を見直すこと。

イ、アイヌ文化とは：アイヌ文化の地方差・時代差（＝多様性）に留意すること。そして、いわゆる「アイヌ文化」は「①日本人が、②近世（一七～一九世紀）に遭遇した、③北海道アイヌの文化」であり、「アイヌ文化の保存」と

いう場合は、「現在（二〇世紀）まで伝統として続けられている文化」のことである、との整理が必要。
ウ、一般化の落とし穴：音楽・文様にしても「アイヌ文化」としての個性・独自性（魂）があることを忘れてはいけない。
エ、アイヌ社会の偶像化（理想郷化）を避ける：アイヌ社会にも貧富の差や身分もあり、同族間の戦いもあった。
この四点は、アイヌ文化学習を扱う際の基本的な留意点を指摘したものとして重要だと考えられる。

そして、前記③の「アイヌ文化から学ぶもの」については、日本は多文化国家であること、そして現代社会の矛盾を批判する目・力を培うことをあげている。

なお、平山は、アイヌ文化学習がなかなか一般化しない原因のひとつに、「～先生だからできる」「～にいるからできる」というものがあるが、それは一種の言い逃れにすぎないとしている。厳しい言葉であるが、確かに現場の教師の思いや努力にかかっていることは疑いない。

『アイヌの学習にチャレンジ』の「第2編　アイヌ学習を実践する」（授業書）は、実践にあたっての三つのハードル、
①「アイヌ学習など取り入れて大丈夫か」という年輩者や管理職からの圧力。
②「アイヌ学習などやったって、学力はつかない」との批判。
③大切だが、どうやって授業を進めるかわからない。
のうちの、③のために作成したものだとある。

ここでは、すべてを紹介できないので、本章の視点から注目すべきと考える授業書をいくつか取り上げてみたい。

なお、ここでも平山の主題である「歴史学習」の部分は割愛せざるをえない。

ひとつは、「アイヌ語地名とアイヌの住む地」である。これは先述のアイヌ語地名学習からアイヌの居住圏までも

を考えるという授業構想であり、小学校高学年や中学校ですぐに実践可能であろう。

次は、「アイヌの衣服」である。これもアイヌの衣服の多様性や地域性を学ぶとともに、文様にこめられた「アイヌの魂」を知るものとなっている。

第三は、「数のしくみ」である。アイヌの数詞から、古代エジプトの数字、漢数字、インド・アラビア数字を学び、さらに比較するものとなっている。比較の観点はたいへんに重要であるが、小学校ではふたつの比較でよいようにも思われる。なかでも、「アイヌの数詞」のところは、教材としてたいへん優れたものであり、多くの学校で実践されたらよいと考える。

第四は、「「開発」と先住民・自然」である。ここでも「開発」をめぐる比較が取り入れられており、たいへんに興味深い教材構成になっている。中学校や高等学校の社会科（地理歴史科・公民科）の教材として、たいへんに優れている。そして、「アイヌに自然保護という考えはない」という中本ムツ子さんの言葉からの、「自然保護」という用語への批判もまた、「アイヌ文化から学ぶもの」の典型である。

注

（1）　井上司編著『教育のなかのアイヌ民族』（あゆみ出版、一九八一年）。

（2）　井上司「アイヌ史概説」（同『地域・民族と歴史教育』岩崎書店、一九七八年、所収。初出「アイヌ略史」は一九七二年）。

（3）　本田（米田）優子「学校教育における「アイヌ文化」の教材化の問題点について─一九六〇年代後半以降の教育実践資料の整理・分析を中心として─」（『北海道立アイヌ民族文化研究センター研究紀要』二号、一九九六年）。

(4)(5)　同右。
(6)　本田優子『二つの風の谷』(筑摩書房、一九九七年)。
(7)　『二つの風の谷』では、「伝統的アイヌ文化」と表記している。
(8)　榎森進「日本前近代史におけるアイヌ問題」(『歴史地理教育』二七一号、一九七七年)。
(9)　関口礼子編著『カナダ多文化教育に関する学際的研究』(東洋館出版社、一九八八年)。
(10)　その後の平山の著作には、『ようこそアイヌ史の世界へ』(北海道出版企画センター、二〇〇九年)、『アイヌ語古語辞典』(明石書店、二〇一三年)、『アイヌの歴史―日本の先住民族を理解するための160話』(明石書店、二〇一四年)などがある。
(11)　本田優子「学校教育における「アイヌ文化」の教材化の問題点について」(前掲)。
(12)　同右。
(13)　北海道教育委員会『アイヌ教育研究協議会　研究協議経過報告』(一九八四年)。
(14)　北海道教育委員会『アイヌの歴史・文化に関する指導の手引き』(一九八四年)。
(15)　清水敏行「北海道の小学校社会科副読本における民俗」(『北海道教育大学僻地教育研究施設　僻地教育研究』五〇号、一九九六年)。本書第九章第三節参照。

第一二章　多文化教育としてのアイヌ文化学習

はじめに

第Ⅲ部のまとめとして、本章では、アイヌ文化学習を取り込むことが北海道（あるいは日本）の教育をよりよい方向に変えることになり、学級や学校、そして地域社会をより豊かな場にしていくことになるのだという議論をしてみたい。その方法が「多文化教育」だと私も本田優子と同様に考えている。[1] 清水敏行が指摘したように、これまでのアイヌ文化学習がネガティブでやむを得ず実施されてきた、または実施しなければならないものとされてきたこと[2]から、アイヌ文化学習を取り入れることで、授業が変わり学級や学校がよりよい方向に変わっていける、そうした理屈を考えたいと思う。

第一・二節では、アイヌ文化学習に関する教育実践のいくつかを紹介しつつ、新たな方向性について考え、第三節では、J・A・バンクスの多文化教育論[3]を検討したうえで、多文化教育としてのアイヌ文化学習について検討する。

一　小学校での実践報告

1　千葉誠治の実践「アイヌの人々の生活」

まずは『歴史地理教育』に複数の報告をしている千葉誠治の実践を検討してみたい。千葉は釧路管内の標茶町などで長く小学校教師をしてきた。『歴史地理教育』誌上での小・中・高の社会科での実践報告の多くが、「アイヌの歴史」に関するものであるのにたいして、千葉の実践は、一貫して「アイヌの人たちの生活」を扱っている。ここで検討する千葉の実践報告とは次の三点である。

Ａ「四年：アイヌの人たちの生活」(『歴史地理教育』三五六号、一九八三年)

Ｂ「小学校におけるアイヌ学習」(『同』四三七号、一九八九年)

Ｃ「アイヌの人たちの生活」(『同』六七九号、二〇〇五年)

千葉は、Ａの実践報告で「アイヌの人たちの生活」を教材化するにあたって、次のような留意点が不可欠であるとしている。

①アイヌの人たちの生活の学習は、長い歴史の一時期のことであって、その生活(社会)がどう変わっていくか(変えられていくか)を学習するために行うこと。

②アイヌの人たちの昔の生活だけをとり出して教えると、遅れた民族であるとか、いまも昔のままでいるかのようなイメージを与えやすい。その当時は、アイヌも和人も自然にたよらざるをえない生活だったということをあわせて指導すること。(傍線引用者、以下同じ)

この二点を踏まえたうえで、Aの実践報告では、標茶町立虹別小学校近くの地域に残るコタン跡のフィールドワークとアイヌの古老の話を聞くという四年の授業内容を報告している。千葉が、報告する子どもの反応のなかには、「シュワンコタンの見学が、一番印象に残った」、「いまの町の名前もシュワン川のことも、アイヌ語だったなんて、ちっとも知りませんでした。それを教えられて、とてもうれしく思いました」というものがある。前者が①の学習に対応するものであり、後者は②でアイヌの古老が、地域の地名がアイヌ語にもとづくもので、そのアイヌ語の意味を教えてくれたことによるものであろう。

Bの実践報告は、一年から六年までの全学年を通じての授業内容を示したうえで、三年・四年・五年の実践の概要を記録したものである。その際、千葉は実践の前提として、

(1)自分たちと違う文化をもった人々の存在を低学年から教えていく。
(2)日本の国のなかにも、私たちと違う文化をもった人たちがいるということを教えていく。
(3)実際に交流を通して、(アイヌの人たちの)人間性や文化にふれる。

ことが必要であるとしている。これはのちにふれる「多文化教育」の観点そのものであり、アイヌ文化学習の基本的な観点を、実践の積み重ねにもとづいて指摘したものとして重要である。そして、実践の際の留意点として、A実践での①②に追加して、

③アイヌの人たちのすばらしさを教えるのではなく、児童がアイヌの人たちの生活や文化にたいし、素直に受け入れる素地をつくっていくために行うこと。
④民族固有の文化であるといっても、それだけを抜き出して教えると、偏見をもっている児童にとっては奇異に映り、強調すればするほど、ますます偏見をもつ。ゆえにいくつかの異なった民族の共通した文化を取り上げて指

導すること。

が必要であるとしている。

千葉が、アイヌ文化学習の実践にあたっての留意点としてあげた①〜④は、少数民族であり、先住民族であるアイヌの生活文化を教材化する際の留意点を、明確に指摘している。そして千葉は、Bの実践報告では、三年・四年・五年の実践内容を報告しているわけであるが、多文化教育の観点や少数民族＝先住民族の生活文化についての実践例として貴重なものは、五年での実践である。

それは、和人の「わらぐつ」とウィルタの「毛皮のくつ」とアイヌの「さけ皮のくつ（チェップ・ケリ）」とを比較しつつ、アイヌの生活文化を学ぶというものである。

留意点の③④を前提に、「アイヌ民族に偏見をもっている児童が多いなかで、アイヌ文化だけをとり出して教えると、児童が違和感をもつことが予想されるので、それをさけ」るため、「民族には、それぞれ生活に根ざした文化があり、同じはきものでも民族によって生活と結びついたいろいろなものがあるということをむりなく教えようとした」ものである。五年社会科のカリキュラムの枠としては、「日本の国土とまわりの国」のなかで、世界にはいろいろな民族が存在し、それぞれいろいろな生活をしていること、そして日本の国でも「自分たち」と違う文化をもったアイヌ・ウィルタ等とよばれている人たちが生活していることを学習しており、その発展としてこの授業を実践したのであった。

「このふかぐつ（わらぐつ）は、むかし、どこに住んでいた人たちがつくってはいていたでしょう。また、このふかぐつはどんな材料でつくったでしょう」と、「ふかぐつ（わらぐつ）」の提示からはじめられた授業は、さらにウィルタの毛皮でつくったくつ（写真提示）について学ぶことで一時間目がおわり、二時間目には「チェップ・ケリ」を提示し、「今日はこれです。どこに住んでいる人たちが、どんな材料でつくったのだろうか？」との教師（千葉）の発問からはじめられる。

生徒　アイヌ、北海道に住んでいた。
生徒　魚の皮でつくった。鮭の皮だ。
教師　どうして、アイヌだと思ったの？
生徒　くつの上のほうに、アイヌのもようがある。

こうして授業では、「和人の米↓わら↓わらぐつ」、「アイヌのサケ↓サケの皮↓チェップ・ケリ」、それに「ウィルタのトナカイ↓毛皮↓毛皮のくつ」という比較から、和人・アイヌ・ウィルタの対等な生活文化やアイヌの自然観に気づく、という構成になっているわけである。

教師（千葉）は、「そうですね。本州に住む人は、お米をとったあとのわらで、ふかぐつをつくり、アイヌは鮭をとったあとの皮でくつをつくりました。ですから住むところが違う人たちが、そこの生活をもとにして、同じはきものでも、生活につごうのよいように違ったものをつくりだしてきたんです」と授業をまとめている。

そして千葉は、「ウィルタの人は、トナカイの毛をつかってくつを作っていた。とうほくちほう（東北地方）の人びとは、いね（稲）でぞうり（草履）やふかぐつをつくっていた。アイヌの人は、アイデアみたいなサケの皮でつくっていた。やっぱり、それはしぜんにかんしてむだなくつかえることをかんがえたと思う」との子どもの感想を引いて、この授業から子どもたちは「そこの地域・自然・生活に根ざしながら文化をつくりあげていったんだということをとらえている」と評価している。

それとともに私は、ウィルタも和人もアイヌも「しぜん（自然）にかんしてむだ（無駄）なくつかえることをかんがえたと思う」との、この子どもの感想が、本田優子が批判したステレオタイプを超えているものとして貴重だと考える。千葉のBの実践報告は一九八九年のもので、本田の論考は一九九六年である。もちろん、本田の「アイヌ文化」学習批判は全体的にはまったく正しいのであるが、個別的な実践のなかには、千葉のような「多文化教育」の視角を有した先駆的実践があったことにも留意したいと思う。

なお千葉は、今後の課題として、同じ用途で共通しているものでも民族によって違うものを研究すると同時に、実物をどのように教室へ持ち込むかが課題であるとしているが、この点、後述する千歳市立末広小学校では地域の協力によって、みごとに多様な実物が教室に持ち込まれているのである。

2 固定観念（ステレオタイプ）の克服

Cの実践報告では、A・Bの実践報告での観点を「文化に優劣はないのであるから、すぐれたアイヌ文化を教えるのではなく…」といいかえ、四年での実践として「ムックリを聞かせ、民話の読み聞かせ」をすることを新たに導入した授業を紹介している。なかでもCの実践報告では、二点のワークシートによる地名学習が行われているが、このワークシートは北海道内の他の小学校でも応用可能なものであり、北海道におけるアイヌ語地名学習のひとつの到達点といえるであろう。

また、最後の授業では明治時代以降、アイヌの人々がどのような扱いを受け、現在どのように生きているかを、

・文化を守ろうとしている人
・和人と一緒にアイヌ民族のことがわかる施設や場所をつくろうとしている人
・民族の権利を訴えて裁判を起こしている人

・和人として生きている人

など、多様な生き方をしている人びとの姿を紹介したと報告している。アイヌの人たちの生活文化や生き方をステレオタイプ化することの問題点については、本田が鋭く批判していたわけで、千葉による実践での「多様な生き方をしている」アイヌの人たちの姿は、「児童がアイヌの人たちの生活や文化に対し、素直に受け入れる素地をつくっていくために」重要なことであった。この点でも、千葉の実践は高く評価されるべきであり、さらに活用・発展させていく必要がある。

ただし、いくつかの課題を見いだすこともできる。それはBの三年の実践報告のなかで、「自然がなくなったのはアイヌのとりすぎのせいだ」という児童の授業前の意識を、アイヌの人たちの「自然をだいじにする。たいせつにする」という生き方や自然観を学んだうえで、「自然をなくしたのはアイヌではなく、あとからきた日本人、和人だ」、「アイヌの人のような考え方でいけば、自然はなくならなかったね。それはいまでもだいじにしていかなければならないね」（千葉）と結論づけている箇所である。

これでは、千葉がアイヌ文化学習の実践にあたって留意すべきとした、②の「その当時は、アイヌも和人も自然にたよらざるをえない生活だったということをあわせて指導する」や、③の「アイヌの人たちのすばらしさを教えるのではなく、児童がアイヌの人たちの生活や文化にたいし、素直に受け入れる素地をつくっていく」ことと矛盾してしまうはずである。また、四年で実践されている「シャクシャインの闘い」の内容は、相当に歴史的なものであり、六年で扱うか、それとも思い切って中学校の「歴史的分野」にゆずることでよいように思われる。

もうひとつは、Bの実践では三年の教材として、Cの実践では四年の教材とされている「クマおくりの話」（なかでもイオマンテについて）の教材化についてである。「クマ送り」は、たしかにアイヌの人たちの自然観や世界観の基本ではあるが、これも中学校、あるいは高等学校へ先送りした方がよいのではないか。実際、Cの実践報告では、千葉自身も、最後に「クマ送りの話」をして終えたが、「児童にとっては理解できないようであったが、それはやむをえない」としているのであった。

二　全校的な取り組み

1　千歳市立末広小学校の実践

私は、二〇〇五年度に道内でのアイヌ文化学習の先進校として著名な、千歳市立末広小学校と平取町立二風谷小学校の協力を得て、両小学校でのアイヌ文化学習の概要について、簡単な調査研究を行った。末広小学校の実践については、末広小学校のアイヌ文化学習を支援する会編『さぁアイヌ文化を学ぼう！』(4)などに詳しい報告があるが、ここでは二風谷小学校との比較のために、経過と概要だけを簡単に確認しておく。

末広小学校で、「全学年でアイヌ文化を学ぶカリキュラム」が完成したのは一九九六年春であった。そのカリキュラムの概要は、

一年生活科（五時間）：アイヌの遊び、歌・踊り、チセの見学、模様を描く。
二年生活科（七時間）：アハの栽培・収穫・調理、遊び道具作り。
三年社会科（六時間）：アイヌ語地名、千歳のアイヌの暮らし、サケ漁と解体。
四年社会科（五時間）：イナキビの栽培・収穫・調理、歌・踊り、お話。
五年社会科（六時間）：ナシ皮での紐作り、ゴザを編む、イナウ削り。

六年社会科（六時間）：和人とアイヌの交易、チェプケリ作り、ムックリ作り、アイヌの歴史・人権。

というものであった。生活科と社会科を中心に理科などともかかわらせながら、六年間を通じてアイヌ文化を学ぶという、いわゆるクロス・カリキュラム的な授業構成ができている。(5) そして各学年の授業では、空き教室につくられたアイヌの伝統的な住居建築であるチセが授業（作業）の場として、巧みに利用されている。(6)

ただし、こうした生活科・社会科を中心としたアイヌ文化学習は、清水敏行が一般論として指摘したように、総合的学習の時間の創設と社会科授業数の削減によって、カリキュラム上の修正を余儀なくされた。(7) しかし末広小学校の場合は、アイヌ文化学習の枠組みはほぼそのまま総合的学習として再編・強化され、そして現在に至っている。比較のため、二〇〇五年度の「アイヌ文化系統学習計画（生活・総合）」の概要を示しておけば、

一年生活科（六時間）：アイヌの歌・踊り、模様遊び、マタンプシ作り。

二年生活科（八時間）：アイヌの子どもの遊び、歌・踊り、遊び道具作り。

三年総合（一二時間）：サケの暮らし、サケ漁とサケ料理。

四年総合（二〇時間）：イナキビの栽培・収穫・団子作り、アイヌの保存食。

五年総合（二一時間）：シナノキ皮剝ぎ・紐作り・かざり作り、イナウ削り。

六年総合（二四時間）：人権と差別、ムックリ作りと演奏、アイヌ文化学習のまとめ（一四時間）。

となっている。六年のアイヌ文化学習のまとめ（一四時間）には、修学旅行でのポロトコタン（白老町のアイヌ民族博物館）での研修を含んだもので、一九九六年に完成した生活科・社会科時代の学習内容より、はるかに充実した内容になっている。

具体的な内容は『さぁアイヌ文化を学ぼう！』によるほかないが、これほど充実した内容からすると、末広小学校

でのアイヌ文化学習は、本田が批判した「アイヌ文化」学習を超えているものと評価してもよいのではないかというのが私の考えである。もちろん、個々の授業内容には不十分な部分や問題点を指摘することもできようが。

末広小学校の場合は、「総合的な学習時間」のなかにアイヌ文化学習が一年から六年にわたって体系的に位置づけられており、地域の方々や旧職員の協力によってアイヌ文化を興味深く学ぶことができるようになっていた。これにたいして、二風谷小学校では、地域に根ざした学習というかたちで、アイヌ文化をはじめとする歴史文化や豊かな自然などの地域の教育資源を生かした特色ある教育活動が学校全体で取り組まれている。「ハララキ活動」と名づけられたこの活動は、複式教育の利点である学年枠をはずしたグループ学習となっている。

2　平取町立二風谷小学校の実践「ハララキ活動」

二風谷小学校での地域学習としての「ハララキ活動」の概要を、同小学校の『平成一六年度研究紀要（二風小の教育）』および「平成一七年度学校経営計画」から見ておきたい。「ハララキ（「ツルの舞」の意味）」活動は、「体験活動」「調査活動」「ハララキ集会」からなっており、「自分たちの住む二風谷の良さを知り、二風谷をよりよくしたいと考える」ことをねらいとしている。二〇〇五年度の「ハララキ体験活動計画」によれば、同年の「体験活動」のテーマは、「アトゥシ織を織ってみよう」であり、活動時間は一〇時間で一学期に全校で行われている。内容としては、

・アトゥシ織について知ろう（二時間）
・オヒョウの糸を作ってみよう（二時間）
・アトゥシ織でしおりを作ろう（五時間）
・作品鑑賞、お礼の手紙（一時間）

からなっている。ちなみに二〇〇四年度には、

・アイヌ文様のある作品を見よう（二時間）

・木彫り、皮細工「アイヌ文様を彫ろう！」（六時間）

・作品鑑賞、お礼の手紙（一時間）

であり、これまでに、「イナキビ栽培・シト団子作り」「チセ作り」「土器作り」などを行ってきたということである。

「調査活動」は三年生から六年生を縦割りにして、自分の希望を生かした活動（調べる・まとめる）を、二一時間ほど二学期に行っている。二〇〇五年度の活動グループは、「植物・昆虫」「川・チセ」「魚」「衣装」「料理」の五グループであり、二〇〇四年度は、「石」「森の生き物」「化石」「料理」「民話」の五グループであった。そして、調査活動での成果の発表の場が「ハララキ集会」である。体育館に保護者や地域の方、調査でお世話になった方々を招いて、グループごとに発表が行われる。(8) 二風谷小学校の場合、地域に根ざした調査活動によって、ごく自然にアイヌの文化や歴史について学ぶことになるのである。

以上のように、末広小学校が「アイヌ文化学習」と銘打っているのにたいして、二風谷小学校の場合は「地域学習」として取り組まれているのである。両小学校とも全学年を通じた体系的な枠組みをもっており、単発の教材化では到達できない、内実のあるアイヌ文化学習となっている。本田が指摘したように、アイヌ文化学習にはこうした体系性が必要なのである。(9)

三　多文化教育としてのアイヌ文化学習

そこで、最後にアメリカ合衆国の社会科教育研究者であるJ・A・バンクスの『入門　多文化教育[10]』を取り上げ、バンクスの議論に学ぶかたちで、アイヌ文化学習をポジティブな教育方法上の議論に結びつけてみたいと思う。

1　J・A・バンクスによる「多文化教育」

J・A・バンクスは、少数派(マイノリティ)としての黒人の立場を十分に踏まえて、多文化教育の意義と方法について論じている。著書の『入門　多文化教育』は、翻訳者の平沢安政たちの強い思いに支えられて、たいへんわかりやすい内容のものである。まずバンクスによる多文化教育論について確認しておきたい。

バンクスは、まず「多文化教育は、あらゆる社会階級、人種、文化、ジェンダー集団出身の生徒たちが、平等な学習機会をもてるように学校や他の教育機関をつくり変えるための教育改革運動である」としている。そのうえで「多元的な社会の教育は、生徒がその家庭やコミュニティの文化を理解し、またそれらの文化を肯定するように促すとともに、文化的な制約から自由になれるように支援する必要がある」という。バンクスは、「多元的な社会の教育」(多文化教育)では、生徒が自分が属する家庭や共同体の文化を理解し、それらを肯定するように教育するとともに、その文化からの制約から自由になれるように支援するといっている。

この主張は、多文化(多民族)社会における多文化教育は、各々の文化を積極的に肯定しつつもその文化的制約から自由になれる必要がある、というものである。バンクスは、「民族文化」の個性・固有性を積極的に認めつつも、「民族文化」の制約性についても見逃さない。

そして「民主主義社会に全面的に参加するためには、これら主流に属する生徒も、他の生徒と同じように、他者を理解し、急速に変化する多様な世界で成功するために、多文化教育によって与えられるスキルを必要としている」という。多文化教育は、決して少数派の生徒のための教育ではない。主流に属する生徒にとっても、他者を理解し、多様な社会で生きるためのスキルをえるものなのである。

バンクスは、多文化教育へのアプローチとして、「カリキュラム改革」と「学力達成」「集団間教育」の必要性を述べている。ここでは、「カリキュラム改革」と「集団間教育」についてのみふれておく。バンクスは、カリキュラム改革にあたってのおもな目標として、

(a)文化集団に関する内容をカリキュラムに組み込む。
(b)生徒がカリキュラム内容を新たな別の視点から見られるようにする。
(c)カリキュラムの基礎となっている原理やパラダイムを変換させる。

の三点をあげている。そして、実践例として、「諸文化の英雄や祭を祝うこと」「多文化的カリキュラムガイド」「教職員を対象とする多文化的内容のワークショップ」「「多文化的内容の教科書」の作成」を指摘している。アイヌ文化学習に照らしてみれば、

・アイヌ社会の英雄やアイヌの祭りを授業で取り上げること。
・教職員対象の体験的な研修をすすめること。
・アイヌの歴史・文化を積極的に取り込んだ教科書を作成すること。

などとなろう。

また「集団間教育」とは、「生徒が民主的な集団間関係と価値観を育むことを促す」ものであり、おもな目標は、

①多様な人種、エスニック、文化集団にたいして生徒が肯定的な態度を育むように支援すること。

②抑圧され、周辺に追いやられた集団の構成員が、より肯定的な態度を自らの文化集団にたいして持てるようにすること。

③カリキュラムの基礎となっている原理やパラダイムを変換させること。

としている。①はすべての子どもたちに、②はアイヌの子どもたちに必要不可欠のものである。そのうえで、「民族文化」の異なる集団間が互いに共生し、よりよい民主主義社会をつくっていくのだ、というわけである。

多文化教育へのアプローチの本質が、上記の(c)と③の「カリキュラムの基礎となっている原理やパラダイムを変換させる」ことにあることも確実である。本田優子や奥田統己が主張していること[11]は、まさに教育における「パラダイムの変換」である。現在の教育の枠組みをアイヌ文化学習を重視したものに転換すべきであるという主張は、多文化教育のためにカリキュラムをパラダイム変換することによって実現することになろう。

バンクスは、多文化教育学校の八つの特性ということをいっている。このうちの五つをあげておく。

①教職員がすべての生徒に高い期待をもち、肯定的な態度を示す。また、積極的に愛情をもってかかわる。

②学校の公式のカリキュラムが、男女両性、およびさまざまな文化、エスニック集団の経験、文化、視点を反映している。

③教職員が生徒の母語（第一言語）や方言を尊重している。

④学校で用いられる教材が、さまざまな文化、エスニック、人種集団の視点にたって、できごと、状況、概念を示している。

⑤学校文化と隠れたカリキュラムが、文化やエスニックの多様性を反映している。

こうした観点は、現在では日本の教育一般の観点であるといってよい。しかし、実践されているであろうか。まだ、多くの課題があるとすれば、多文化教育の観点として積極的に取り入れる必要がある。

たとえば①については、札幌市教育委員会の講演会での萱野茂さんの話が思い浮かぶ。萱野さんは、「やっぱり、子どもを教える先生方は、子どもをもっと信じてほしい。…子どもを信じて「うちのクラスの子どもは本当にいい子どもばかりだぞ！」と子どもと接してほしいと思います」と語っていた。それこそが「すべての生徒に高い期待をもち、肯定的な態度を示す」ことである。[12] そして、各学校で、教職員一人ひとりが多文化教育学校の特性としての①〜⑤について、多文化教育の観点にしたがって点検する必要があるのである。

さらにバンクスは、教職員の研修の必要性を説いている。

生徒がより多文化的な経験ができるように教師が準備をするうえでもっとも効果的な方法は、これらの目標に焦点を当てた経験を教師自身にさせることである。／教師は、文化やエスニックの多様性に関する知識を自ら身につけ、その知識を異なったエスニックや文化の視点からとらえ、自らの生活やコミュニティを、より文化的に敏感で多様なものとするための活動に参加することによって、生徒の心とカリキュラムの原則を変革するのに必要な知識やスキルを身につけるのである。[13]

といっている。

そして、教材については、「エスニック集団に関する内容が、主に付加的に位置づけられている場合、その教科書や教材は、生徒にアメリカ人の歩みを再考したり、現在信じられている考え方を見直したり、歴史や文化を新しい観点で洞察させるまでに改良されたとはいえない」としている。「エスニックな内容がただ付加的に教材で扱われ、アングロ中心主義の視点からとらえられているのであれば（そういう場合が多いが）、生徒のもつエスニック集団についてのステレオタイプや誤解は、減少するどころかかえって強化されかねない」というわけである。「エスニック集団に関する内容が、どのように教科書や教材に統合されるかということは、そのような内容の記述があるかどうかと同様に重要である」としている⑭。

これは、先にふれたカリキュラムのパラダイム変換の必要性を具体的に述べたものであり、この主張が本田や奥田の議論とほぼ同じものであることも、再度確認しておきたい。こうしたバンクスの提案にしたがうとすれば、教師にはまたまた重い課題が課せられることになる。こんなに荷が重くては、ポジティブな教育なんてできそうもないが、でもバンクスはこう付け加える。

教師に対して、生徒を大切にするように求めつづけてきたのと同じように、教師を大切に遇することによってしか、学校改革は成功しないだろう。私たちは、教師に大きな期待をもち、かれらが本当の意味で決定を下せるようにしなければならない。そして「教師たたき」をやめ、配慮の行き届いた人間味ある方法で教師を処遇しなければならない。教師自身が力づけられ、大切にされていると感じたときはじめて、社会の犠牲者となった生徒に対して、尊厳と配慮をもって関わろうとする意志と能力をもつことが可能となる⑮。

バンクスがいうような多文化教育のあり方や方法と同じ趣旨のことは、これまでの検討内容に散見していた。たとえば、第一〇章第一節で取り上げたように、竹ヶ原幸朗は、アイヌ差別の意識を克服する授業を創造するためには、

①現代のアイヌ問題を導入に扱い、児童に自己とのかかわりで問題意識を持たせること。
②体験学習やアイヌへの聞き取りなどの手法をとりいれ、アイヌ問題学習の視点をこれまでの日本人の見方からア

イヌのそれへと変えること。
が必要であるとし、そうすることで「日本人とアイヌの児童がともにアイヌの人、歴史、文化が個性的存在であることを学び、双方のこれまでのアイヌ観を変革することにつながっていく」のだと主張していた。この竹ヶ原の議論は多文化教育の方法そのものである。

千葉誠治の小学校でのアイヌ文化学習の実践が、多文化教育の方法としても先駆的なものであることは第一節で詳しく述べた。また、札幌市教育委員会のウタリ教育相談員（現、アイヌ教育相談員）であった小川隆吉さんが、座談会「アイヌから学校教育に望むこと」において、教育でアイヌ民族を扱う場合は、アイヌは北海道の先住民であり、現在もちゃんと生きている民族であって、未来に向かって永遠に存在する民族であることを何よりもしっかりと確認してもらいたい。そして、この確認があれば、「幕末から一〇〇年以上たつのにアイヌの人口はどうして増えていないのか」という主旨の疑問を提示することで、子どもたちにアイヌの歴史を考えさせるような授業の組立が可能となろうと提案していた⑯。この小川さんが提案した教材化の方法も多文化教育的なものである。ということは、多文化教育は決して特別な教育方法ではないのである。

2　多文化教育の方法として

北海道教育大学札幌校の二〇〇五年度の教職ガイダンス（一年生必修）において、第九章第一節で述べたと同様の、中本ムツ子さんの講演があった。この年は、私の担当授業に「授業開発の基礎」（オムニバス形式、一年生向け。履修者約四〇名）の「社会科教育分野」（四時間＝二コマ）があったので、この授業の課題として教職ガイダンスでの中本さんの講演にかかわらせて、「中本ムツ子さんの講演をふまえて、あなたは、小・中学校の社会科においてアイヌ文化をどのように教材化したらよいと思いますか。あなたの考えを述べなさい。」（七〇〇字程度）というテーマの小論に取り組ませた。教職ガイダンスそのもののレポートではないので、一年生には難しいテーマとなったが、多くの学生が意欲的な内容の小論を提出してくれた。

aさん（女）：「すべてのものに生命が宿っている。だから、私たちはたくさんの生命に感謝して生きてゆくのです。」中本ムツ子さんのこの言葉が忘れられない。アイヌの人々は、なんて暖かな文化を築いてきたのだろう。現代人がまるで忘れてしまっている心ではないだろうか。私は驚きと感動が入り混じった気持ちになった。と同時に、これほどの貴重な財産ともいえるアイヌ文化について、北海道の子どもたちには、ぜひ学び、考える価値があると感じた。／扱う単元は、小学校中学年の地域学習。北海道文化のひとつとして「アイヌ文化とその歴史」を取り上げ、アイヌ語や歌、楽器等を通じて「地域社会に対する誇りと愛情」を育てることを目標とする。

（以下略）

bさん（女）：中本さんの話を聞いて私が一番驚いたことは、アイヌ民族の人達自身もアイヌ民族を劣った民族であると考えていたことだ。知らないものにイメージで偏見を持つということはとても恐ろしい。小・中学生にアイヌ文化について学ばせるとき、「覚える」ことを求めるのではなく、興味を持ち「知る」ことを求めるべきだと思う。アイヌ文化を「知る」ためには、先日の中本さんのお話のように歌や言葉を教わったり、民族衣装などの民芸品を目にすることはとても大切である。実際にアイヌ文化を体感することによって、アイヌ文化が劣っていないという事実を自分で確かめることがたいせつではないだろうか。／また、アイヌ文化を伝える際に「違う考えを持つ人達への理解」も教えられるだろう。私は中本さんの話を聞いて、「全てのものに命がある」「争いを避ける」というアイヌの人達の考えは、今の日本に欠けている考えだと感じた。もし、アイヌ民族と日本人が互いの考えを共有しようとしていたら、今の日本は少しは違ったのではないだろうか。これは私の考えであるが、違う考えを持つ文化に触れて子ども達も色々感じるだろう。アイヌの話を聞いた感想を子ども達に発表させるなどをして、自分と違う文化を持つ人達に対する考えを深めていけるような学習の場を持てるといいと思う。（以下略）

中本さんの言葉に感じ入ったａさんの考えは、アイヌ文化を一方的に価値あるものとしている点に問題があると、ここまでの議論からはいえなくもないが、中本さんの語りにたいする感動をあらわしたものと素直にみとめていいのではないか。こうした感性から、探究がはじまっても悪くない。

また、ｂさんの「小・中学生にアイヌ文化について学ばせるとき、「覚える」ことを求めるのではなく、興味を持ち「知る」ことを求めるべきだ」や、「実際にアイヌ文化を体感することによって、アイヌ文化が劣っていないという事実を自分で確かめることがたいせつではないだろうか」という視点は、多文化教育のものであるし、「アイヌの話を聞いた感想を子ども達に発表させるなどをして、自分と違う文化を持つ人達に対する考えを深めていけるような学習の場」こそが、多文化教育の場であることも明らかである。

多文化教育の方法は、ある面では、「アイヌ文化学習」に積極的に取り組むことで自然に獲得されるものともいえそうである。

また、第九章の冒頭にふれた二〇〇四年度一年生だったＡさんの文章にも、「自分が感じたことや、考えたことをみんなが素直に交換しあえば、みんなが自分とは違うことを考えているということを実感し、人はそれぞれ違うもので、違っていることは決して悪いことではないということを認識できるとも思う」とあった。これは多文化教育が目指すことであり、「そして、そのように自由な感受性を持つことは、あの美しいアイヌの唄や、様々な民族の持つ様々な文化に対して、素直に受け入れることができるようになるために最も重要な要素だと思う」とAさんは書いていた。

また、第一〇章第一節の札幌市教育委員会によるアンケートの分析のところで、「多くの教員が、アイヌ民族やアイヌ文化を多面的に理解したいと思っているのであり、そうした理解ができたところで授業が可能になると考えている」と書いたが、アイヌ文化を多面的に理解しようと前にすすむことで道はひらけるのである。その道こそが多文化教育の道である。

なお、本田は先の論考において、西村喜憲の「日本史教育における多様性[17]」や小松博子の報告「多文化教育をめざして[18]」などが指摘した多文化教育的観点を紹介し、注目していた。

ここで第九章第二節で検討した小学校の先生方の文章をもうひとつ紹介したい。胆振管内のJ先生のものである。

今年七月、アイヌ文化学習についての学習会がありました。町の教職員対象の研修会である。その時のお話の中で、あるアイヌの子どもたちが「先生がアイヌ文化のことの学習をやらないと逃げたと思うし、学習をすると寒い電流が走る」と言っていたと聞きました。／アイヌの子どもたちの発信から考えるとアイヌの学習は、あるほうがよいと思います。また北海道で育ってきた文化なので、北海道という地域に住んでいる私たちはその文化や歴史を知ることは、必要であると考えます。しかし我が町のように、地域が学習を進めることに理解を示しているところはよいと思うのですが、まだ、偏見や差別が残っているところもあると聞きます。信頼関係をもってからでないと学習を進めるのが難しいのも現状だと思います。（中略）／やはり、教える側はその歴史や背景を理解し、一人ではなく、学校全体の中で共通理解をはかって教材の取りあつかいを考慮していかないとならないと感じました。アイヌに関する教育は地域学習という面からは、民族の問題がからむので、教える側の正しい認識や

行政側の教育整備を進めないと成りたって学習できないと思いました。（以下略）

J先生は、たぶん白老町の教員で、「今年」（二〇〇四年）七月の白老町の教職員研修会（学習会）の講師は本田優子氏だったようである。J先生は中略した部分で、研修会で配布された『北海道立アイヌ民族文化研究センター研究紀要』二号の米田（本田）優子の論文の内容を紹介している。そして最後に、「この秋」に白老町では全教職員に「アイヌに関する教育の充実を求めて」という冊子が配布されることになると私に教えてくれた。それが第一〇章第三節で取り上げた白老町教育委員会の冊子である。

そして、J先生が書いたように、アイヌ文化学習は「教える側の正しい認識や行政側の教育整備を進めないと成りた」ない学習であるというのが、私の結論であるし、地域との「信頼関係をもって」「教える側はその歴史や背景を理解し、一人ではなく、学校全体の中で共通理解をはかって教材の取りあつかい」をすすめることに成功している実践校が千歳市立末広小学校ということになるのである。

3　末広小学校のアイヌ文化学習

末広小学校のアイヌ文化学習については、すでに末広小のアイヌ文化学習を支援する会編『さぁアイヌ文化を学ぼう！──多文化教育としてのアイヌ文化学習』(19)が編まれている。同書は、財団法人アイヌ文化振興・研究推進機構（アイヌ文化財団）の平成二十一年度出版助成を受けて刊行された同会編『さぁアイヌ文化を学ぼう！──千歳市立末広小学校のアイヌ文化学習』（同会発行）を再版したものである。

同書での校長（当時）平満允の挨拶（「イランカラプテ」）にあるように、「末広小のアイヌ文化学習」には今日的な教育課題が広く組み込まれている。たとえば、六年生での実践が紹介されたあとのまとめ「実践を終えて」には、これまでアイヌ民族のもつ文化や知恵、工夫、そして過去のアイヌ民族にたいする不当な差別や人権侵害が行われてきた事実を学んできたが、それだけではなく「野本久栄さんが最後に伝えてくれた「カント　オロワ　ヤクサクノ　アランケプ　シネプカ　イサム」(天から役目なしにおろされたものはひとつもない)という言葉を胸に、自分たちの便利すぎる生活、ものを大切にしない生活を見直し、国や民族・文化が違ってもおたがいの文化を尊重する気持ちが、子どもたちの心の中に芽生えてくれることを願っています」とある。

続けて、「ムックリ作りは、根気よく丁寧に作業をしないと失敗してしまいます。ゲームのように失敗したからといってリセットできません。また、音が出るようにするためには、何度も試行錯誤をしなければなりません。音も十人十色で、みんな違います。そこからもムックリは単なる楽器というだけではなく、その人そのものを表すものでもあったといえるでしょう。／作って楽しみ、演奏して楽しみ、アイヌ民族の伝統文化を楽しみながら体験できたのではないでしょうか」とまとめられている。このように「末広小のアイヌ文化学習」には多文化教育のエッセンスが、確実に内在しているのである。

「子どもたちから先生への手紙」(ゲストティーチャーへの御礼の手紙)で、二年生のＩＹさんは「チカルカルぺは、ふつうのきもの(着物)とがら(柄)がちがって、めいろみたいだったから、わたしが、小さくなって、めいろしてみたいなとおもいました」と書いている。ＩＹさんは、ゲストの高坂京子さんのお話から、和人の着物とアイヌのチカルカルべ(着物)の柄(文様)の違いをしっかりとらえ、アイヌ文様の中を「小さくなって迷路してみたい」というのである。ここに多文化教育の入口があることは確実であろう。

「末広小のアイヌ文化学習」は、すでに末広小学校の子どもたちだけのものではない。一年生の「実践を終えて」には、「チレクテトプ遊びの活動が終了して教室に戻ると、子どもたちは、満足そうな顔で「楽しかった！」「いい音だったね」などと言いあっていました。そして、餌取(弘明)さんからいただいたトプ(笛)をティッシュに大事そうに包んで、それぞれ家に持ち帰っていきました。その様子を眺めながら、子どもたちが今回体験したことを家庭に戻ってどんな風に話をするのだろうと、わくわくするような思いに駆られました」とし、「子どもたちが先人の知恵とも言えるアイヌ文化学習で学んだことや感動したことを親世代に伝えていきます。子どもの目線で素直に純粋にとらえた事柄が、それぞれの家庭で話題となり広がっていくすばらしさ。これで一年間の実践は終わりますが、子どもたちにとって次につながる楽しく有意義な体験になったと思います」とまとめられている。「末広小のアイヌ文化学習」は子どもたちから、家庭へ、親世代へと広がっていくというのである。

「子どもたちから先生への手紙」で、二年生のＩＫさんは、トンコリ(アイヌの伝統楽器)の音色、マタンプシやチカルカルぺのことを書き、そして「カンナカムイとむすめの、カンナカムイは、かみなりのかみさまっていってましたね。そのことをおうちの人にいいいました」と書いていた。ＨＹさんは、トプを「はやくならせるようになりたいです。ならせるようになったら、いもうとにもおしえてあげたいです」と書いている。実際に、ゲストの野本久栄さん・敏江さんは「六年生では、ムックリ(口琴)の作り方、鳴らし方を教えます。すでに知っている子どもたちもいて、「お兄ちゃん、お姉ちゃんも作っていた」「見たことある」などと声が上がります」と書いており、「末広小のアイヌ文化学習」は広く家庭や地域社会に受け入れられているのである。末広小のアイヌ文化学習を支えているのは、すでに学区の地域社会であるともいえるわけで、この点が重要である。子どもたちのもつ力は、想像以上のものがあり、家庭や地域を変えうるのである。

旧教員のゲスト餌取弘明さんが、「アイヌ文化と私との関わりも十年を超えましたが、その中で「ウレシパ」(互いに育てあう)というアイヌ語が気に入っています。本来は存在するものすべてについてのあるべき精神を示していると思われますが、アイヌ文化を学ぶ者と教える者との関係にも通じると思います」と書いていることともかかわるだろう。

三年生の「実践を終えて」には、「野本久栄さんとの学習を終えて、子どもたちは身近にある地名に興味をもち始めました。自分の住む千歳だけでなく、北海道にはたくさんのアイヌ語地名があるということに驚きがあったようです。／アイヌ語地名の学習はアイヌ語への興味を抱くことにもつながりました。カルタ作りでは、アイヌ語地名という枠を跳び越して、いままでのアイヌ文化学習で野本（久栄・敏江夫妻）さんや餌取弘明さんから学んできたアイヌ語をしきりに口にする子どもも見られ、四年生以降のアイヌ文化学習への意欲にもつながったように思います」とある。

私も同書の編纂を手伝うなかで、子どもたちの「お礼の手紙」を整理しながら、子どもたちの礼状にはカタカナ書きのアイヌ語がためらいなく使われていることに気づき、感心したことを思い出す。末広小学校の先生方が書いた「末広小のアイヌ文化学習」の紹介内容をはるかに超えて、末広小学校の子どもたちはアイヌ語に「たんのう」なようである。もちろん片言のアイヌ語ではあるが。

ゲストの高坂京子さんは、「アイヌ語教室でアイヌ語を教えてくれた故白沢ナベフチが、「アイヌの言葉は何も悪い言葉でない。昔からある言葉で、全部神様が作ったいい言葉、立派な言葉ばっかりだ。だからお前は言葉を残せってお父さんに言われた」とお話しされたことを、私は忘れていません。しかし、フチの残してくれた先祖の言葉を、次の世代に渡せるのでしょうか」と書いている。「公教育」において、アイヌの子どもたちとともに、和人の子どもたちにも裾野を広げてアイヌ語の学習をすすめていくことも、ひとつの方法であろう。

本書第一〇章第一節でふれた野村義一さん（当時、北海道ウタリ協会理事長）による「アイヌが自分たちの衣装を着て歩いても、食文化や住居などについても、日本の中でアイヌの人たちは自分たちの文化を営んでいるのだなと、互いに認め合える社会を早く作り出さないといけないと考えています[20]」という発言をいま一度引用しておく。

おわりに

以上、今後の課題ばかりをのこした論考となったが、最後に簡単なまとめをしておきたい[21]。

ひとつは、北海道の小学校におけるアイヌの歴史文化学習には地域的偏差があり、全道的には教育上の能動的・積極的な位置づけが不十分だといえることである。こうした状況を克服するためには、本田が論じたように、原則的には「多文化教育の理念にもとづいた全体的な教授計画」が不可欠なのであるが、少なくとも、『アイヌ民族・歴史と現在—未来を共に生きるために—』が副教材として活用できるような教育課程の改善が必要なのである。

第二には、当面の実践的な課題としても「多文化教育の理念にもとづいた」教材の作成や学習指導案が求められている。と同時に白老町教育委員会などですすめられているような体験学習的な「教職員研修」が重要である。こうした点では、教育行政が積極的な役割を果たすべきであろう。もちろん、こうした指摘はそのまま、私自身に返ってくるわけで、教員養成系大学の教育課程においても、「多文化教育の理念と実践」、そして「多文化教育的視点にもとづくアイヌの歴史文化」が積極的に位置づけられる必要があるのである。

こうした課題がそう困難なものでないことは、第九章第二節では略したが、I先生の「六年生の歴史学習としてアイヌの歴史文化に取り組み、北海道と本州を比較させてみたい」という感想や、J先生による「アイヌ民族だけではなく、他の北方民族を含む少数民族の話とともに理解していく形がよいのではなか」という提案、そして、B先生の「人はみな共生しているという」教育上の観点が、どれも多文化教育的なものであることから明らかである。

白老町教育委員会の小冊子にあった、アイヌ民族にかかわる学習の目的の(3)「一人一人の違いを理解するとともに、その違いを尊重する態度を養うこと」、そして、bさんの小論がいう「自分と違う文化を持つ人達に対する考えを深めていけるような学習の場」こそが必要なのである。また、本田の批判を踏まえて「アイヌ文化学習」ではなく、「アイヌの歴史文化学習」とすることで転換可能なこともあるのではないかと考えている。

注

(1) 本田(米田)優子「学校教育における「アイヌ文化」の教材化の問題点について—一九六〇年代後半以降の教育実践資料の整理・分析を中心として—」(『北海道立アイヌ民族文化研究センター研究紀要』二号、一九九六年)。

(2) 清水敏行「小学校におけるアイヌ民族教育に関する調査」(『北海道教育大学僻地教育研究施設　僻地教育研究』五二号、一九九八年)。

(3) J.A.バンクス/平沢安政訳『入門　多文化教育』(明石書店、一九九九年。初版一九九六年)、J.A.バンクス他著/平沢安政訳『民主主義と多文化教育』(明石書店、二〇〇六年)。

(4) 末広小のアイヌ文化学習を支援する会編『さぁアイヌ文化を学ぼう!—多文化教育としてのアイヌ文化学習』(明石書店、二〇〇九年)、佐々木博司・田中美穂『「チセ」のある学校—アイヌ文化を全校で』(クルーズ、二〇一一年)。

(5) 末広小学校の実践についての早い紹介として、「アイヌ民族の文化を学ぶ—北海道千歳市立末広小学校の実践—」(『季刊教育改革』四号、北海道教育社、一九九九年。無署名記事)がある。

(6) 末広小学校においてアイヌ文化学習が生み出された経緯や、空き教室にチセがつくられた経過については、同小学校での実践の創出者である佐々木博司と田中美穂による『「チセ」のある学校』(前掲)が詳しく記述している。

（7）清水敏行「北海道の小学校社会科副読本における民族」（『北海道教育大学僻地教育研究施設　僻地教育研究』五〇号、一九九六年）。

（8）私も同僚の谷本晃久（現在、北海道大学准教授）とともに、二〇〇五年一二月六日に行われた「ハララキ集会」を参観した。

（9）なお、「ようこそ、様似アイヌ言語文化研究所へ」（主宰：小松和弘、http://city.hokkai.or.jp/~ayaedu/hazime/home.html）には、千歳市立末広小学校の教育課程を参考に、北海道ウタリ協会様似民族文化保存部会、様似町の社会教育機関である郷土館・図書館と相談し、小松が作成した「アイヌ文化の総合的な学習のカリキュラム試案二〇〇〇（試案）」が掲載されている。

（10）J・A・バンクス『入門　多文化教育』（前掲）。

（11）本田優子「学校教育における「アイヌ文化」の教材化の問題点について」（前掲）、奥田統己「アイヌ：言語／文化の復興と歴史の抑圧」（講義要旨）（『国連大学グローバル・セミナー第8回北海道セッション　報告書』国際連合大学、奥付はないが二〇〇九年、所収）。

（12）萱野茂「アイヌ文化と学校教育」（講演会記録）（『アイヌの歴史・文化等に関する指導資料1（改訂版）』札幌市教育委員会、一九八六年。初版一九八五年、所収）。

（13）J・A・バンクス『入門　多文化教育』（前掲）五六頁。

（14）同右一八九頁。

（15）同右七六頁。

（16）座談会「アイヌから学校教育に望むこと」での小川隆吉さんの発言（『アイヌの歴史・文化等に関する資料3　学校教

育とアイヌ理解―今　問われるアイヌ理解とは―』札幌市教育委員会、一九八八年、所収）。本書第一〇章第一節参照。
(17) 西村喜憲「日本史教育における多様性」（北海道教育大学史学会『史流』三五号、一九九五年）。
(18) 小松博子「多文化教育をめざして」（『北海道の教育　一九九四』北海道合同教研推進委員会、一九九四年）。
(19) 末広小のアイヌ文化学習を支援する会編『さぁアイヌ文化を学ぼう！』（前掲）。
(20) 座談会「アイヌから学校教育に望むこと」での野村義一さんの発言（前掲『アイヌの歴史・文化等に関する資料3　学校教育とアイヌ理解』所収）。
(21) なお、本書では具体的な検討はしなかったが、教科書や副読本におけるアイヌ文化学習の扱いも重要な課題である。それにかかわっては、次の論考などを参照のこと。
『教員養成大学におけるアイヌ文化の教材化に関する研究（副題は略す）』（北海道教育大学岩見沢校、一九九一年）
『社会科副読本の研究』（北海道教育大学札幌・岩見沢校社会科教育研究会、一九九四年）
吉田正生『社会科教授用図書におけるアイヌ民族関係記述の生成と展開』風間書房、二〇一一年
スチュアート　ヘンリ・百瀬響「社会科教科書のアイヌに関する記述」（青柳真智子編著『中学・高等教育と文化人類学』大明堂、一九九六年）
百瀬響「アイヌ文化教材化の要点について（1）～（3）」（『北海道教育大学紀要（教育科学編）』六四巻一号・六五巻一号・六六巻二号、二〇一三～一六年）。

補論3　アイヌ神謡集を教材化してみよう

1　教材化の方向性

北海道における社会科教育や国際理解教育についての展開や、さらに実践について勉強してきたなかで、北海道における「アイヌ文化学習」の方向性について、二〇〇七年に「アイヌの歴史文化学習の課題と可能性①」と題して発表した。

この論考では、かつて本田優子が「学校教育における「アイヌ文化」の教材化の問題点について②」において論じた、

①北海道における「アイヌ文化学習」は、アイヌの歴史文化についての体系的な枠組みが示されていないため、教員の個人的な関心や資質に強く依存した授業が行われていること、

②多くの「アイヌ文化学習」についての教育実践が〝神々と共存する世界観〟〝自然と共存するエコロジカルな生活様式〟などを過度に強調する傾向が強いこと、

の二点は、その後もそう改善されてはいないのではないかとした。つまり、一部の小学校では、総合学習や地域学習として全校的・体系的な取り組みがなされていたり、教育委員会による積極的な教職員研修がすすめられている地域もあるが、広域的な、あるいは全道的な取り組みとはなっていないと推定されるとしたのである。

そのうえで、「アイヌの歴史文化」にかかわる教育は、多文化教育・多文化共生的な可能性を十分に持ちうるものであることを、小学校教員の「発言」や所属大学の授業での学生の「小論」「授業案」などから見いだしたのであっ

た。私が北海道教育大学札幌校で担当している小学校社会科教育法の授業で、学生が作成した「アイヌの歴史文化」にかかわる授業案には、興味深いものが多いのであるが、先の論考では紹介する余裕がなかった。そこで補論として、学生が作成した授業案を紹介し、それを多文化教育や多文化共生の視点から分析しつつ、「アイヌの歴史文化」学習の可能性についてさらに考えてみたい。

2　知里幸恵『アイヌ神謡集』の教材化

私は、北海道教育大学札幌校の小学校社会科教育法の授業において、「アイヌの歴史文化」にかかわるものとして、

課題01＝地名の由来・意味を調べる
課題02＝アイヌ神謡集を教材化してみよう！

というふたつの課題を学生に与えている。課題01は、授業のガイダンスのあとの宿題である。札幌市周辺の地形図を配布して、地形図のなかの地名（河川名等を含む）を一〇個選び、その地名の由来や意味などについて調べ、そのうえで北海道の地名の特徴を整理するというものである。

課題02は、「アイヌ（民族）の歴史文化を教材化する」という授業のなかでの課題である。授業では、小学六年の社会科教科書での「アイヌの人々」についての扱いや、札幌市教育委員会作成の『札幌市小学校　教育課程編成の手引き　3／4年』（二〇〇〇年）に載る「社会3年」での展開例、千歳市立末広小学校での「アイヌ文化系統学習計画」（生活科・総合）について解説したうえで、課題に取り組むための前提として「アイヌ神謡集」についての授業を行った。

概要を示しておけば、『アイヌ神謡集』（岩波文庫）の「序」と「梟の神の自ら歌った謡」を配布し、簡単な解説をしたうえで、ＣＤ『「アイヌ神謡集」をうたう』（片山言語文化研究所、二〇〇三年）の「イントロ音楽」「アイヌ神謡集・

序」「第1話　シマフクロウ神の謡」の一部を聞いてもらった。イントロ音楽は、シーベグ・シーモア、浜田隆史「海猫飛翔曲」(二分ほど)からのもので、素敵な音楽であり、墨谷真澄の「序」の日本語朗読も大変に聞く者を引きつけるものであるが、もちろん主役は千歳アイヌ文化伝承保存会会長の中本ムツ子(故人。当時七六歳)の謡う「第1話シマフクロウ神の謡」である。片山龍峯によって「謡として復元」されたものをアイヌ民族の中本がアイヌ語でうたったものであった。発売された二〇〇三年は知里幸恵の『アイヌ神謡集』が出版されて八〇年、そして知里幸恵生誕一〇〇年にあたる。翌年、中本は、アイヌ文化の伝承活動にたいする功績が認められ、第三八回吉川英治文化賞を受賞している。

このCDを聞いたうえで、「アイヌ神謡集を教材化してみよう!」という宿題を課すわけである。宿題の具体的な内容は、「梟の神の自ら歌った謡」を主要教材とする授業案を作成しなさいというもので、①なるべく個性的に作成すること、そして社会科教育法の授業ではあるが、②授業案の教科・学年は自由(ここがミソだと思っている)、というものである。提出された課題のなかから、優れたものあるいは注目されるものを選び、それを印刷し、あとの授業で配布して、学生相互での評価を行わせている。

3　学生が作成した教材・授業案

学生が作成した授業案(二〇〇六年度までのもの)には、三年音楽「アイヌのリズムにのろう!」、三年体育「神様の鳥をつかまえよう」、六年図工「アイヌ神謡集を表現しよう」、四年国語「神謡集の表紙と帯作り」、六年社会「多様な神々と日本の神々」、六年総合「神謡集の願いを知ろう(一四時間)」・四年同「でも、なぜ「神様の鳥」なのに矢をうったの?」など、興味深いものが多いのである。それを教科ごとに一覧にすると次のようになる。

岩波書店　p. 10～11

梟の神の自ら歌った謡
「銀の滴《しずく》降る降るまわりに」

「銀の滴降る降るまわりに，金の滴
降る降るまわりに.」という歌を私は歌いながら
流に沿って下り，人間の村の上を
通りながら下を眺めると
昔の貧乏人が今お金持になっていて，昔のお金持が
今の貧乏人になっている様です.
海辺に人間の子供たちがおもちゃの小弓に
おもちゃの小矢をもってあそんで居ります.
「銀の滴降る降るまわりに
金の滴降る降るまわりに.」という歌を
歌いながら子供等の上を
通りますと，(子供等は)私の下を走りながら
云うことには，
「美しい鳥！　神様の鳥！
さあ，矢を射てあの鳥
神様の鳥を射当てたものは，一ばんさきに取った者は
ほんとうの勇者，ほんとうの強者だぞ.」

の術に上達します.
ak……は弓術，shinot は遊戯，ponai は小矢

資料　『アイヌ神謡集』(一部)

Kamuichikap kamui yaieyukar, "Shirokanipe ranran pishkan"

"Shirokanipe ranran pishkan,　konkanipe
ranran pishkan." arian rekpo　chiki kane
petesoro　sapash aine,　ainukotan　enkashike
chikush kor　shichorpokun　inkarash ko
teeta wenkur　tane nishpa ne,　teeta nishpa
tane wenkur ne　kotom shiran.
Atuiteksam ta　ainuhekattar　akshinotponku(1)
akshinotponai　euweshinot korokai.
"Shirokanipe ranran pishkan,
konkanipe ranran pishkan." arian rekpo
chiki kane　hekachiutar　enkashike
chikush awa,　unchorpoke　ehoyuppa
ene hawokai : ——
"Pirka chikappo !　kamui chikappo !
Keke hetak,　akash wa　toan chikappo
kamui chikappo　tukan wa ankur,　hoshkiukkur
sonno rametok　shino chipapa　ne ruwe tapan"

(1)　昔は男の子が少し大きくなると，小さい弓矢を作って与えます．子供はそれで樹木や鳥などを的に射て遊び，知らずしらずの中に弓矢

①音楽三年：「アイヌのリズムにのろう！」
?年：神謡集とムックリ演奏
六年：歌詞を理解し、そして鑑賞
②体育三年：「神様の鳥をつかまえよう」
?年：創作ダンス・表現
③図工六年：「アイヌ神謡集を表現しよう」
五年：「アイヌのお話の場面を再現しよう」
?年：神謡集からアイヌ芸術を理解する
?年：木版画／三年：紙芝居
④国語四年：神謡集の表紙と帯作り
五年：題名について考えよう
?年：「アイヌの人たちはどんな思いで、子どもたちに物語…」
六年：詩の読み方・詩の世界・アイヌの人々の世界を想像
その他：アイヌ語カルタ／美しい言葉をさがす／絵＝表現／「序」から暮らしを
⑤社会三・四年：アイヌの人たちのくらしについて考える（典型例）
?年：登場人物の行動や気持ちを考える
六年：多様な神々と日本の神々
その他：神に視点：英雄としての神／神を送る（イオマンテ）／多くの神々と自然／絵・紙芝居・音の再現／挿

し絵／絵と言葉当て／絵本作りを通してアイヌを知る／神謡集を導入として、アイヌの人々についてて学んでいく

⑥道徳四年：途中まで読み、その続きを考える＝友人・助け合いなど
　四年：自然を大切にすること

⑦総合六年：神謡集の願いを知ろう（一四時間）
　五年：アイヌの人々の謡と日本の謡
　四年：「でも、なぜ「神様の鳥」なのに矢をうったの？」
　？年：誰に何をしてあげたか考える
　？年：教科横断的／？年：総合授業／劇・人形劇／アイヌの人たちの考え方を知る／神謡集と自分たちの知っている物語・昔話

これらの内容を具体的に紹介し、多文化教育あるいは多文化共生的な視点から分析していくと、「アイヌ神謡集」という素材の素晴らしさに、改めて気づくのである。

Aさん：三年音楽　「アイヌのリズムにのろう！」

Aさんの授業案は、最初に「シマフクロウ神の謡」を子どもたちに聞かせ、そのリズムの不思議さに興味をいだかせる。そしてそのリズムにのって、「シロカニペ　ランラン」と教師が歌い、子どもたちが「ピーシュカン」の部分を歌っていく。「コンカニペ　ランラン　ピーシュカン」は全員で歌う。「リズムにのれたかな？」と子どもたちに問いかける。さらに、「他のアイヌの歌も歌って踊ってみよう」、「動物になったつもりで踊れるかな？」と授業をすすめ、バッタは「ハエイー　ハエイー」、キツネは「サーレンヨー　サーレンヨー」と歌いながら動物の動作を真似て

踊るというものである。まとめは、「アイヌの歌を聞いて、歌ってみて、どんなことを思ったかな?」、「アイヌの歌にはどんな特徴があるだろう」と問いかけて終わる。

Bさん：三年体育　「神様の鳥をつかまえよう」

Bさんは、「小学校三年生というのは、一・二年生での生活科という授業の代わりに社会科と理科が導入される学年である。そこで体を動かして楽しみながらアイヌ文化に触れ、社会科に興味をもってもらうことを期待し、この教材を考えた」という。授業の展開は、「アイヌ神謡集の中で子どもたちは、『神様の鳥』をつかまえようとしている。その場面をおにごっことして再現してみる」ものである。

①「神様の鳥」の役と子どもの役を決める(じゃんけん)。

②「手つなぎ鬼」のように、「神様の鳥」の役一人につき四人の子がつながる。

③五人つながった「神様の鳥」は、体育館の床に描かれた円の中に入る。

④他の子どもたちは、離れたところから、その円めがけてシャトルをなげる。

⑤最初に円の中にシャトルを入れた人が、その神鳥をつかまえられる。

(円の中にシャトルが入ったら、「銀の滴　降る降るまわりに　金の滴　降る降る　まわりに」と歌おう!)

こうして「体を動かして楽しみながらアイヌの文化に触れ」させていこうというのである。

Cさん：六年図工　「アイヌ神謡集を表現しよう」

Cさんの想定は「児童は社会科の授業の中で「アイヌ民族」の歴史やくらしについてすでに学んでおり、基礎的な知識は身についていると考えられる。しかしアイヌの人々の文化について触れる経験がなく、文面・資料のみの知識にとどまっていると考えられる。そこで、アイヌ神謡集やアイヌ民族の楽器などからアイヌ民族の生き方や心を感じられるようにしたい」というものである。

授業の展開は、

①図工の時間だよ~と連絡しておくが、ラジカセをもって登場する。

②アイヌ神謡集「銀の滴降る降るまわりに」の語りを聴かせる。その際、どんな歌かを想像させながら聴くように指示する。↓「何のうた?」「不思議な歌」「日本語?・?」

③歌詞を配付して、どんな歌をイメージしたか、できるだけ多くの児童に発言させる。↓「楽しそう!」「時々歌い方が強かったところがあったからなにかの意味はあるはず」↓「アイヌの人たちのこと習ったよ!」「梟のうたなんだ!」

④物語の訳を配付して、物語を輪読し、内容を確認したのち、情景を思い描きながら歌を聴くように指示する。↓「お祭り…」「梟が飛んでる…」「金の矢…」

⑤自分の一番表現したい場面はどこか問い、相手に伝わるよう描くことを指示する。

(画用紙配付、クレヨン・水彩絵の具使用)

というものである。こうした活動を通じて、本時の目標のひとつである「アイヌの人々の生き方・考え方を物語から読み取ること」を目指すものである。

Dさん：六年国語「アイヌ神謡集を読もう」

Dさんの授業案は、「アイヌ語で書かれた《ママ》この詩が持つリズム感を児童一人一人が感じ取り、自らリズムをつけて読むことができ」たり、「音源を聞いて自分たちの考えた読み方と比較しながら、この詩の読み方の特徴について気づくことができる」ことを目標としたものであった。

授業の展開は、

①読み仮名なしの「梟の神の自ら歌った謡」を配付。

②次に読み仮名つきのものを配付し、一人一人で音読する。

③課題の提示：「この詩の読み方を工夫してみよう」。

④四人グループで、「どこに注目するか」、「感情を込めて読むか読まないか」などを考えさせ、ワークシートに整理させる。

⑤意見交流：注目点などを発表したうえで、実際に音読させる。他のグループの意見・発表をよく聞く。

⑥中本ムツ子さんの歌うCDを聴く。違いなどを考え、ワークシートに整理。

というものである。そして、学習課題の解決として「この詩の読み方について、自分たちの読み方と音源の読み方とを比較しながら、押韻や一定のリズムを持つことがこの詩の読み方の特徴であることを理解する」のだという。

Dさんは、「この詩を扱うという事を考えた時、社会科での授業において導入部分で使うことも考えたが、まずはこの神謡集の持つ素材の魅力を十分に引き出したい」と考え、「社会科ではなく国語において素材自身を扱う必要があるのではないか…なぜなら、アイヌ文化は異文化である。そのために、異文化理解を図るには異文化のもつ世界観を体感的に感じることが一つの有効な筋道であ」り、この神謡集を読むことで、「どのような世界がそこに広がっているか考えること」がアイヌ文化を理解することにつながるというのである。「この神謡集を国語で読み取った後、今度は社会科においてアイヌ文化と和人文化の相違、アイ民族が北海道においてどのような生活をし、また強いられてきたのかを調査、理解することにより、総合的にアイヌ民族についての興味を深め、理解を図っていきたい」としている。

Dさんの授業案は、アイヌ神謡集を教材化することの本質にせまるものといえよう。A・B・C・Dの四人の授業案には共通した良さがある。それは「体感」を重視している点であり、横田和子のいう「ことばの豊穣性を、ことばの意味や機能ではなく、音や身体とのつながりの中に求め」ることとかかわるわけで、「ことばの意味や機能ではなく、音や身体とのつながり」=「体感」は、国際理解教育や異文化理解教育、多文化教育の肝なのである。(3) 四人の授業案の優れた点はそこにあろう。

Eさん：?年社会「アイヌ神謡集を読んで」

Eさんの授業案は、学年が明示されていないが、学習課題を「「銀の滴降る降るまわりに」を読んで、出てくる人たちの行動や気持ちを考えてみよう」とするものである。「昔貧乏で　今お金持ち」と「昔お金持ちで　今貧乏」を対比しながら、「銀の滴降る降るまわりに」を子どもたちと丁寧に読み解いていく。「昔お金持ちで　今貧乏」が神からの恩恵にたいして深い感謝の気持ちを持ち、村の神=梟を祭るなどの行為から、今貧乏な人の実直さや神への感謝・畏敬・崇拝などに気づき、「今お金持ち」の気持ちの変化にも気づくというわけである。そして、「(アイヌの)人々は仲良く助け合い、神にいつも感謝する気持ちを持っているんだね」と授業をまとめ、さらに「人や物を大切にしたアイヌの人々は、どんなくらしをしていたんだろう?」と次回へとつなぐというものである。

Fさん：六年社会「アイヌ神謡集」→「アイヌの多様な神々と日本の神々」

Fさんの授業案は、単元の目標を、

・アイヌ文化に関心をもつことができる。

・調べる過程で、様々な神がいることを理解することができる。

とするもので、実際の授業テーマは、「アイヌの多様な神々と日本の神々」とすることが相応しいと思う。単元構成は二時間で、一時間目には、「アイヌ神謡集」を音読し、アイヌ語への興味・関心を高めたうえで、「文章中の色々な神様を探して印をつけてみよう」と授業を展開する。子どもたちは、「ふくろうの神様(カムイ)」「国の神様」「火の神」「家の神」「近い神」「遠い神」などの「アイヌの神様」を見つけ出していく。そこで「本やインターネットを使って、他にはどんな神(カムイ)がいたのか、調べてみよう!」と作業内容を提示して、グループごとに学習に取り組ませる。

二時間目には、「調べたことを発表しよう!」と授業を始め、グループごとに調べたことを発表させる。その結果、「水の神」「川の神」「夫婦の神」「海の神」「魚の神」「きつねの神」「樹木の神」などが発表される。「アイヌの人たちは現代より、ずっと神の力が偉大だと考えていたんだね」とまとめ、子どもたちに感想を書かせるというものである。

さらにFさんは、「次時で、日本の神様を調べみると、より考えを深めることができると思う」とし、日本の神様として「産土さま、氏神さま、八坂さま、金毘羅さま、八幡さま、お稲荷さま、春日さま、お諏訪さま、天照大御神…などがあった」と付記している。こうした比較の視点は、多文化教育の方法として重要である。

Gさん:四年道徳(テーマ欠)

Gさんは「本時のねらい」を、「ふくろう(梟)の神の自ら歌った謡「銀の滴降る降るまわりに」を途中まで読み、その続きを考えるなかで、自分のことだけでなく、友達のことを考えてあげる大切さ、友達と助けあい仲良く生活しようという意識を育てる。また、アイヌ文化にふれあう」としている。

「本時の展開」としては、まず教師による「銀の滴降る降るまわりに」(子供たちに分かりやすいように簡略化し、登場人物に名前をつけたもの。修正したことは子どもに伝える)の音読を聞き、一文ずつ、教師のあとに続いて読んでいく。そこで、登場人物の確認。

・「ふくろうの神」（神）
・「のびた」（昔お金持で今貧乏の子）
・「たけし」「すねお」（昔貧乏人で今お金持の子）
・「おじいさん」（のびたのおじいさん）《（ママ）》
さらに、人物の絵を提示する。次いで、
ふくろうの神のおかげで、村一のお金持ちになったのびたの家族。その後、のびたとおじいさんは何をしたか。そして、たけしとすねおとの仲はどう変化したか。話の続きを考えよう。

と学習課題を提示する。学習課題については、はじめは各自で考え、次にグループで話し合う。話し合った内容を発表させ、感想を聞くとともに、発表を通して内容の共通性を見つけさせる。

想定する発表内容は、
グループ①：他の貧しい人々に、お金を分けてあげて、全員が豊富になった。たけしとすねおはのびたのやさしさに感動し、自分の行動を反省した。仲直りした。

グループ②：悪い考えをもたなかったおじいさんは、村長になって、村をおさめ、のびたはたけしとすねおと仲良くなった。

グループ③：ふくろうの神に感謝して、悪い考えをもたなければ神様がめぐんでくれると村の人に伝えた。たけしたちは、のびたにあやまった。

であり、それをうけて、教師は「共通していることは何かな?」と発問する。

子どもからは、「のびたは、たけしやすねおとはちがい、貧しい人をいじめなかった」とか「たけしたちと仲良くなった」、「村の人全員が幸せになった」、「お金を人のためにつかっている」という応答があり、「友達と助け合おう。仲良くしよう」と授業をまとめるものである。

子どもたちに分かりやすいように内容を簡略化し、登場人物に「のびた」「たけし」「すねお」と名前をつけるという工夫がよく、道徳の授業として十分に成り立つものであろう。アイヌの歴史や文化を題材とした授業は、すべての教科で実施されるべきである。

Hさん：四年総合（テーマ欠）

Hさんは「本時の目標」を、「わたしたち現代人とアイヌの人たちの考え方の違いに気づき、アイヌ文化について深く知ろうとする」としている。「アイヌの人たち」の前に「昔の」とあるべきであるが、私の指導不足である。

本時の展開は、前時までにアイヌ神謡集を読み内容を知っているとの想定で、前時に書かせた感想文をいくつか読み、児童同士の交流をはかったうえで、「アイヌの子どもたちは「神様の鳥」に矢をうって自分の矢をとってもらうとしていたね」との前時のふりかえりから授業ははじまる。そして、学習課題として、「でも、なぜ「神様の鳥（ふくろう）」なのに矢をうったの？」が示される。

まずは、［わたしたちの考え］として、「神様に矢をあてるなんて、バチが当たるよ」、「本当にあたったら痛そう。あぶない」、「動物ぎゃくたいだよ」などを想定し、［アイヌの考え］として、「なにも本当にあてるわけではないよ」、「神様の鳥だから、うまく矢をよけれるよ」、「神様の鳥に矢を当てることは子どもたちにとって「ほんとうの勇者のしるし」」という子どもの回答を例示している。［わたしたちの考え］では、「許されないこと」だが、［アイヌの考え］では、「許されること、当たり前のこと」であることを、板書して、両者の違いをはっきりと感じとらせる。ここで、アイヌの人の神様にたいする考えが書いてある本のコピーを配り、アイヌの人の動物の神様にたいする考え方を知る。

それによって、「アイヌの世界では、動物の神様は「いい人間」を探して「矢を受け」に行く」ことを理解し、「わたしたちとアイヌの人とでは考え方がずいぶん違うね」とまとめ、「では、植物の神様、水の神様など他の神様について、どう考えているのだろうか?」と次時につなげる疑問を提示して、授業を終えるものである。

知里幸恵は『アイヌ神謡集』において、「梟の神が矢をお取りになる」（日本語訳）と表現しており、前時のふりかえりとして「アイヌの子どもたちは「神様の鳥」に矢をうって自分の矢をとってもらおうとしていたね」と確認して、授業に入るのは素晴らしい。そのうえで、学習課題として「でも、なぜ「神様の鳥（ふくろう）」なのに矢をうったの?」と逆説的な課題が提示されるのである。きっと子どもたちは、「どうしてなんだろう?」と授業に入り込んでいくだろう。「梟の神」と「自分」との関係として、そして神（カムイ）と人間（アイヌ）の関係として課題を深めていくことになろう。

Iさん：学年欠総合（テーマ欠）

Iさんの総合学習は四時間扱いであり、目標を「アイヌの人々がどのように物語を語り継いできたのかを学習し、本やテレビで情報を得ている自分たちと比較することを通して、自然とともに生きるアイヌの人々の想いを考える」というものである。

はじめにアイヌ神謡集を聞かせ、「これは何だと思う?」、「自分たちが知っている物語や昔話を挙げてみよう」、「どうやって知ったのかな」と発問し、生徒との応答を続けながら、「自分たちの暮らしを比較させることで、自然の中で生きてきたアイヌの人々の生活を学習させ」ていく。そして、「アイヌの人々は物語をうたって語り継いできた。何でうたって語り継いだんだろう」と考えを促し、「最近では、アイヌ語や物語、アイヌの人々の生活を知る人はごくわずかになってきた」と状況を説明して、「私たちの周りに、アイヌの物語を知っている人はいるかな?」「僕たちもアイヌの物語を伝えたいな」→「どうやって伝える?(方法)」→「アイヌ語が分からなければ伝わらない」→「訳で伝えたらいいんじゃないかな!」→「絵を入れてみたらどうかな」と授業をすすめ、「紙芝居を作ろう!」となる。そして、今後の活動として、各グループで担当する箇所をきめて、それぞれで紙芝居を作成し、発表会を開く(昼休みのテレビ放送や休み時間等を利用)というものである。

紙芝居の作成に至る前での、アイヌ文化(物語)をどう伝えようかと考えさせることが重要であろう。

Jさん:六年総合(テーマ欠)

Jさんの授業案は、六年の総合学習の時間での「学習発表会」を想定し、教科横断的な授業を構想したものである。「「銀の滴、降る降るまわりに」を中心テーマにおき、国語・社会・図工・家庭・音楽・体育・学習発表会という、各教科領域を横断して、相互学習をする。テーマは、子どもたちの身のまわりの生活体験上の問題とはいえないと思われるので、コア・カリキュラムではなく、クロス・カリキュラムに近い形態といえるのではなかろうか」としている。

「教材化の関係図」を簡単に見ておくと、「銀の滴降る降るまわりに」を核として、社会では、アイヌ民族の文化や服装・生活を学び、それによって読み取った物語を、図工で紙芝居にしたり、アイヌ美術品(アイヌ文様・首飾り・ムックリ)をつくる。また、アイヌ文様については、家庭科で、アイヌ文様の刺繍をしたり、ナプキンなどをミシンでつくる。学習発表会での簡単な衣装づくりをする。国語では、アイヌ語と日本語で物語を聞き、音読したり、意味調べなどをして心情を読み取る。国語でのこうした授業は、図工で先にふれた紙芝居づくりとクロスすることになる。音楽では、アイヌ民謡を歌う。ムックリなどを鳴らす。体育では、アイヌの舞(ツルの舞)などを「体つくり運動」に組み込む。そして音楽と体育の教科横断として、「舞うグループと音を出すグループに分かれ、セッショングループ感を楽しむ」ことを行う。

そしてそれらを総合したものとして、学習発表会が行われる。そこでは、①「銀の滴降る降るまわりに」の劇化、②劇中で、アイヌの舞や、自分たちで作った衣装、ムックリなどによる演奏を取り入れる、ことが提案されている。

こうした授業の構想は、学校全体での取り組みが必要であり、第一二章でふれた平取町立二風谷小学校での地域学習や千歳市立末広小学校での生活・総合学習での取り組みがそれにあたる。Jさんの授業構想は、両小学校の授業構成をさらに徹底させたものであり、今後の北海道でのアイヌ文化学習が、こうした方向で学校に持ち込まれれば、J.A.バンクスがいうように、学校もまた多文化教育学校として改革されていくことになろう。[4]

4　評価と課題―「ことばの豊饒性」

はじめにふれたように、本田優子によるアイヌ文化学習に関する批判―つまり、エコロジカルなアイヌ像やアイヌ社会を固定的・非歴史的に、あるいは心情的・一面的に見る傾向を克服するための方法として重要なものが多文化共生的視点であることは、本書の第一二章でふれたが、ここでは第一には、文字社会の相対化という観点、ようは文字化されない言葉の強さ(=本源性)に学ぶこと、第二には、アイヌの歴史文化と和人あるいは他の民族の歴史文化との対比・比較の観点を重視することにふれておきたい。アイヌの歴史文化学習における、「多様性」「多元性」、そして「国民国家の相対化」という観点である。

末広小学校における総合学習でのアイヌ文化系統学習計画や実践は、特筆すべきものであるが、多文化教育的な視点からいえば、私がこの補論で取り上げた学生の授業案的なものが、織り込まれるとよいのではないかと考えられる。なかでも総合学習としてのアイヌ文化学習は、他の教科指導と結びついている必要があるように思う。ひとつは、アイヌの歴史文化そのものを教えるよりも、A・B・C・Dさんの授業案のような、ことばの豊かさやそれから受ける体感を大切にする授業。ふたつには、Jさんがいうような教科横断的な視点、クロスカリキュラム。こうした視点が加わると、末広小学校のアイヌ文化学習はさらに改善されたものとなるように思われる。

本田の批判にあるように、せっかくのアイヌ文化学習がアイヌの人たちやその歴史文化をステレオタイプ化してしまわないようにするには、どうしたらよいか。繰り返しになるが、そのためには多文化教育的視点からの教材化が重要である。では具体的にはどのようにすべきなのか。

これまでの「アイヌ史」の学習（アイヌ史・北海道史の研究そのものはたいへん大切であるが）には、教育の方法上の課題として、ステレオタイプ化の問題があった。そこで、小学校などの場合は、A・B・C・Dさんの授業案のようなもの、つまり、アイヌの歴史文化そのものを教え込むのではなく、たとえばアイヌ神謡集のひとつ「梟の神の自ら歌った謡」からのことばや体感を大切に、その感覚を児童・生徒が自分なりに表現し、またそれをモチーフに遊ぶ、創作する。こうした活動が異文化理解教育や多文化共生の基本なのは、周知のことであろう。横田のいう「ことばの豊穣性」、なかでも文字化されない言葉の強さ（＝本源性）を学ぶ（体感する）ことである。(5) それは文字社会の相対化ということにつながるわけで、人類社会において、文字をもった民族はほんの一部に過ぎなかったし、文字をもった民族においても文字は、言葉の仮の姿に過ぎなかったというべきであろう。

そしてもうひとつの方法が、アイヌの歴史文化と和人あるいは他の民族の歴史文化との対比・比較の方法なのである。その点が、FやIさんの授業案の優れたところであった。たとえば、末広小学校の学習計画には「アイヌの遊び」「遊び道具づくり」「ムックリ作り」などたくさんの体験学習があるが、こうした体験学習の際には、和人や他の北方民族の場合との比較など多文化・多民族的な教材の提示によって、複数の文化を体験することがよいのである。

アイヌの歴史文化だけを取り上げるのでは、アイヌの歴史文化をステレオタイプ化し、また特異なものと見てしまうことにつながりかねない。アイヌの歴史文化も他の北方民族や和人その他の歴史文化と対等なものであることを知り、そして複数の文化を体感することが重要なのである。

注

（1）鈴木哲雄「アイヌの歴史文化学習の課題と可能性」（『北海道教育大学紀要（教育科学編）』五七巻二号、二〇〇七年）。本書第九～一二章に改変収録。

（2）米田（本田）優子「学校教育における「アイヌ文化」の教材化の問題点について―一九六〇年代後半以降の教育実践資料の整理・分析を中心として―」（『北海道立アイヌ民族文化研究センター研究紀要』二号、一九九六年）。

（3）横田和子「ことばの豊穣性と国際理解教育―ことばとからだのかかわりを中心に―」『国際理解教育』一四号、二〇〇八年）。日本国際理解教育学会二〇〇七年研究大会『研究発表抄録』九六頁。

（4）J・A・バンクス／平沢安政訳『入門　多文化教育』（明石書店、一九九九年。初版一九九六年）。

（5）横田和子「ことばの豊穣性と国際理解教育」（前掲）

終章　社会科歴史教育の再構築

1 「国民の歴史」を超えて

終章として、「歴史研究と歴史教育を問い直す」という視角から、改めて歴史教育を社会科教育の枠組みのなかで再構築すべきことを主張してみたい。

周知のように、近年の歴史学周辺では、国民国家論にもとづいて「想像の共同体」としての国民国家の消滅とともに、近代の国民国家を支え、「国民」を創ってきた歴史学も役割を終えるとの主張(1)や、「ナショナル・ヒストリーを学び捨てる」との言い回しもなされている(2)。つまり、「国民の物語（歴史）」としての歴史学は終焉に向かいつつあるというのである。しかし、歴史にかかわる著作物が多数出版され続けている状況を見ると、そう簡単に「国民の物語」としての歴史学は滅びないのかもしれないが、日本史学においてもいわゆる「国民の物語」としての「日本史」の枠組みを乗り超え、突き崩す方向での研究成果が積み重ねられつつある。

他方、歴史教育は戦前のそれが典型のように、「国民の物語」を「国民」に授け、多様な意味で「よりよい国民」を創出するものであったわけだが、小国喜弘は、戦後のいわゆる民主的な歴史教育も「よりよい国民」創りを目指すものであったことに変わりはなかったとしている(3)。戦前と戦後で、異なるのは「よい」ことの意味内容の変化のみであり、歴史教育は戦前から一貫して「よりよい国民」を創ること、すなわち「国民」たることを強化する手段であったことになる。「国民」には、「よい国民」と「わるい国民」があり、戦後の歴史教育は「よい国民」を創ることを目指すものであった。しかし、今後の歴史教育は「国民創り」から少し自由になるべきではないかというのが私の考えである。

では今後の歴史教育は、如何にあるべきか。私が勉強した範囲で導きの糸になろうと考えるのは、たとえば、アメリカの社会科教育研究者のJ・A・バンクスが多文化教育について述べた次のような発言である。「多文化教育の主な目標は、生徒が文化的、国民的、グローバルなアイデンティティの間に、微妙なバランスをうまくとれるように生徒を助けることである」[4]。バンクスは、自らの黒人としての立場を十分に踏まえて戦略的に発言し、活動している。

小国は、歴史教育においては「子ども自身や子どもの周囲の大人たちが持つさまざまな歴史の輻輳性を描く」とともに、「そのようななかに「国民の歴史」を位置づけ直していくことが必要」であり、歴史教育は「多様な文化と歴史を備えた人びとが共生する社会に生きる、「日本人」という集合的アイデンティティも含めた多重のアイデンティティを持った市民を育てる」ものへと転換させる必要があるとしている[5]。また今野日出晴は、高校日本史における討論授業や構築主義的な歴史授業が「私の語り」や「私たちの語り」のみを強調するものとなっていると批判しつつも、「重要なことは「私の語り」が相互に批判されるようなコミュニケーションを取り交わせる環境を学校がつくっていくこと」が必要であると述べている[6]。

こうした発言を積極的に受けとめて、学校教育のあり方や歴史教育の場を具体的に組み替え、再構築していく必要があるのである。

2 市民性教育・多文化教育としての社会科歴史教育

すでに社会科教育の分野では、池野範男が「社会科」を「市民社会科」に組み替えたうえで、歴史教育は「市民社会科歴史教育」であるべきだとしている。市民社会科歴史教育では、過去の事例を通して現在の問題や課題にたいする新たな解決方法や可能な解決策を探索し、その価値づけと規準づくりを行うのであり、すでに在ったもの、自然なものと見なされる「国民の物語（歴史）」を再審し、再構築することが歴史授業の課題だというわけである。[7]

ところで「市民」とは、社会の構成員が相互の多様性を認め合うことを前提に、所属する社会・共同体を主体的に構築していく存在のことである。市民性教育では、児童生徒も社会（教室や学校も含めて）の構成員として尊重され、社会の構築にかかわっていく存在であることが期待される。市民性教育の観点からすれば、今後の教育では、

①「平和で民主的な国家及び社会の形成者として」の「国民の育成を期」（教育基本法の目的）すとともに、

②児童生徒は、多様な教育の場において所属する生計単位（家族など）や交友関係・学級・学校などの構成員として尊重され、所属する社会・共同体の構築に主体的にかかわっていく存在（「市民」）であること、

が期待されるのである。ちなみに教育基本法の目標三には、

正義と責任、男女の平等、自他の敬愛と協力を重んずるとともに、公共の精神に基づき、主体的に社会の形成に参画し、その発展に寄与する態度を養うこと、

とある。「態度を養うこと」よりも、「主体的に社会の形成に参画」する市民として尊重され、児童生徒そのものが所属する社会・共同体の構築に主体的にかかわっていく市民そのものであることが重要であろう。

こうした点で、多文化教育もまた、新たな社会科教育の方向を示している。多文化教育とは、「一国内の多様性を尊重し、人種、民族、社会階層、性別などあらゆる文化集団への理解と受容を促進することを通して、各文化集団に対する差別や偏見をなくし、それらの人々に等しい教育の機会と文化的選択を提供することを目的とした教育の総

体」とされるが、[8] 今後は地域における多様性を積極的に認め合うことで、よりよい社会を創っていこうとする教育活動（地域多文化教育）が必要となっている。[9]

そこで私が、市民性教育・多文化教育としての社会科歴史教育にとって大切なことと考えるのは、次の三点である。

①小・中学校での歴史学習では、いわゆる通史的学習（通史を重視した）をやめて、テーマ学習的な内容をほぼ古い順に構成していくこと。→史実に接近する方法を学ぶ。

②複数のヒストリーが提示されることを重視すること。複数のヒストリーの提示の仕方は、学年進行にしたがって順に明確化するとともに、市民性教育・多文化教育の観点にもとづく地域と多様性とを重視した教材が必要であること。

③教科書的歴史記述にたいして地域史の視点からの教材作りが繰り返されことが必要であり、地域多文化教育が重視されること。→「地球市民」である前に「地域市民」であること。

こうした点を重視することによって、児童生徒が生活する地域の視点から、重層（多層）的な歴史像を児童生徒自らが構築していくことが重要である。今後の歴史教育（学習）は、児童生徒が自分なりに歴史を構築していくことを援助する場となるべきである。

3　小中高一貫の社会科歴史教育の展開

東アジアの歴史教科書の記述内容に関する徹底した共同研究の成果にもとづいて、中村哲は今後の歴史教育は、①小学校高学年から中学校三年まで継続して順次学習する欧米型とすること、そして、②高等学校の歴史科目に「東（北）アジア史」を加えること、の二点が必要であると繰り返し提案している。[10] 私は中村の提案に基本的に賛成であるが、中村の提案を現在の学校教育の枠にそのまま受け入れるとすると、社会科の枠組みを解体し、欧米型に準じて「歴史教育」を独自の教科とせざるをえなくなる可能性が高い。しかし私は、これまで述べてきたような意図から、歴史教育は「社会科」の枠組みのなかにあることを堅持すべきだと考えている。(11) 小中高一貫の歴史教育は、市民性教育・多文化教育としての「社会科歴史教育」であるべきで、ここでは「社会科歴史教育（あるいは市民社会科歴史教育）」の枠のなかで中村の提案を再度検討してみたい。

そこで、第四章のカリキュラム概案を「北海道バージョン」として修正した【小中高一貫の社会科歴史学習カリキュラム概案―北海道バージョン】を提案する。

まず、小学一年・二年の「生活科」と三年の社会科は、二〇〇八年度改訂学習指導要領をほぼ踏襲することとし、歴史的な内容が明確化する四年以降について、次のような内容を考えている（以下、カッコ内の分母は、二〇〇八年度改訂学習指導要領の社会科総授業数で、分子は歴史分野についての配当時間数の目安である）。

まず小学一年・二年の「生活科」では、絵本・民話・音楽・踊りなどを扱うが、その際には和人のものとアイヌのもの、さらに沖縄のものとをバランスよく教材として配置することが重要である（ほんとうは教科を超えて、こうした配慮が必要である）。三年の社会科（あるいは他教科でも）では、「いろいろな文様をつくろう」という授業を組み込みたい。もちろんその際にも、アイヌ文様だけを取り上げるのではなく、和人の文様も沖縄の文様も取り上げることがよい。

小学四年（40/90）では、学習指導要領に準じて、①「地域の人々の生活変化」として、〔古くからの生活道具、文化財・年中行事、地域の先人〕を扱うのであるが、その際に留意すべきは地域の多様性である。「北海道バージョン」としては、昔のくらし・生活道具や祭り、子どもの遊び、地域の先人について、まずはアイヌの事例を学び、そして和

【中1年】(35/105)

⑥近世の日本と世界、アイヌ社会の成熟と和人の侵攻と交流

＊地域学習の視点からは、各藩の歴史も学ぶ。松前藩とアイヌ社会

⑦アジアの開国と明治の日本、開国と蝦夷地、北海道開拓とアイヌの人々、千島列島・樺太　＊朝鮮王朝の開国も学ぶ。

【中2年】(35/105)

⑧第一次世界大戦前後の日本と世界、アイヌ語とアイヌの人々の苦悩

⑨第二次世界大戦と日本の戦争　＊日本の兵隊とアジアの兵隊

【中3年】(25/140)

⑩戦後の民主化と平和国家日本

〔戦争責任などの問題／多民族国家としての日本(在日コリアン・アイヌなど)を扱う〕、

アイヌの人たちの活動

・課題学習(レポート作成)と発表

＊戦後の政治経済的な内容は、おもに公民的分野で扱う。

【高等学校】

・必修：「東アジアと世界の歴史」「現代社会」(各3単位)

・選択：2単位＝「日本と世界の生活文化」「世界の思想と社会」「日本の地誌」「政治・経済」

4単位＝「現代史(あるいは世界史)」「世界の地理」「日本史」

＊「アイヌ民族の歴史・文化に関する指導計画表例」(札幌市教育委員会、2008)を参考にした。

【小中高一貫の社会科歴史学習カリキュラム概案—北海道バージョン】（鈴木作成）

【小1・2年】絵本・民話・音楽・踊り（和人・アイヌ・沖縄など）

【小3年】いろいろな文様をつくろう（和人・アイヌ・沖縄など）

【小4年】（40/90）

①地域の人々の生活変化〔古くからの生活道具、文化財・年中行事、地域の先人〕

昔のくらし・生活道具（アイヌ・和人）、祭り（アイヌ・和人）、子どもの遊び（アイヌ・和人）

地域の先人（アイヌ・和人）

＊他分野として、「市区町村の役所と議会の仕事」を扱う。

【小5年】（20/100）

②地域の歴史を調べる

〔地名の意味、伝承や昔話、地域の調査〕→アイヌ語地名、開拓以前の北海道

＊他分野として、「地域や日本に暮らす様々な人々」「都道府県の役所と議会の仕事」を扱う。

【小6年】（55/105）

・地域の縄文遺跡を調べる（導入として）〔地域博物館の活用、体験的学習〕

③人類の出現、狩猟と農耕の文化

④「日本国」の誕生と東アジアの交流、北海道の土器文化

⑤中世の日本とアジア、アイヌ社会の成立

＊他分野として、「戦争と平和」「地域や日本とつながりの深い国々」を扱う。

人の事例を学ぶことが肝要である。さらに、新たに「市区町村の役所と議会の仕事」を学習させる。

五年(20/100)の社会科は、学習指導要領では地理分野になっているが、私の概案では二〇時間程度の単元として、②「地域の歴史を調べる」をおき、地名の意味、伝承や昔話、地域の調査などを扱ったらよいと思う。もちろん「北海道バージョン」としては、アイヌ語地名について調べ学習をし、開拓以前の北海道(アイヌモシリ＝アイヌの大地)についての予備知識を学ぶ。そして、「地域や日本に暮らす様々な人々」を扱うなかで、地域における多様性(人も生活文化も)を学び(地域多文化教育)、さらに「都道府県の役所と議会の仕事」を学ぶことがよいと考える。

六年(55/105)では、半分の五五時間程度を歴史分野に充てるとともに、扱う範囲は原始・古代から中世(戦国時代)までとするのはどうだろうか。まず、導入として「地域の縄文遺跡を調べる」をおき、地域博物館を活用し、体験的学習を行う。「縄文遺跡」は、日本列島の各地で確認することができるわけで、「地域の縄文遺跡を調べる」という導入の授業は、歴史学習が暗記ではなく、調べ考える学習であることを知らせるために重要である。

以下、原始・古代の③「人類の出現、狩猟と農耕の文化」と④「「日本国」の誕生と東アジアの交流」については、第四章で例示したので省略するが、「狩猟と農耕の文化」では、狩猟から農耕への発展という視角は薄めて、狩猟からさらに農耕も始めた地域もあったし、狩猟技術をさらに発展させた地域もあったという授業の枠組みが大切である。それがアイヌや琉球(沖縄)の歴史文化への理解を深める前提となるはずである。そして「農耕も始めた地域もあった」と学ぶことで、文化の複合・重層性を理解する手助けとしたい。そして、④では、「北海道の土器文化」(縄文↓続縄文↓擦文)にふれるとよいと考える。

中世の⑤「中世の日本とアジア」では、地名調べから古代・中世の郡・郷や荘園、そして武士の名字を確認することもできよう。また、武士の館(北海道では和人の館とアイヌのチャシ、沖縄ではグスク等)も地域教材として重要である。

先述のように、地域学習は小中高を通じて社会科歴史学習（もちろん社会科教育全般にわたる）の重要な柱である。そして「北海道バージョン」としては、「アイヌ社会の成立」について学ぶことが必要である。

また、六年の社会科としては、「戦争と平和」の問題、「地域や日本とつながりの深い国々」についても、しっかりと教材化される必要がある。「戦争と平和の学習」は、加害の事実よりも、アジア・太平洋戦争での戦死者の数や地域の戦死者調べ、原爆の被害など、これまでの六年生の「歴史教科書」に記載されていた内容が、公民分野として教材化されることがよかろう。そして、加害にかかわる具体的な事実や戦争責任の問題は、中学三年の歴史学習においてしっかりと教材化されるべきである。

中学校では、これまでの座布団型（一年地理・二年歴史・三年公民）やπ型（一年・二年で地理と歴史を並行学習、三年で公民）をやめて、歴史分野については三年間を通じて学習することにする。小・中学校を通じて歴史を学ぶとすれば、小学校でも中学校でも多様な教材が利用できるし、近現代史学習も中学校で十分できるはずである。

そこで中学一年（35/105）では、まず⑥「近世の日本と世界」を学ぶ。この単元では、地域学習の視点からは、地域に関連する各藩の歴史を取り上げるのはどうだろう。明治維新以降の近代の歴史教育では、藩の歴史はほどんど無視されてきた。中学校で、副なるヒストリーとして藩史を扱うことは、古代の地域王国論とともに「国民の物語」を相対化するものとして重要である。そして「北海道バージョン」としては、「アイヌ社会の成熟と和人の侵攻と交流」を学ぶ必要があり、藩の歴史としては、「松前藩とアイヌ社会」を取り上げることになろう。

近代の⑦「アジアの開国と明治の日本」では、朝鮮王朝の開国についても学ぶ必要がある。結果として、日本の植民地とされた朝鮮王国の近代化についてもふれることは、日本の近代化を多面的に考えるために不可欠である。「北海道バージョン」としては、「開国と蝦夷地」（日本の近代は蝦夷地からはじまった！）や「北海道開拓とアイヌの人々」

を学び、アイヌモシリとしての「千島列島・樺太」についても知ることがよかろう。

中学二年(35/105)では、⑧「第二次世界大戦前後の日本と世界」と⑨「第二次世界大戦と日本の戦争」を世界史的な視点から見ていくとともに、「日本の兵隊とアジアの兵隊」などのテーマ学習も考えられよう。⑧では、「北海道バージョン」として「アイヌ語とアイヌの人々の苦悩」を学ばせたい。

中学三年(25/140)では、⑩「戦後の民主化と平和国家日本」として、「戦争責任などの問題」や「多民族国家としての日本(在日コリアン・アイヌなど)」について扱うこととする。さらに「アイヌの人たちの活動」も重要であろう。こうした学習からは、「今後の私たちは、地域社会や日本、そして国際社会でどのように生きていくべきか」という問題が生ずることになる。そうした課題意識を前提に、社会科としての「課題学習」に取り組ませるのはどうであろうか。

高等学校では、現在は公民科と地理歴史科に分かれているが、再び「社会科」に統合したうえで、必修科目を「東アジアと世界の歴史」と「現代社会」(各三単位)としてはどうだろうか。もちろん、「東アジアと世界の歴史」が中村の提案にある「東(北)アジア史」である。ここで「世界の歴史」といっしょにしたのは、必修「世界史」と別に「東(北)アジア史」をひとつの科目とするのは、社会科全体の単位数からみてほぼ無理なためである。東北アジア史に視点をおいた「世界史」とすることでよいように思う。また、選択科目としては、二単位ものとして、「日本と世界の生活文化」「世界の思想と社会」「日本の地誌」「政治・経済」を、四単位ものとしては、「現代史(あるいは世界史)」「世界の地理」「日本史」をおくのがよいのではないか。小・中学校で学んだ「テーマ学習的歴史」は、高校の必修「東アジアと世界の歴史」において、通史的に整理されることであろう。そして、選択の「日本と世界の生活文化」や「現代史(あるいは世界史)」「日本史」においてさらに探求されることになる。

4　地域市民・国民・アジア市民・地球市民

最後に、社会科歴史教育における児童生徒のアイデンティティの問題についてふれておきたい。冒頭にふれたように、小中高一貫の社会科歴史教育において、それは重層的に確保される必要がある。バンクスの指摘に準じて考えれば、小学校段階では、所属する地域の歴史文化を素直に受けとめることのできる教育の場が必要であろう。そして中学校段階では、小学校で獲得した安心できる地域への帰属意識を前提に、国民国家の枠組みを理解するとともに、国民国家を構成しなかった（あるいは他の国民国家に組み込まれてしまった）地域の人々の立場から国民国家を捉えなおすことが必要である。

さらに高等学校では、東北アジアの枠組みを理解するとともに、地球規模での歴史文化の比較ができ、地域社会を構築する市民であるとともに、国民として、アジア市民として、そして地球市民として民主主義社会の構築に積極的に参画することができる多重のアイデンティティの育成が求められている。

「生徒が文化的、国民的、グローバルなアイデンティティの間に、微妙なバランスをうまくとれるように生徒を助けること」（前掲、バンクス）は社会科歴史教育の要点でもある。

注

（1）　西川長夫「戦後歴史学と国民国家」（歴史学研究会編『戦後歴史学再考』青木書店、二〇〇〇年）。
（2）　酒井直樹編『ナショナル・ヒストリーを学び捨てる』（東京大学出版会、二〇〇六年）。
（3）　小国喜弘『戦後教育のなかの〈国民〉—乱反射するナショナリズム』（吉川弘文館、二〇〇七年）。

（4）J・A・バンクス他著／平沢安政訳『民主主義と多文化教育』（明石書店、二〇〇六年）。
（5）小国喜弘『戦後教育のなかの〈国民〉』（前掲）。
（6）今野日出晴「歴史叙述としての教科書」（同『歴史学と歴史教育の構図』東京大学出版会、二〇〇八年）。
（7）池野範男「市民社会科歴史教育の授業構成」（『社会科研究』六四号、二〇〇六年）。
（8）桐谷正信「多文化教育」（日本社会科教育学会編『社会科教育事典』ぎょうせい、二〇〇〇年）。J・A・バンクス／平沢安政訳『入門　多文化教育』（明石書店、一九九九年）も参照。
（9）成玖美「地域多文化教育の展開」（佐藤一子編『生涯学習がつくる公共空間』柏書房、二〇〇三年）。
（10）中村哲編著『歴史はどう教えられているか』（日本放送出版協会、一九九五年）、同編著『東アジアの歴史教科書はどう書かれているか─日・中・韓・台の歴史教科書の比較から』（日本評論社、二〇〇四年）。
（11）鈴木哲雄「歴史教育再構成の課題」（『歴史評論』六七九号、二〇〇六年）、本書第三章。

初出一覧

序　章　社会科歴史教育論の系譜
（原題「日本の歴史教育の動向―加藤章著『戦後歴史教育史論』に学ぶ」〔科研費報告書『日韓歴史共通教材の新たな地平を目指して　歴史教科「東アジア史」をめぐる動向と日本の動向』歴史教育研究会、二〇一四年〕を改稿）

第一章　高校日本史教科書の新たな試み
（『人民の歴史学』一五五号、二〇〇三年）

第二章　変化する日本の歴史教科書
（『日本歴史学協会年報』一九号、二〇〇四年）

第三章　歴史教育再構成の課題
（『歴史評論』六七九号、二〇〇六年）

第四章「小中高一貫の社会科歴史教育」を考える
（『歴史評論』六九五号、二〇〇八年）

第五章　高校日本史にみる中世日韓関係史
（歴史教育研究会編『日本と韓国の歴史教科書を読む視点』梨の木舎、二〇〇〇年）

補論1　自国史を超えた歴史教育―村井章介『アジアのなかの中世日本』を読む
（原題「最近の中世史研究と歴史教育」〔歴史教育者協議会編『歴史教育・社会科教育年報　一九九三年版　近現

代史と社会科』三省堂、一九九三年）

第六章　日韓共通の歴史教材の作成を目指して

（『日韓教育フォーラム』一二号、二〇〇二年）

第七章　『日韓歴史共通教材　日韓交流の歴史』を学生と読む

（『北海道教育大学紀要（教育科学編）』五九巻一号、二〇〇八年）

第八章　女真海賊の侵攻と日本・高麗関係

（坂井俊樹・浪川健治編『ゆれる境界・国家・地域にどう向きあうか』梨の木舎、二〇〇九年）

補論2　高麗軍に救出された女性の証言

（『歴史地理教育』六九三号、二〇〇五年）

第九章　アイヌ文化学習の課題―北海道内での現状

第一〇章　札幌市教育委員会や白老町教育委員会・アイヌ文化財団の取り組み

第一一章　アイヌ文化学習の実践とその方向性

第一二章　多文化教育としてのアイヌ文化学習

（第九～一二章は、原題「アイヌの歴史文化学習の課題と可能性」（『北海道教育大学紀要（教育科学編）』五七巻二号、二〇〇七年）、「北海道内でのアイヌ文化学習」及び「小学校でのおもな実践報告と多文化教育の可能性」（とともに、末広小のアイヌ文化学習を支援する会編『さぁアイヌ文化を学ぼう！―多文化教育としてのアイヌ文化学習』明石書店、二〇〇九年、所収）を改稿・再編）

補論3　アイヌ神謡集を教材化してみよう（新稿）

（日本国際理解教育学会第一七回研究大会（二〇〇七年七月、北海道教育大学）での同名の研究報告を前提に成稿。

同大会の『研究発表抄録』参照）

終　章　社会科歴史教育の再構築
（『史潮』新六五号、二〇〇九年）

あとがき

本書は、千葉での高校教員時代から書き溜めてきた歴史教育関係の論考を改稿し、一書に編んだものである。第Ⅰ部には、社会科歴史教育論にかかわる論考を、第Ⅱ部には、日韓歴史教科書シンポジウム関係のものを、そして第Ⅲ部には、アイヌ文化学習に関する論考をおさめた。そして、その全体が私にとっての社会科歴史教育論というわけである。

第Ⅱ部や第Ⅲ部におさめた実践報告的な論考には、私の授業や講義、講習を受けた高校生や大学生そして小学校教員の方々などのレポートなどを多く引用させていただいた。受講された皆さんそして引用させていただいた方々に、改めて感謝申し上げたい。

第Ⅲ部のアイヌ文化学習に関する論考は、千歳市立末広小学校で当初からアイヌ文化学習のゲストティチャーをつとめ、アイヌ文化財団のアイヌ文化活動アドバイザーでもある野本久栄・敏江夫妻の存在なくしては書くことができなかったものばかりである。昨年の秋頃に野本久栄さんが体調をくずされ、その後、末広小学校でのゲストティチャーを中断されていることはほんとうに残念である。今年度は、奥様の敏江さん以外にも千歳アイヌ文化伝承保存会や千歳アイヌ協会の方々がゲストとして、「末広小のアイヌ文化学習」を支えて下さっている。私の所属する大学の学生は、今年度も末広小学校においてアイヌ文化学習の実習をさせていただいた。末広小学校の先生方にも、本書を見ていただけたらと思う。

一二月二一日に行われた中央教育審議会において、学習指導要領の改訂に向けた「改善及び必要な方策等について」が答申された。周知のように、「主体的・対話的で深い学び」の実現(「アクティブ・ラーニング」の視点)などを「改善の方向性」としたものである。本書が出版される来年の三月には、小・中学校の新学習指導要領が告示されていることと思う。来年度改訂の高等学校の歴史教育にかかわっては、本書でもふれたように「歴史総合」が目玉となろう。私の社会科歴史教育論より学習指導要領の改訂の方が先に行ってしまっているが、それは致し方ないことである。しかし、他方で本書で議論した「社会科歴史教育」の視点が重要なのだと私は考えている。社会科教育や歴史教育に携わる方々、そして歴史教育について発言される方々に、一度立ち止まって本書の内容を検討していただける機会があったなら望外の幸いである。

さて二〇一六年(丙申=ひのえさる)は、私にとって還暦の年であった。つとめてはいるものの「耳順」とはいかず、周りからは相変わらず、我がままに見えているだろうと思う。まあ兎にも角にも、同年の友人との合言葉である「健康第一」に仕事を続けたいと思う。

今年の前半には、お世話になったお二人の先生が亡くなられた。三月には、本書の序章でご著書にふれた加藤章先生が、五月には学生時代以来、永きにわたってご指導いただいた阿部猛先生が鬼籍に入られた。

加藤先生とは、一月の日韓共通歴史教材シンポジウムでご一緒し、懇親会のあとに京王井の頭線の渋谷駅までお送りしたのが最期となってしまった。加藤先生からは、東京と札幌を往復する際にたまには盛岡にも寄りなさい、と言っていただいたこともあったが、雪降る新千歳空港から花巻空港に降りたのは、加藤先生の御葬儀の日となってしまった。

阿部先生の訃報は、五月の歴史学研究会大会の直前のことであり、大会の翌日、そぼ降る雨のなかの御通夜にてお別れ申し上げた。私が修士課程の時に、阿部先生は東京学芸大学の学長に就任されたが、先生の最初の就職先は北海道教育大学の前身の北海道学芸大学釧路分校であった。そんなご縁もあり、私の北海道教育大学への就職を大変に喜んでくださり、その後も学会等でお会いするたびに励ましていただいた。

本書の上梓を、阿部先生、加藤先生もきっと喜んで下さるだろうと思う。両先生のご冥福を改めてお祈り申し上げる。

岩田書院からは四冊目となる拙著の出版である。社長の岩田博さんが書かれている同社の新刊ニュース「裏だより」での専門書の出版事情についての話は読まなかったことにして、今回もお引き受けいただいた。重ねて感謝申し上げたい。

二〇一六年一二月二五日　　五〇年ぶりの大雪だという札幌にて

鈴木　哲雄

著者紹介

鈴木 哲雄（すずき てつお）

1956年　千葉県匝瑳市生まれ
1981年　東京学芸大学大学院修士課程修了
2003年　博士(史学、中央大学)取得
1981年　春日部共栄高等学校教諭。以後、習志野市立習志野高等学校、千葉県立船橋豊富高等学校、千葉県立千葉高等学校などの教諭。
2004年　北海道教育大学助教授
現　在　同教授

主要論著
『社会史と歴史教育』(1998年)、『中世日本の開発と百姓』(2001年)、『中世関東の内海世界』(2005年、以上岩田書院)。『香取文書と中世の東国』(同成社、2009年)。『平将門と東国武士団』(吉川弘文館、2012年)。「中世前期の村と百姓」(『岩波講座日本歴史　中世1』岩波書店、2013年)など。
共著に、末広小のアイヌ文化学習を支援する会編『さぁアイヌ文化を学ぼう！一多文化教育としてのアイヌ文化学習』(明石書店、2009年)などがある。

社会科歴史教育論

2017年(平成29年)3月　第1刷　300部発行　　**定価[本体8900円＋税]**

著　者　鈴木 哲雄

発行所　有限会社岩田書院　代表：岩田　博　　http://www.iwata-shoin.co.jp
〒157-0062　東京都世田谷区南烏山4-25-6-103　電話03-3326-3757　FAX03-3326-6788

組版・印刷・製本：三陽社

ISBN978-4-86602-989-4 C3037　¥8900E